西安的军事与战争

Military Science and Wars of Xi'an

杨希义 著

西安出版社

「古都西安」

图书在版编目（CIP）数据

西安的军事与战争/杨希义著. —西安：西安出版社. 2001. 11

（古都西安丛书）

ISBN 7-80594-777-5

Ⅰ. 西… Ⅱ. 杨… Ⅲ. ①军事史—西安市—古代 ②军事史—西安市—近代 Ⅳ. E291

中国版本图书馆 CIP 数据核字（2001）第 085014 号

古都西安·西安的军事与战争

著　　者：杨希义
出版发行：西安出版社
社　　址：西安市长安北路 56 号
电　　话：（029）5253740　5234426
邮政编码：710061
印　　刷：西安建筑科技大学印刷厂
开　　本：850×1168　1/32
印　　张：9
字　　数：207 千
版　　次：2002 年 2 月第 1 版
2002 年 2 月第 1 次印刷
印　　数：1—3000
ISBN 7-80594-777-5/K·17
定　　价：18.00 元

△本书如有缺页、误装，请寄回另换。

《古都西安》丛书编纂委员会

序

崔林涛

西安是享誉国内外的历史文化名城，有着深厚的经济社会根基，丰富的文化底蕴和久远的文明传承。在中华民族发展的历史长河中，古都西安处于极为重要的地位，发挥了重大的历史作用，拓印下无比瑰丽的史诗和波澜壮阔的画卷。

“八川分流绕长安，秦中自古帝王州。”西安古称长安，是中华民族的重要发祥地和文化发源地之一。远古时代，“蓝田猿人”就在这里繁衍生息，六千多年前，半坡先民在这里种植狩猎，开掘出了别具特色的“半坡文化”。自公元前12世纪，周文王在此建立丰京，揭开了西安作为帝王京师历经千年，雄踞华夏，成为统一的多民族国家的政治、经济、文化中心的辉煌历史。西安成为与雅典、罗马、伊斯坦布尔等城市齐名的世界历史古都。直至今天，西安城中的塔和碑，城外的陵与墓，连绵的城垣与宫殿遗址，保存的大量珍贵文物，以及周乐秦声、汉风唐韵等文化艺术，仍在昭示着这里曾经呈现过的尊贵和豪华，开放和风流。

“一座城市的历史就是一个民族的历史。”古都西安就像一部活的史书，一幕幕、一页页记录下中华民族的沧桑巨变。古都西安见证了“文景之治”、“贞观之治”、“开元盛世”的鼎盛辉煌，然而，往日这个帝王们希冀长治久安、长久平安的长安城也几度衰落，数遭兵燹，令人扼腕地一度衰落了。

衰落的根源值得研究汲取，怎样重新激起奋发向上的精神更应当总结和发扬。英国著名历史学家汤因比曾精辟地分析，任何文明都有其生长和衰亡的过程，而能否勇敢地接受各种挑战决定着这种文明的前途。

在我们研究文明生长的时候，发现它的过程是一连串的挑战和应战。应战不仅解决了挑战所提出来的问题，而且还在它每次胜利地解决了一个挑战问题以后，又提出了新的挑战。这样，文明生长的性质的最核心的成分便是一种新的活力、不断的创新。历史在前进，文明在曲折中发展。

西安，曾经创造过昔日的辉煌，西安也曾经历过衰落，西安又迈向创造新的文明的征途。江泽民总书记在分析古希腊文明、拜占廷文明盛极而衰时说过，不能紧跟世界发展的潮流，就必将落后。江总书记在西安论述中国实施西部大开发战略时还说过，中国曾有过盛唐时期的辉煌，但安史之乱后衰落了。现在我们的任务是要实现中华民族的伟大复兴。因此，他多次强调我们的各级领导干部和年轻一代要多学习和了解一点历史，从历史中汲取文化的养分。尤其是在改革开放和现代化建设取得巨大成就的今天，面对世界多极化，经济全球化，科学技术迅猛发展，要使中华民族在全球范围内的竞争中不断发展、走向繁荣，就要审视自己的历史和文化传统，继承和发扬民族优秀传统文化，增强民族凝聚力，学习借鉴世界文化优秀成果，始终代表先进文化的前进方向，才能与时俱进，战胜前进道路上的各种艰难险阻，立于不败之地。

先进文化是现代人集古今中外之大成、并且面向未来的创造，是传统与现代、继承与创新的产物。我们有责任大力弘扬先进文化，因为这是永葆历史文化名城活力的根本所在。研究历史，分析现状，面向未来，西安要走向世界，让世界更加了解西安，让社会主义的先进文化中保持优良的文化传统，增强民族的认同感，提高自信心，为经济发展和社会进步提供精神动力与智力支持，成功地应对前进中的每一次挑战。我想这是每一个西安人和关注西安发展的人们不断思索的命题。工作和生活在古都西安的人们要有一种气慨，重开现代丝绸之路，重振汉唐雄风，把西安建设成既葆有古都风貌，又具现代文明和时代精神的大都市。

编著《古都西安》这套大型丛书，正是想让人们对西安有更深刻的了解。能够触摸到西安的历史脉络和文化特征，感受到它的灵魂，让西安走向世界，再架起一座中西文化交流的桥梁。丛书按照从古至今、全面系统的原则分篇编排。每篇或按时序，或分类论述，但总的体例大致划一，以求系统、准确、全面而又有重点地介绍西安。丛书在保证学术水准的前提下，尽可能为更广泛的读者所接受，使史学走向大众，更具有严谨的科学性、渊博的知识性和艺术感召力。

有关古都西安的著述很多，但系统地编著一部大型丛书，立体全景地展现西安历史，却是首次。我有幸在西安工作十多年，西安的文化积淀实在是丰厚，这座城市最大的魅力在于它的历史文化。在两个文明建设的实践中，深切地感受到，弘扬优秀传统文化，建设社会主义精神文明，有必要也有责任组织和推动一批专家、学者，编撰一部详尽介绍古都西安的大型丛书。为此，我曾多次与史念海先生等专家交流，共同策划。从制定规划、内容、体例讨论论证、专题编著分工、编审等，工作展开已近五年时间，现在要陆续出版了。本丛书的宗旨是崇尚征实，弃绝浮言，全面系统，提倡寓新颖观点于详密材料的治学风格。参与编著丛书的每位作者都在理论阐释和材料整理方面，做出了很大的努力，都有全新的开拓。这是全体作者的心血，更是史念海老先生留给世界，留给当代与后人的一份呕心沥血的遗嘱。这套由他主要审定的丛书陆续与读者见面了，而史先生却已无法全部看到。鲁迅先生曾说过，拿着故人的遗稿，就像手里攥着一把火。这套丛书的问世正是史先生传承给我们的希望之火，也是对他最好的纪念。

望着雄伟壮观的古城墙和高楼林立、华厦争辉、桥涵飞虹、通衢溢彩、万车竞速的西安，感受到汉唐雄风开阔的底蕴，体味着这方水土赋予西安人开拓创新的激情，我们有理由相信，有着强大自我更新能力、包容进取精神的西安人，在中国共产党的领导下，坚定地走有中国特色的社会主义道路，乘着西部大开发的东风，一定能够在这片土地上再创造出新的历史奇迹！

2001 年 8 月 26 日于西安

目　录

第一章

先秦时期镐京、栎阳及咸阳军事的初起

大约在公元前11世纪，周武王姬发在沣水东岸建筑镐京，并设立“三师”，西周建立。后经“国人暴动”和犬戎乱周，西周灭亡。春秋战国时期崛起于关中的秦国经过惨淡经营，势力渐强，并不断向东发展。特别是在秦孝公时期的商鞅变法和迁都咸阳之后，秦国的军事力量空前强大。秦王嬴政继位后，终于翦灭六国，统一六合，从而结束了春秋战国时期长达5个多世纪大国争霸的混乱局面。

第一节　西周镐京的军事与战争

一、镐京的地理位置及周武王建都的战略思想

西周在建国前后曾建有两座都城：这就是周文王姬昌所建的丰京（今陕西长安沣西乡马王村附近）和周武王姬发所建的镐京（今陕西长安镐京乡落水村附近）。丰、镐二京隔沣水相望，近在咫尺。二都北临渭河，南接秦岭，依山傍水，处在关中平原中部腹地，地形平坦，交通便利，土壤肥沃，河流纵横，物产丰饶。从此，这里便成为西周王朝的政治、经济和文

化中心，也是西安地区历史上第一次建立的两座全国性的大都市。

究竟周文王和周武王为什么要把国都建在这里，丰、镐二京到底具有怎样的战略地位？要弄清楚这些问题，还得从周族人的兴起和逐渐强盛的大致过程说起。

原来周人是兴起于关中西部的一个古老的姬姓部落，最早居住于有邰（今陕西杨凌特区），其始祖弃（即后稷）就发迹于此。传至首领公刘时期，周人又从有邰迁居豳（今陕西旬邑）地，继续从事农业生产。大约从这时开始，居住在今陕西和山西北部一带的被称为“戎狄”的少数族人也向渭水流域移动。因此，周人和这些戎狄为争夺地盘而发生的摩擦和战争，也就接连不断，频繁发生。到古公亶父担任首领以后，由于不堪戎狄的侵扰，便率周人聚族南下，迁居于岐山脚下的周原（今陕西扶风与岐山两县交界之处），并开始营建城郭，修筑室屋，设置官司，组建军队，这标志着周人已粗具了国家规模，正在进入文明社会。大约就从这时开始，周人就和东方大国商朝发生了关系，古公亶父并被商王封为“周侯”，还参加过商朝讨伐鬼方（戎狄的一支）的战斗。

古公亶父死后，子季历继立。这时周人经过长时期的发展壮大，逐渐强盛，并多次击败了戎狄的侵扰，成了渭水中游一个强大的政治力量，商王被迫承认季历为西方霸主，故季历遂号称西伯。商王文丁继位以后，鉴于周族已对他的西方造成了严重威胁，便借故处死了季历，[1]并下令商的与国崇（在今陕西长安县境内）对周人进行严密监视，这说明周人此时已同商朝成对立之势，以致达到了你死我活的程度。

季历死后，其子姬昌继立，是为周文王。这时，周人和商

---

① 参见《孟子·梁惠王》及《左传》昭公七年。

朝的矛盾日益加剧。周文王一方面大力改革内政，注意发展农业生产，扩充实力；另一方面，又加紧对西北方面的戎狄发动了一系列的主动进攻，相继灭亡了密、邘等周围小国，疆域扩大到了今甘肃东南、山西中部和汉水上游。后来又一举灭亡了商的与国崇。为了巩固这些已经取得的胜利成果，并对最后的灭商做好准备，他遂决定迁都于丰，将周人的基地向东推进了200余里。

文王死后，子姬发继立，是为周武王。这时在位的商纣王正沉湎酒色，荒淫暴虐，内外矛盾，错综尖锐，已陷于极端困窘之中，濒于崩溃而无暇西顾。周武王即位以后，遂将都城由丰迁至镐京，并利用这里的有利地形，积极备战。四年以后，武王遂大举伐商。牧野一战，商军大败，商纣王自焚而死，商朝灭亡。

由此可知，周文王的建都丰京和周武王的建都镐京，都是建立在对西北戎狄的防御和对商的用兵这个战略思想的基础上的。因为这里北有渭水相隔，戎狄的骑兵不易逾越，渭水遂成了丰、镐二京北面的一条天然屏障。但这里向东都是平坦宽敞的原地，可直通商的别都朝歌，有利于周人的战车行驶。加之这里物产丰饶，既可作为伐商的军事供应地，又可满足作为政治中心的财政开支。因此，周武王父子的建都丰、镐，正体现了他们战略思想的高瞻远瞩和慧眼独具。

二、镐京的军事制度及后勤装备

西周灭商以后，遂按等级分封制在全国范围内迅速建立起了一支数量众多而又装备精良的常备部队。这支常备部队包括宿卫京师的部队和驻守各诸侯国内的部队，但无论是京师的宿卫部队还是诸侯国内的驻军都要听从周天子的统一调动，即所谓“礼乐征伐自天子出”。这是形成周天子无上权力的基础。

而驻守京师的宿卫军则是周天子亲自掌握的部队，也是西周奴隶主国家赖以运转的柱石。

西周时期驻守镐京（亦称宗国）的军队为“宗周六自”。“宗周六自”字样经常出现于西周金文之中。经研究考证，多数人认为“自”即“师”，为当时西周的最高军事编制，每师约1万人，即宿卫京师的部队经常保持在6万左右，这应是西周宿卫京师的正规部队。另外，保卫天子的“虎贲”亦有0.3万。这样，西周王朝部署在首都镐京的军队总数当有6.3万之多，占全国总兵力的1/3以上。周武王在伐商之时，所亲率“戎车三百乘，虎贲三千人，甲士四万五千”，[①] 当是宿卫京师的部分兵力。

西周的兵役制亦带有严格的等级限制，即周天子的“虎贲”大多从“王族”或“公族”的子弟中征集，属贵族子弟兵，故其地位最高。而充当主力部队的“甲士”，则从居住在镐京和附近城邑中的“国人”，即平民阶层中征集，其地位仅次于虎贲。而随同“甲士”作战的“徒兵”和专门从事军事后勤供应和军事工程劳役的“厮徒”则从奴隶中征集，故其地位最为低下。而服兵役的年龄则一般限定在30~60岁之间。《诗经·北风·击鼓》篇疏引《韩诗》云：“二十从政，三十受兵，六十还之。”这就是说，凡贵族和平民子弟在年满20岁时，就要接受军事训练和文化教育。周王朝在镐京城内设立的“辟雍”，就是专供这些预备役人员练兵习武和接受文化教育的军事学校。而“六艺”（即礼、乐、射、御、书、术）则是其学习的主要内容。其中“礼”、“书”、“术”是文化教育的课程，而“乐”、“射”、“御”则是练兵习武的军事课程。因为古代乐、舞结合，乐舞训练既是舞蹈，又是操练兵器的基本功训练

① 《史记·周本纪》。

形式之一。“射”就是拉弓射箭，“御”则是驾车奔驰。这都是当时的主要兵种车兵所要掌握的基本技能。全文中多次有周王在镐京辟雍主持习射仪式典礼的记载，并经常根据射、御技术的高低进行赏罚，这说明周王朝对预备役人员进行军事训练的高度重视。

周王朝对服役兵士的军事训练亦很看重，而这种军训往往通过“大蒐”即狩猎方式进行，并逐渐形成了一种法定制度，定期训练。而“大蒐”则因季节不同而叫法各异：“春为蒐，夏曰苗，秋曰狝，冬曰狩。”[①] 但无论何时进行，“大蒐”都应包括列队布阵、军前誓师、夜战宿营以及车、徒配合，攻击、退却，将帅指挥和凯旋、献禽、庆赏、处罚等一系列完整内容。这不但会提高部队总体作战的能力，也增长了将帅的指挥才能，从而使部队可始终保持旺盛的斗志和严明的军纪。

西周时期的车兵是军队的主力兵种，车战亦为主要的作战形式，故战车、战马遂成了驻守“成周六师”的主要军事装备。

西周的战车较商代更为发展。这首先表现为驾车的战马已由商代的二匹增至四匹。《诗经》中有对周代战车描述的诗篇说：“戎车既安，如轻如轩。四牡既佶，既佶且闲。薄伐猃狁，至于大原。文武吉甫，万邦为宪。”[②] 大意是描述周王率领四马所拉的战车车队，北伐猃狁（即戎狄）的威武场面。1955—1957 年，考古工作者曾在陕西长安沣西西周遗址中发现了两个西周时期的车马坑，[③] 又为我们研究西周战车的形制

---

① 《周礼·大司马》。

② 《诗经·小雅·六月》。

③ 参见中国田野考古报告集：《沣西发掘报告》，载《考古学专刊》丁种第 12 号，文物出版社 1962 年版。

和装备提供了实物证据。据载，西周的战车不但车轮、车厢、车辕的制作更加精细、坚固，体积比前增大，而且还在车轴两端和辕头及衡木两端均安装有颇具战斗性能的兵刃车器，刃薄端尖，可增加战车本身冲撞敌方的杀伤力。

西周对战车的兵力配备亦有严格规定。据汉儒郑玄在《周礼·小司徒》注引《司马法》中有云："每三百家出革车一辆，甲士十人，徒卒二十人。"由此可知，西周的战车每辆当配备乘卒和步兵30人。但也有人根据汉儒服虔在《左传》成公元年注引《司马法》中"每甸六十四井，出战车一辆，马四匹，牛十二头，甲士三人，步卒七十二人"的记载，认为西周每辆战车配置的乘卒和步兵应为75人。还有人认为上述记载均为西周时期的军赋制度，而与当时西周战车的兵力配置无涉；并根据《孟子·尽心》和《吕氏春秋·简选》的有关记载，认为西周的每辆战车只配10名甲士（即乘卒），而每五乘组成一队，五队为一正编，一百乘为一师，另有两倍于车兵的步卒独立编组，协同战车作战。① 上述观点虽纷繁歧异，但都说明西周时期的战车已成为当时的主要军事装备，乘卒和步兵的相互配合已成为当时作战的主要形式，这一点却是共同的。

随着青铜冶铸业的不断发展，西周的兵器制作技术也大为提高，兵器的生产规模也较前扩大。据有关文献记载，周王朝不仅在中央设有司空和大宰之职，专责督理制作包括兵器在内的各种器物，司空之下又有考工，具体掌管"百工"之事，而"百工"则是制作工匠的总称。考古证实，周都丰、镐和周原等地分布着大量作坊，这些作坊中，当有相当一部分是专门制造兵器的。

---

① 参看高锐主编：《中国军事史略》上册第63页，军事科学出版社1992年版。

西周兵器制造技术提高的另一个标志就是不仅对旧有的戈、矛、刀、箭等兵器进行改造制作，使其更加轻便灵巧和锋利尖锐，杀伤力增大，具备了更高的作战能力，如对青铜戈的“胡”部加长，戈“穿”增至3至4个，从而增强了戈的穿透力和坚固耐用。另外，还出现了如剑、戟等一批新型兵器。

剑是一种锋、刃相兼的手持短兵器，既可刺杀，又能砍剁，适用于短兵相接的白刃格斗，亦可作为防身之用。据考古发掘证明，西周时期的青铜剑同后代相比，剑身较短而无脊，且缺少剑格的剑首，多带有初创时期的原始性，但却在兵器种类里增添了新的内容，对我国兵器制造业的发展所做出的贡献，是不可抹煞的。

戟是把戈、矛两种兵器的功能集于一身的新兵器，既可直前刺杀，又可后拉勾割。据考古发掘证明，西周的铜戟数量较少，且大多用作仪仗装饰。

三、镐京的城防建设

周王朝十分重视首都镐京的城防建设。虽因年代久远，镐京的城防建设遗址今已很难寻觅，但从有关文献记载可知，镐京城周9里（一说12里），城墙高约1丈，墙上筑有女墙，每面墙洞开3门，共12门，门外有曲城、名闽，就是重门（后名瓮城）。曲城上部筑台，名阁。城墙四角筑有高出城墙的屏（即城隅，后世角楼之前身），以屏障城墙。墙外环以水濠。城外还筑有城郭。

除了筑城设防以外，周王朝还在京畿地形险要处修筑关门，设置关塞，以控制交通，防止突然入侵。《周礼》中记载的“司关”、“司险”、“掌固”、“掌疆”等就是防守这些关门的官吏。

由于战车已经成为镐京宿卫部队的主要装备，而战车又对道路的依赖性极大，故周王朝对镐京附近的道路和交通设施的修缮及完备极为重视。据有关文献记载，周王朝曾根据宽度和质量将道路分为“国涂”、“环涂”和“野涂”三种。“国涂”即指首都镐京城内的道路。“国涂九轨”，就是说镐京城内的道路宽度可并行九辆战车。每辆战车宽约8尺，“国涂”道宽应为72尺（约当今15米）左右。“环涂”即指镐京城郊的道路，“环涂七轨”，就是说镐京城郊的道路可并行七辆战车，宽度当为56尺（约当今12米）。“野涂”即指遍布关中地区的乡间小道。“野涂五轨”，是说乡间小道可并行五辆战车，宽度当为40尺（约当今8.5米）。《诗经·小雅·大车》篇有云：“周道如砥，其直如矢。”意思是周都镐京附近的道路就像磨刀石一样宽阔平坦，就像箭杆一样笔直近捷。质量如此上乘的道路，自然对军队的调遣和军事情报的传递极为有利。

西周王朝还在镐京通向各诸侯国及边境地区的山头和高岗上设置了一整套烽燧传警的通讯系统，派专人守候，寇至则燃，白昼放烟，夜晚举火，用以传递军事情报和调集军队。相传周幽王为了博得宠姬褒姒一笑，曾在国都附近燃放烽燧而戏弄诸侯，最终招致杀身之祸。这说明京都镐京附近亦有烽燧设置。

四、厉王时期“国人”与周王室的镐京之战

西周建立以后，历经成、康、昭、穆和共王等诸王的统治时期，是西周的盛世。特别是在“成康之治”的五十多年间还出现过一段“天下安宁”的太平局面。但从懿王开始，由于内外矛盾相互交织并日趋尖锐，周王朝便开始走上了衰败的道路。到周厉王继位以后，因为宠用佞臣，任非其人，又对山林川泽实行“专利”政策，对广大平民、中小奴隶主贵族以及广大奴隶进行横征暴敛，遂使日益加剧的统治集团内部矛盾和阶

级矛盾愈演愈烈，致使西周社会出现了严重的政治危机。

这里所说的“专利”政策，就是周厉王为了应付日益增大的军费和财政开支，违犯周初规定，将原来为大家共有的山林川泽之利收归为王室所有，禁止人们随意进山樵采和下河捕捞，否则，就要向王室缴纳沉重的税收。这就引起了居住在镐京城内多数“国人”的不满。他们由于“财力单竭，手足靡措”，[①] 便纷纷口出怨言，表示反对。为了压制舆论，厉王遂派卫巫监谤，企图用血腥的淫杀手段，将“国人”的愤怒压制下去。“国人”的怨恨虽暂时受到了压制，但他们心中的不满却与日俱增，“道路以目”，一时竟出现了万马齐喑的沉闷局面。但厉王却得意忘形，竟自我夸耀说：“吾能弭谤矣！”这时，有位名叫邵公的大臣向他进谏说：“防民之口，甚于防水。水涌必溃，伤人必多，民亦如之。”[②] 但厉王拒不纳谏，仍一意孤行。结果，终于爆发了镐京城内的国人暴动。

有关史书对这次国人暴动的记载过简，只有国人“乃相与畔（叛），袭厉王。厉王出奔于彘”等寥寥数语。但对这些记载进行一番分析，暴动后的国人与宿卫京师的“六师”和守卫王宫的“虎贲”当有一番激烈战斗。只是因为参加暴动的国人数量众多，他们又对自己服役的“六师”和“虎贲”子弟进行离间和策反以后，这些宿卫部队的很多兵士倒戈相向，国人才能冲入王室，厉王只得在部分“虎贲”的护卫下，逃离镐京，出奔于彘（今山西霍县）。

厉王逃离以后，太子静慌忙逃入召公家躲藏。国人闻讯，又将召公宅第团团包围，必欲将太子静置之死地而后快。召公无奈，只得将自己的儿子冒称太子，交给国人杀死，这才保住

---

① 《逸周书·芮良夫》。

② 《史记·周本纪》。

了太子性命。国人便推周公和召公主持国政，史称共和行政。共和元年，即公元前 841 年，这是我国历史有确切纪年的开始。

这次国人暴动是一次具有重大意义的历史事件，它不仅摧垮了周厉王的“专利”政策和残暴统治，而且也沉重地打击了周王朝的统治体系，使其日暮途穷，直至最后的土崩瓦解。

五、幽王时期的犬戎乱周及西周的灭亡

早在西周建立前后，周王朝就与居住在北边和西北地区的少数民族犬戎之间的战争从未止息。其中尤以鬼方、猃狁等戎狄部落对周王朝的威胁最大，他们经常对周人进行抢掠，并向东南的关中平原不断推进。当周王朝强盛之时，他们虽被迫北移，但从懿王开始，当周王朝国力日益衰弱以后，犬戎便又加紧了对周朝的入侵，并沿汧、渭两水之间的空旷地带，不断向王畿附近推进。周懿王一度被迫迁居犬丘（今陕西兴平东南），对犬戎的入侵进行回避。周宣王即位以后，犬戎的入侵更加频繁，宣王虽经多次北征，但互有胜负，犬戎的入侵并未受到严重挫折，宣王也仅能筑城防御，阻止其深入而已。

宣王四十六年（前 782 年），周宣王死，其子宫涅继位，是为周幽王。幽王是荒淫而又昏庸的君主，他置犬戎不断入侵王畿的严峻形势于不顾，只知安逸享乐，整天和宠妃褒姒过着花天酒地的靡烂生活，醉生梦死，纲纪大坏。后来，还在褒姒的挑唆下，企图废掉王后申氏，杀死太子宜臼，将褒姒立以为后，立其子伯服为太子。这就引起了王后之父申侯的极大不满，于是，申侯便派人暗中联络犬戎，密谋攻周。早已对周王朝虎视眈眈的犬戎闻讯，当即应允，并迅速率骑兵大举南下，向周都镐京发起进攻。镐京的城防设施虽固若金汤，但宿卫京师的“六师”兵士却军心涣散，毫无斗志。因此，当犬戎南下

以后，途中并未遇到多少抵抗，就顺利地兵临镐京城下。几经攻战，城内守军就作鸟兽散，镐京很快即被攻陷。周幽王仓皇出逃，终被尾随追击的戎兵杀死在骊山脚下。犬戎进入镐京城后，大肆抢掠，城中的财物宝货几乎被席卷一空，宫室、宅舍和所有建筑也被焚烧殆尽。公元前771年，周平王宜臼虽在附近诸侯国和锋镝余生的大臣扶助下，即位复国，但由于京师镐京已被破坏得满目疮夷，遂于次年迁都雒邑（今河南洛阳附近），西周亡。

第二节　春秋战国时期秦都栎阳与咸阳的军事与战争

一、春秋时期秦国军事力量的兴起与汤杜之战

秦人是我国一个古老的嬴姓氏族。早在原始社会末期，他们就在东海之滨繁衍生息，留下了重重足迹。西周初年，由于这个氏族的部分成员参与了武庚领导的殷民叛乱，故在周公东征，平定了这次叛乱以后，遂将嬴人强制迁徙到了“西垂地区”。后来，他们便与商朝末年为保卫“西垂”而迁居这里的部分嬴人相互融合，就成了西方最大的一支嬴姓氏族，这支嬴姓氏族就是秦人的直接祖先。[①] 不久，随着西周边境不断地向西拓展，这一氏族被迫迁至今甘肃天水附近。周孝王时，由于首领非子为周王室养马有功，遂将其封为“附庸”，并准许其在“秦”（今甘肃清水秦亭）建筑城邑，聚族而居。从此，“秦”才成为这支嬴姓氏族的正式名称。后来，随着秦人力量

① 参看林剑鸣：《秦史稿》第二章《秦人早期历史探索》，上海人民出版社1981年2月版。

的逐渐增强，在对付戎狄的斗争中多次取胜，故在周宣王时，曾封秦人首领“秦仲为大夫”。不久，秦庄公时期又被周封为“西垂大夫”。公元前770年，当周平王东迁雒邑之时，由于秦人首领秦襄公护送有功，遂将“歧以西之地”赏赐给秦，并说：“戎无道，侵夺我岐、丰之地，秦能攻逐戎，即有其地。”并准许其“与诸侯通聘享之礼”。[1] 这样，秦就由“附庸”而为“大夫”，又由“大夫”而为“诸侯”。至此，秦国便正式登上了历史舞台。

春秋初期，秦襄公大力整顿武备，也像关东各诸侯国一样，“置三军，设三帅”，迅速组建了一支由战车和步、骑兵相结合的作战部队，武装力量大为增强，并同戎狄展开了争夺“岐西之地”的艰苦战斗。经过将近半个多世纪的浴血奋战，到秦宁公继位以后，秦人才将领土拓至岐地。为了巩固既得的胜利成果，也为了向戎狄发动更大规模的进攻，宁公二年（前714年）遂将国都由汧渭之会东迁平阳（今陕西宝鸡东阳平村），并将居住于“汤杜”的“戎人”作为攻击目标。

“汤杜”史书上亦称“荡杜”、“汤台”、“汤陵”等，其王自称为“亳”。关于“汤杜”的地址，由于有关文献记载不一，故有多种说法。《史记·秦本纪》《正义》引《括地志》说“汤杜”在唐时“三原”（今陕西三原东北）或“始平”（今陕西兴平），而该书《索隐》引徐广语云，“汤杜”在“杜县之界”（今陕西西安东南）。

笔者认为《索隐》所说为是。因为从这一地名的“汤”字和其王自号的“亳”字分析，这里的居民与殷商有很大关系，很可能是在殷商时即迁居关中的商人后裔所建之邑。而当时的戎狄已遍及关中，特别是渭北地区更是戎狄出没之地，而渭水

---

① 以上引文均见《史记·秦本纪》。

以南因有渭水阻隔，戎人较少。故这部分西迁的商人只能将“汤杜”作为安身之地，而根本不可能迁居渭北的“三原”或“始平”一带。西周建立以后，为了对这部分商人后裔加强统治，遂将杜伯的封国定在这里。又因为这里是商人后裔的聚居之地，才有了“汤杜”之称。西周灭亡以后，这部分商人后裔遂假冒“戎”人，并与戎狄相勾结，乘机进行复国活动，这就势必会和正在东向发展的秦国发生尖锐冲突。于是，秦宁公把“汤杜”作为攻击目标，也就势在必行了。

《史记·秦本纪》对宁公发动的对“汤杜”的这次战争作了如下记载：“宁公二年，公徙居平阳。遣兵伐荡社（即汤杜）。与亳战，亳王奔戎，遂灭荡社”，“十二年，伐荡氏，取之。”

由此可知，秦宁公这次对“汤杜”用兵，从宁公二年（前715年）开始，至宁公三年（前714年）结束，前后历时一年有余，才终于将亳王击败，占领了汤杜，其战争激烈程度可以想见。但投奔了戎狄的亳王所率残余部队，仍继续与秦为敌，并经常联合戎狄侵扰秦地。这种时断时续的战事一直进行到宁公十二年，“汤杜”之敌才最后被歼灭。到秦武公十一年（前687年），又在这里设立“杜县”，这是古都西安地区出现的第一个县制。但这时的“县”原意为“悬”，即“系而有所属”之意，明显带有军事性质。

总之，秦与“戎人”进行的这场“汤杜”之战，是春秋时期秦人在军事上取得的一次最为重大的胜利。它不仅为秦人后来的东进扫除了最大障碍，而且也为后来秦孝公的迁都栎阳和秦孝公的定都咸阳，举行了一次成功的奠基礼。

二、战国初期秦国势力的东渐及秦献公迁都栎阳的战略决策

从公元前475年开始，中国历史进入了战国时期，直至公

元前 221 年秦始皇统一中国为止，战国共延续了 250 多年。

随着生产力的迅猛发展，以井田制为基础的奴隶制生产关系日趋没落，而以大土地私有制为基础的封建制生产关系却代之而兴，而代表这一生产关系的新兴地主阶级也相继登上政治舞台，通过各种形式掌握了国家政权。这种以封建制为核心的社会革命正在席卷着关东六国。特别是与秦毗邻的晋国，从战国初期开始，就已形成了韩、赵、魏三个独立的封建政权，到公元前 403 年又正式被列为诸侯，晋国公室已被彻底消灭。东方的齐国后来也被新兴地主阶级的代表田氏篡夺了国家大权。但地处关中西部的秦国却因为独特的奴隶制结构和政权形式以及长期以来“与戎狄同俗”[①] 等多种原因，故在战国初期仍维持着奴隶制的旧制度，并形成了奴隶主贵族保守势力庶长专权的落后局面，严重地阻碍了生产力的发展，并极大地削弱了秦国的军事力量。故从秦简公二年（前 413 年）开始，首先强大起来的魏国就曾大举攻秦，相继侵占了秦的繁庞（今陕西韩城东南）、临晋（今陕西大荔东）、元里（今陕西澄城南）、洛阳（今陕西大荔西）、郃阳（今陕西郃阳南）等河西诸城，黄河以西的土地多归魏国所有，并于秦惠公十一年（前 389 年）以五万之众大破秦军“五十万众”。[②]

被动挨打的落后局面，唤起了秦国内部新兴势力的觉醒。公元前 387 年，秦惠公死，秦国内部新旧两大势力终于爆发了以争夺王位继承为中心的大规模的武力冲突。结果，新兴势力最终击败了以惠公之妃、秦出子之母小主夫人为代表的保守势力，将代表新兴势力的秦灵公之子公子连从晋国迎回秦国，立以为君，是为秦献公。献公继位以后的第二年，即公元前 383

① 《战国策·魏策三》。

② 《吴子·励士》。

年，即将国都从雍（今陕西凤翔西南）迁至栎阳。

栎阳在今陕西临潼栎阳镇东北 25 里之武家屯附近。秦献公迁都以后，就在原有建筑的基础上，围筑了一圈夯土城郭，修建了一些宫室宅第。据考古发掘可知，栎阳城遗址东西宽 1801 米，南北长 2232 米，总面积约为 4 平方公里。[①] 虽然这座城郭的面积狭小，修筑亦很仓促，明显带有临时迁都的性质，但这里却"东通三晋，亦多大贾"，[②] 不仅商业贸易十分兴盛，而且也是东西交通的要冲之地。再加之这里地势开阔，平坦无阻，进退自如，具有极其重要的战略地位。秦献公迁都栎阳，表现了他不甘僻居西垂，积极东进，以求同关东六国逐鹿中原的战略思想。在这一战略思想的支配下，献公迁居栎阳以后不久，还发布了一系列改革军政的措施。

首先，献公从献公六年（前 379 年）开始，相继在首都栎阳和附近地区设立了栎阳和蓝田（今陕西蓝田西）诸县。这不但标志着首都栎阳军事地位的日趋重要，也为秦后来在全国范围内普遍推行县制作了准备。

其次，献公十年（前 375 年），秦献公又下令将首都栎阳和全国人口按五家为"伍"的单位编制起来，史称"户籍相伍"。[③] 这就从根本上取消了"国"和"野"以及"国人"（自由民）和"野人"（奴隶）之间的严格界限，提高了奴隶的身份地位，促进了奴隶制的消亡和封建制的发展。同时，也意味着全体国民都被编制在军政组织之中，扩大了征兵的兵源。由此推想，屯驻于首都栎阳的兵力将大量增加，国力也得到了迅速加强。

---

① 参看《秦都栎阳遗址初步勘探记》，载《文物》1966 年 1 期。

② 《史记·货殖列传》。

③ 《史记·秦始皇本纪》。

从献公十九年（前366年）开始，秦献公遂派兵大举进攻韩、魏，并多次大败韩、魏联军，接连取得了洛阳（今陕西大荔西）、石门（今山西运城西南）和少梁（今陕西韩城南）之战的胜利，使秦军首次深入到了魏国的河东腹地，夺回了河西的部分失地，并迫使魏将都城由安邑（今山西夏县西北）迁至大梁（今河南开封）。

三、战国中期的商鞅变法与秦孝公的定都咸阳

秦献公的改革虽对提高秦的国力和加强军事力量方面起到了一定作用，但由于秦国保守势力的根深蒂固和盘根错节，因此，陈旧腐朽的奴隶制度仍没有得到彻底根除，国力的发展和军事力量的增强仍受到严重阻碍。同相继完成了封建化过程的关东六国相比，仍显得十分落后，故他们仍把秦同“戎狄”相题并论而予以卑视。

公元前362年，秦献公死，其子渠梁继位，是为秦孝公。这个血气方刚的年轻国君即位以后，痛感“诸侯卑秦”，“丑莫大焉”，[①] 遂决心变法图强，振兴国力。这时，“少好刑名之学”[②] 的商鞅听到秦孝公“求贤”纳士的消息后，当即从怀才不遇的魏国来到栎阳，并用“强国之术”说服了孝公。秦孝公遂将商鞅任为左庶长，于公元前359年开始推行新法，并相继颁布了“垦草令”、“令民为什伍”、“重农抑商”、“开阡陌封疆”和普遍设立县制等一系列旨在革除奴隶制生产关系和上层建筑，发展封建经济和建立封建政权的改革法令。为了扩大兵源，提高秦国军队的作战能力，秦孝公还在商鞅的支持下，发布了以下改革军政的法令：

① 《史记·秦本纪》。

② 《史记·商君列传》。

奖励军功，实行二十级爵制。即战士的军功只能以在战场上杀敌的多少来进行计算，凡立有军功，均可得到官爵利禄。杀敌越多，军功越大，获得的爵位就会越高。其官爵分为20级：即公士、上造、簪袅、不更、大夫、官大夫、公大夫、公乘、五大夫、左庶长、右庶长、左更、中更、右更、少上造、大上造、驷车庶长、大庶长、关内侯、彻侯。其中公士为最低爵位，彻侯为最高爵位。爵位有高低之分，待遇也有大小之别。如得爵一级就可役使“庶子”一人，爵至九级的五大夫，就可“税邑三百家”，爵至七级的公大夫就可得到同县令相等的待遇等。虽贵为宗室勋戚，如无军功，亦不得超越规定占据田宅、臣妾。

严禁私斗。即严厉禁止居住在城“邑”的奴隶主阶级为争夺土地、财产和奴隶而经常发生的私自争斗，旨在消除奴隶主贵族的私家势力，维护和加强封建的中央集权统治。这是与奖励军功相辅相承的一条法令。这些带有改革军政性质的法令发布以后，“乡邑大治”，百姓们均“勇于公战，怯于私斗”，[①]极大地提高了秦国军队的战斗力，并迅速增强了秦国的国力。从此，秦国走上了日益壮大的道路。

公元前349年（孝公十三年），商鞅又说服秦孝公将国都迁至咸阳。这是商鞅变法中一项具有战略意义的重大决策。

据考古发掘可知，秦都咸阳位于今陕西咸阳长陵车站与渭城区窑店乡姬家村之间。本世纪70年代中期，考古工作者曾在这里发掘出夯土墙、水道、水井、窖穴和三处大型宫殿遗址，[②]故知秦都咸阳大致位于此处。这里濒临渭水，北依高

① 《史记·商君列传》。

② 参看陕西省社科院考古研究所渭水队：《秦都咸阳故城遗址的调查和试掘》，《考古》1962年6期等。

原，南包秦岭，地势据高临下，如高屋建瓴，水陆交通极为便利；东北行可出临晋关（今陕西大荔东黄河西岸）至蒲坂（今山西运城西南蒲州镇），直达魏国腹地；向东水陆兼程，或浮渭而下，或途经渭南大道，可直抵关中东面门户函谷关，与关东六国角逐中原。另外，咸阳附近河道纵横，水利资源十分丰富。南面的秦岭山脉，蜿蜒起伏，巍峨耸立，有取之不竭、用之不尽的山林物产。这里又是渭河平原中部地区，土壤肥美，素以农业著称于世，具有优越的经济条件。所有这些，都是故都栎阳所不可比拟的。由此亦可看出秦国统治者急欲向东发展和企图称雄中原的战略思想。

总之，经过商鞅变法以后，秦国的国力大为增强，军队的战斗力迅速提高。因此，在对韩、赵、魏、楚等国的用兵中，接连获胜。不但夺回了河西的全部失地，而且还将领土拓至今天的山西、河南、湖北和巴蜀一带，使三晋的力量大为削弱，楚国因此而一蹶不振。面对秦国的迅速崛起，关东六国再也不敢对秦"卑视"，只能刮目相看而退避三舍了。

四、秦王嬴政继位后秦都咸阳军事力量的加强及秦灭六国的战略部署

公元前 246 年，秦庄襄王死，年仅十三岁的嬴政即位。十年以后，嬴政亲政。在此期间，随着封建制的全面确立，秦国的军事制度日益完善，秦都咸阳的军事力量也大为加强。其表现如下：

首先，居住在首都咸阳的秦国国王完全掌握了军队的调遣权，并实行了严格的虎符制度：即国君委任统兵将领时，即将左半边虎符交给主帅，右半边则由国君自己掌握。凡用兵 50 人以上的军队调遣，都必须要与国君的一半虎符相合，才能发兵。否则，任何人均不得擅自调遣军队。1978 年曾在今陕西

西安出土秦虎符

西安南郊丈八沟村附近发现了一个被称为“杜符”的虎符，符上铭文曰：“兵甲之符，右在君，左在杜。凡用兵兴士被甲五十以上，必会符，乃敢行之。燔燧之事，虽毋会符，行殴(也)。”[①]（见附图：西安出土秦虎符）这当是秦王征发“杜”县之兵时所发兵符。

其次，同春秋战国时期的关东六国一样，秦国也在战国后期改变了西周时期的等级征兵制度，实行了普遍征兵制，即凡年满23岁以后的男子，都须在首都咸阳宿卫一年，称为“正卒”；还须戍边一年，称为“戍卒”。有时因战事在急，兵源不足时，即使15岁的男子，甚至斗食小吏等都要应征入伍，或守卫京师，或戍边参战。正是由于这一征兵制度的付诸实行，才保证了秦国拥有源源不断的兵源，使其军队数量最多时可达“百万”以上。

复次，随着军事斗争的日益频繁和战争实践的客观需要，秦国的军队兵种也发生了很大变化，即西周和春秋时期的主要兵种战车和车兵已逐渐退居次要地位，而原来的步兵则日益成

① 陈直：《秦兵甲之符考》，载《西北大学学报》1979年1期。

为主要兵种，并出现了由步、弩、车、骑等几个兵种混合编制的新型部队。这不但能够充分发挥步兵灵活机动和进退自如的优势，而且还能使弓弩部队（弩兵）和战车、骑士相互配合，攻防兼备，遂使军队的战斗能力大为提高。而骑兵和水兵则是这一时期出现的两个新兵种，从而增强了军队的快速反应能力，提高了水上作战的技能。据载，在秦国的百万“带甲之士”中，有“车千乘，骑万匹”，[①]还有相当数量的“楼船之士”。[②]另外，这时秦国的军队除有边防军和地方军外，还专门设立了保卫首都咸阳的宿卫部队，并设有“都尉”、“中尉”和“卫尉”等军事长官，而左庶长则为宿卫部队的最高将领。公元前238年，当秦王嬴政在雍城蕲年宫举行加冠典礼，长信侯嫪毐“发县卒及卫卒、官骑”等兵众，欲进攻雍城伺机作乱之时，秦王就是率领宫廷卫队及随从官员将其平定的。可见，这些宿卫军队具有极强的作战能力。

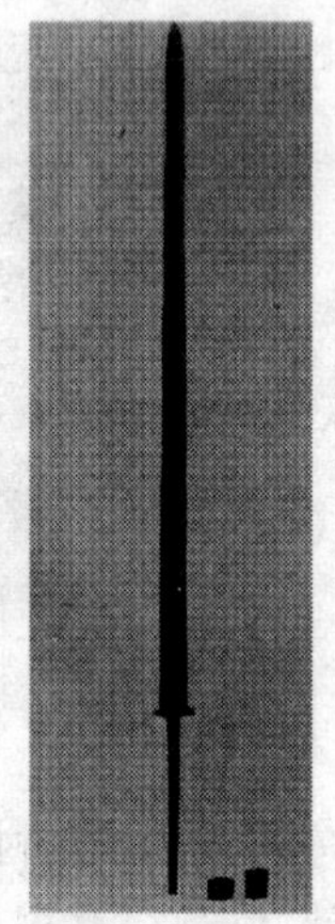
秦兵马俑出土秦剑

另外，战国时秦军使用的兵器也比以前有了极大改进。不但原来使用的铜兵器有了很多加工改制，增强了杀伤力。如铜矛的矛头加长变窄，铜剑增加了脊、刃部分，剑身也加长到80～100厘米（参看附图：秦兵马俑出土秦剑）。这些铜兵器在熔解铸造时又增加了不同成份的锡量，故更加坚韧耐用。而且，铁兵器如铁铯、铁剑、铁甲、铁杖、铁椎、铁幕等的使用也更为广泛，极大地增强了兵器的杀伤力。随着对弓箭的不断改

① 《战国策》。
② 《汉书·主父偃传》。

制，秦军这时期还普遍使用了弩机，并逐渐在兵器中占有显著地位。秦国的弓弩可分大、小两种，小弩射程为150米，大弩射程可达900米。①

为了巩固国都安全，秦国还根据关中特殊的地形特点，相继在咸阳四周修筑了坚固的关隘，东有函谷关（今河南灵宝西南），南有武关（今陕西商县东），西有散关（今陕西宝鸡西南），北有萧关（今宁夏固原东南）。从此，渭河平原始有“关中”之名，咸阳也具有了优越的“四塞以为固”② 的地理位置。

随着郑国渠的修建成功，关中成了天下最富庶的“天府之国”，秦国的储粮也日益增多。有人曾用“积粟如丘山”③ 和“粟如丘山”④ 等话语来形容秦国的富庶。近年发现的云梦秦简中也有栎阳粮仓“二万石一积”、咸阳粮仓“十万石一积”⑤的记载，这就为秦的统一中国提供了丰富的军饷资源。

总之，随着封建制的日益确立和军事制度的渐趋完善，秦都咸阳的军事力量得到了极大加强。这不仅维护了秦国本土的安全，也为秦王嬴政开始的统一战争创造了有利条件。

公元前238年，秦王嬴政亲政以后，面对关东六国虽普遍衰弱但仍有强弱和远近之分，虽内部矛盾重重但仍有联合抗秦之可能等诸多特点，在李斯、尉缭和姚贾等人的协助下，相继采取东西连衡、远交近攻、蚕食关东和中央突破以及由近及远、各个歼灭等战略策略。至公元前221年，关东六国相继灭亡，一个强大统一的大秦帝国终于建立。

---

① 参看《秦兵与秦卒》，载《西北大学学报》1978年1期。

② 《汉书·张仪列传》。

③ 《战国策·楚策一》。

④ 《战国策·齐策一》。

⑤ 《秦律·仓律》。

第二章

秦汉都城咸阳、长安军事的发展

秦始皇建立的大秦帝国是中国历史上第一个大一统的封建帝国，首都咸阳遂成了全国的政治和军事中心。但为时不久，即被声势浩大的农民起义所灭亡。汉高祖刘邦又在秦国的废墟上建立了西汉王朝，并迁都长安，进一步加强了长安的军事力量，使长安政治和军事中心的地位保持了200多年。东汉建立以后，首都虽被迁至洛阳，但长安仍以优越的地理位置发挥着重要的军事作用。因而这里又成了东汉末年军阀争夺的主要地区之一。

第一节　秦都咸阳的军事与战争

一、秦始皇加强首都咸阳军事防务的措施

秦始皇在统一中国以后，为了进一步加强首都咸阳的军事防务，相继采取了如下措施：

第一，创立了以皇帝为首的中央集权军事领导体制。

秦始皇统一中国以后，为了建立一套专制主义中央集权的政治体制，曾首创皇帝制度，确立了皇帝至高无上的地位，并独揽了包括军权在内的一切权力。无论是军队的征发、调遣，

或是将帅的任命、罢免，都由皇帝一人决定。皇帝之下，中央最高军事长官“三公”之一的太尉，也仅有带兵权，而无调遣权。如有重大战事，太尉在皇帝的授意下，带兵出征，事解辄罢。这样，首都咸阳便成了皇帝发号施令的军事中心。

其次，建立、健全了宿卫京师的武装部队。

战国时期秦的军队虽有野战部队、地方部队和宿卫部队之分，但那时的宿卫部队分工并不明确，且数量极小。秦始皇统一中国以后，即对宿卫部队进行了严格分工，并设立专职将领进行统帅。如郎中令是皇帝的侍从卫官，掌管宫殿、掖门户钥，负责皇帝的安全保卫和诏令的传递送达，下属有大夫、郎中、谒者等；卫尉是统领宫室警卫部队的长官，丞为副手；太仆掌皇室车马；中尉负责守卫京师，下属有左右丞等。同时，又增加了这些京师驻军的编制和数量。这样，首都咸阳的武装力量就得到了极大加强，确保了政治中心的军事安全。

第三，在京畿地区普遍设立郡县制度。

秦始皇统一中国以后，曾在全国普遍建立郡县制度的同时，又在首都咸阳设立内史郡，使其成为关中地区最高的地方行政机构，郡尉是主管军政的最高军事长官，负责兵员的征集、调遣和武器装备的制造、保管以及地方治安等。内史郡内又设诸多属县，除战国时期已在关中设立的栎阳、杜县和蓝田等县外，又设立了咸阳、废丘（今陕西兴平东南）、泾阳（今陕西泾阳西北）等 30 多县。每县均设县尉，掌管一县军政。县下设乡，乡设游徼主管治安。据有关文献记载，咸阳县属乡有弋阳，废丘县仅存茂乡，栎阳县仅存长安乡，余皆失载。这些郡县都有各自的地方部队，作为正规军的补充和预备部队，也是一支重要的武装力量。所谓“材官蹶张之士”，即指傅籍后在郡县经过严格训练的武装战士。他们对保卫首都安全和维持社会治安方面所起的作用，是不可低估的。

第四，建立车、步、骑相配合的混合编队，提高军队的战斗力。

统一中国后的秦军仍以步兵为主要兵种，但这时的步兵已有轻装与重装之分。轻装步兵不着铠甲，战时以弓弩杀伤远距离敌兵，并可自由进退。重装步兵大多身着重铠，战时冲锋陷阵，与敌格斗，这种以武器装备和战斗需要而编制的新型步兵的建立，在军制史上是一大进步。车兵的战斗作用虽在战国时有所降低，但在秦朝建立以后，仍在作战中担负着重要作用。特别是在防御战中，以战车布成阵垒，可有效地阻滞敌军的冲击。即使在进攻战中，也可发挥不可阻挡的冲击作用。战国时期秦国就以骑兵精良而著称于世，统一中国后，秦国仍注重骑兵建设。

总之，秦朝经过对各种兵种装备的不断改进，并建立了车、步、骑相配合的混合编制，使各兵种协同作战，优势互补，遂使秦军的作战能力又有了进一步提高。本世纪70年代，在秦始皇陵和兵马俑坑中出土的铜车马和由数千名兵俑组成的庞大军阵，既有执矛秉戈的步兵，驾驶战车的车兵，又有策马而驰的骑兵，就是秦军这种诸兵种混合编队的生动再现，从中仍可看出当年秦兵气势磅礴、威武雄壮的军阵阵容。(参看附

秦兵马俑一号坑俑群

图：秦兵马俑一号坑俑群；秦兵马俑出土武士俑；秦兵马俑出土秦箭镞。）

秦兵马俑出土武士俑

第五，收缴兵器，迁徙豪富。

为了巩固秦国的封建统治，秦始皇曾下令收缴天下兵器，最后将其全部集中于首都咸阳，“销以为钟鐻、金人十二，重各千斤，置廷宫中。”[①] 这就在很大程度上解除了关东六国残余势力和反对派的武装。与此同时，他还下令把关东地区的旧贵族和豪富之家等共 12 万户迁至咸阳，从而极大地提高了咸阳的政治、经济和军事力量。

秦兵马俑出土秦箭镞

第六，修筑驰道，整治交通。

始皇二十七年（前 220 年），即统一中国以后的第二年，秦始皇又征发民夫修建了以首都咸阳为中心的驰道。驰道共有两条干线：一条从咸阳向东，可直达齐、燕；一条出咸阳向南，可行至吴、楚。驰道宽 50 步，铁臼夯筑路面，两旁修有护墙，墙外植树。驰道修成后，秦始皇曾率领宫廷卫队，五次出巡，极大地加强了首都咸阳对全国各地的军事控制。

① 《史记·秦始皇本纪》。

始皇三十五年（前 212 年），秦始皇又派人修筑直道。这条直道从咸阳以北的云阳开始，循子午岭主脉北行，直达九原（郡治今内蒙古包头），全长约 900 公里。沿这条直道，秦王朝可将军事物资和武装部队迅速运往北方前线，不但增强了抗击匈奴的能力，也确保了首都咸阳的安全。

总之，经过上述措施的相继施行，使首都咸阳的军事力量大为加强，咸阳不仅成了全国的政治中心，而且也成了全国的军事中心。

二、秦末农民大起义时期咸阳及其附近的战争

秦始皇在位期间，由于严刑峻法，横征暴敛，致使民不聊生，危机四伏。秦二世继位以后，残酷暴虐又有甚之，于是阶级矛盾迅速激化。秦二世元年（前 209 年）七月，终于爆发了以陈胜、吴广领导的农民大起义。起义农民“斩木为兵，揭竿为旗”，勇敢地擎起了反秦大旗。

起义军攻占陈县（今河南淮阳）后，自号“张楚”王的农民领袖陈胜当即派兵两路，向秦的首都咸阳发起进攻：一路由假王吴广率主力部队，向荥阳推进，以打通进军咸阳的大道；一路由周文率领，径趋函谷关，直捣咸阳。

吴广率部抵达荥阳以后，由于受到秦将、三川郡守李由的拼死抵抗，前进受阻。而周文部却乘机迅速绕过荥阳，麾师西进，一举攻占了函谷关，并于同年冬，顺利抵达距秦都咸阳仅有百里之遥的戏（今陕西临潼东）地。由于沿途百姓争相“影从”，参加者接踵而至，故这支起义军很快便发展成“车千乘，众数十万”的强大部队。

正在咸阳宫作威作福的秦二世闻讯大惊，如坐针毡，当即召集身边大臣商议对策。少府章邯提议说：“盗已至，众强，

今发近县不及矣。郦山（刑）徒多，请教之，授兵以击之。”[1]二世只得应允，遂宣布大赦天下，令章邯率领已被赦免并全副武装的数十万骊山刑徒，迎击周文军。

周文部虽有数十万兵众，但大多数却为刚刚入伍的农民，未经战阵，毫无战斗能力。加之进入河北的农民军将领张耳、陈余等在此紧急关头，拥兵自重，拒绝执行陈胜关于西进关中的命令。吴广部也被秦将李由胶住于荥阳城下，难以脱身。周文在援军断绝的情况下，只得孤军奋战。但同章邯指挥的秦军刚一接触，即“尽败之”。周文只得率残部向后撤退，章邯带领秦兵紧追不舍。行至渑池（今属河南），“军遂不战”，[2]周文自刎而死。同年十二月，陈胜、吴广相继被叛徒所杀，农民起义军暂时失利。

三、刘邦入关与秦朝灭亡

陈胜、吴广领导的农民起义军虽在秦军的镇压下失败了，但响应起义的另外两支部队却正在方兴未艾：这就是起兵会稽（今江苏苏州）的项羽部和聚众于沛县（今属江苏）的刘邦部。陈胜死后，项羽和刘邦等相继率部在薛（今山东滕县东南）集结，并把楚怀王之孙心推为义帝（仍称楚怀王），图谋灭秦大计。秦二世二年（前 208 年）九月，各路起义军又移师彭城（今江苏徐州）。面对秦军主力已聚集赵地，遂决定兵分两路：一路由项羽等人率领楚军主力 5 万，北上救赵；一路由刘邦率部乘机西进，直取关中。并相约先入关中者当被立为关中王。从此，农民起义军又向秦王朝的残暴统治发起了具有决定意义的战略反攻。

① 《史记·秦始皇本纪》。
② 《史记·陈涉世家》。

刘邦从彭城西进时仅有数千之众，但经沿途接纳陈胜、吴广余部和收编各地反秦武装，队伍迅速壮大。故在进入中原以后，即接连打败秦军，顺利抵达洛阳城下。因为洛阳城池坚固，久攻不克，刘邦遂及时改变了由函谷关西进的战略部署，决定绕道南阳，经武关进攻咸阳。

面对农民起义军的步步进逼，秦朝统治集团内部的矛盾斗争也日益加剧。昏庸的秦二世胡亥，只知“肆意极欲”，大权早已旁落到了宦官赵高之手。在秦王朝岌岌可危的政治形势下，赵高自知行将灭亡，又怕二世责难于他，便与其婿咸阳令阎乐等密谋杀了胡亥，立二世之侄子婴为秦王，仍专制朝政。接着，他又派人与刘邦暗中联络，企图同起义军讲和罢兵，并幻想割据关中，自立为王。但刘邦对赵高的阴谋早已识破，毅然拒绝，并率兵一举攻占了武关，迅速进至峣关（今陕西蓝田东南）城下。守关秦将据关自守，以待援军。这时，谋士张良献策说，虚设疑兵，对其进行武力威胁；又贿以金宝，诱其叛降。然后趁其狐疑之时，发动猛攻。刘邦依计而行，秦兵果然大败，峣关得手。起义军继续西进，很快便“北至蓝田”。这时，赵高已在蓝田增派守军，妄想作垂死挣扎。但因军心涣散，人无斗志，刘邦又发动夜战，对蓝田实施南北夹击之势，故“秦兵竟败”。[①] 至此，秦在关中的军队已损失殆尽，故刘邦率部顺利抵达灞上（今陕西西安东南），秦朝的灭亡已成定局。

这时，秦王子婴在兵临城下之际，自知在劫难逃，便杀死了宦官赵高，“系颈以组，白马素车，奉天子玺符”，[②] 向刘邦投降，秦朝亡。

---

① 《史记·留候世家》。

② 《史记·秦始皇纪》。

四、项羽与刘邦的“鸿门宴会”与咸阳的毁灭

刘邦进入咸阳以后，原想践彭城之约，自立为关中王。但在大将樊哙和谋士张良的劝阻下，遂退兵灞上，并与关中父老“约法三章”：“杀人者死，伤人及盗抵罪。”秦朝的残酷法令亦被废止，关中百姓大悦，无不奔走相告，竞相庆幸，表示归附。

这时，项羽已在巨鹿城下全歼秦军，拥兵 40 多万，声威大振。当他听到刘邦已在关中称王的消息后，立即挥师西进，一举攻克了函谷关，进驻鸿门（今陕西临潼东），准备向刘邦发起进攻。而刘邦仅有 10 万之众，自知不是项羽的对手，便只得听从了项羽叔父项伯的劝告，当即亲赴鸿门宴会。谋士范增多次示意项羽杀死刘邦，以绝心腹之患。但项羽却根本不把刘邦看在眼里，故拒不接纳范增之谏。刘邦伺机逃回灞上。接着，项羽遂率军进入咸阳，杀死了子婴，并放火焚烧秦宫，大火三月不灭。经秦孝公以后六代国君历 140 多年苦心经营的这座咸阳都城，至此被化为灰烬，成了一片废墟。

第二节　西汉长安的军事与战争

一、刘邦的“还定三秦”及初汉建都长安的战略决策

项羽在焚烧咸阳以后，即在战地大事分封。他先将刘邦封为汉中王，都南郑（今陕西汉中），统辖汉中、巴蜀一带。这里远距中原，中间又有蜀道天险相隔，想要东向争雄天下，困难重重。接着，项羽又三分秦地，将秦朝降将章邯封为雍王，都废丘，管辖咸阳以西之地；封司马欣为塞王，都栎阳，管辖

咸阳以东、黄河以西之地；封董翳为翟王，都高奴（今陕西延安东北延河北岸），管辖上郡之地。号称“三秦”。秦地三王分兵扼守关中险要之地，阻止刘邦东进。项羽则自称西楚霸王，都彭城，号令天下。同时，又将几个关系密切的起义军将领先后封王。于是，又形成了像春秋战国时期那样诸侯割据的纷争之势。

刘邦虽对被封为汉中王之事极为愤懑，但又无力抗争，故只得进入南郑。但为了麻痹项羽，刘邦又采纳了谋士张良的建议，烧毁了栈道，以示绝无东还之意。

由于分王“三秦”的章邯、司马欣和董翳均为秦朝降将，他们所率秦军多为关中子弟，这些士卒在向项羽缴械投降后，几乎被坑杀殆尽。因此，关中人都对项羽深恶痛绝，必欲置之死地而后快。而刘邦在入关以后，却与他们约法三章，秋毫无犯，深得秦民拥护。因此，他们都对刘邦翘首以望，盼望他能早日回到关中。刘邦对此也早已心领神会，故在来到南郑以后不久，便制定了还定“三秦”的战略方针。公元前 206 年 7 月，刘邦将具有杰出军事才能的韩信拜为大将，积极备战，伺机北上。同年 8 月，刘邦又用“明修栈道，暗度陈仓”之策，潜出故道（今甘肃两当附近），北出散关，突然从陈仓（今陕西宝鸡）进入关中，将章邯包围于雍都废丘，迫使塞王司马欣和翟王董翳投降，使还定三秦的战略决策付诸实现。与此同时，刘邦又相继颁布了大赦罪犯、允许百姓耕种秦原有的苑囿、池沼等空闲土地等命令，进一步取得了秦民的拥戴和支持。

在初步稳定了关中以后，刘邦遂以丞相萧何和太子刘盈驻守栎阳，守卫关中，并在栎阳建汉家社稷，标志着西汉的建立。接着，又自率大军，东出函谷关，同项羽展开了争夺天下的逐鹿之战。次年六月，为了进一步稳定关中，刘邦又突然从荥阳前线返回栎阳，派兵决水灌入废丘，迫章邯自杀，解除了汉室的后顾之忧。从此，关中便成了刘邦同项羽决战中原的后方基地。在此后的楚、汉相争期间，丞相萧何常“计户转漕给军，汉王数失军遁（遁）去，（萧）何常与关中卒，辄补缺。”① 这当是刘邦最终战胜项羽的重要原因之一。所以刘邦在后来的论功行赏时，坚持要把萧何的功劳列为第一，并赐给了“带剑履上殿，入朝不趋”② 的最高荣誉，这也充分说明了关中和栎阳在楚汉之争中所处的重要地位。同时，也说明了刘邦还定三秦的战略决策确有深远的战略意义。

高祖五年（前 202 年）十二月，项羽兵败自杀，刘邦遂建都洛阳。这时，有个名叫娄敬的山东人向刘邦建言说，洛阳地形极“弱”，无“阻险”可守，而此时又非西周成、康“有德”之时，故建都洛阳多有“不便”。③同时，他又指出，秦地“被山带河，四塞以为固，卒（猝）然有急，百万之众可具”。另外，还可“因秦之故，资其甚美膏腴之地，此所谓天府”。如果陛下能像秦国那样，建都关中，即使关东大乱，但“秦故地可全而有也”。这就和人斗殴一样，如果“不搤其亢”（谓卡住其咽喉）、“拊其背”（控制其脊背），就不能将对方制服。陛下如能“入关而都，按秦之故，此亦搤天下之亢而拊其背也。”④ 听到娄敬的一番议论后，刘邦已经心悦诚服，但他为了征得更多大臣的赞同，便召集群臣商议此事。由于很多大臣都是山东人，故都争言周朝立国数百年，而秦却二世而亡。况且洛阳“东有成皋，西有殽渑，背河向洛，其固亦足恃”，因而竞相劝告刘邦建都洛阳，反对迁都关中。留侯张良这时却力排众议，

---

① 《汉书·萧何传》。

② ③ 《汉书·高帝纪》。

④ 《汉书·娄敬传》。

认为洛阳虽有上述险固，但平原面积狭小，中间仅有数百里之地，又土质瘠薄，四面受敌，非用武之地。而“关中左殽函，右陇蜀，沃野千里，南有巴蜀之饶，北有胡苑之利，阻三面而固守，独以一面东制诸侯。诸侯安定，河、渭漕輓天下，西给京师。诸侯有变，顺流而下，足以委输。此所谓金城千里，天府之地。”[①] 张良这番话说得众多大臣疑虑顿失，纷纷表示完全赞同。刘邦遂即下诏：行李车驾，当日起程，西入关中。娄敬也以建言之功，被拜奉春君，赐姓刘氏。

刘邦入关以后，即将都城定在长安。长安位于今陕西西安西北10公里处之汉城区，原为秦时栎阳县的一个属乡，故由此而得名。但因这时的长安仅有秦时修建的“兴乐宫”一处离宫，且已破败不堪，既无城池殿宇和官署府邸，又少居民宅第。故入关以后，刘邦与百官大臣只得寄住栎阳，诏令丞相萧何当即负责在长安建造都城。高祖七年（前200年）初，萧何建成了未央宫和东阙、北阙、前殿、武库、太仓等宫室建筑，规模“壮丽”。高祖始“自栎阳徙都长安”。[②] 汉惠帝刘盈继位以后，又多次征发长安600里以内男女及诸侯王、列侯的徒隶共10多万人，筑成了长安城墙。至汉武帝太初元年（前104年），又兴建了城内的北宫、桂宫、明光宫和城西的建章宫，并在城西修建上林苑，开凿了昆明池，汉都长安的规模始告完备。

高祖刘邦于汉初之所以毫不犹豫地将都城选定在长安，除刘敬和张良所说的那些原因以外，其实还当有一个更为重要的原因，这就是防御匈奴的南侵，确保关中不失，进而维护汉王朝对全国的政治统治。

---

① 《汉书·张良传》。

② 《史记·高帝纪》。

匈奴族是居住在我国北方地区的一个古老民族。早在先秦时期，匈奴就逐渐强盛起来，对中原地区已构成了严重威胁。因此，燕、赵、秦等国都不惜花费巨大的人力、物力，竞相在与匈奴毗邻的北境修筑长城，进行防御。秦始皇统一中国后，不仅将燕、赵、秦三国所修长城连缀起来，蜿蜒万里，被称为万里长城，形成了一条保卫北境的天然屏障，而且还修筑了由云阳直达九原的直道，其目的仍是为了防御匈奴的南侵。

秦末内乱和楚汉战争时期，匈奴单于头曼乘机率部占领了河套以南地区，并东征东胡，西败月氏，北灭丁零诸部，南并楼烦、白羊等族，控弦之士 40 余万，成了雄踞蒙古草原的一个强大的少数族政权，也成了后来西汉北境的一个严重边患。高祖六年（前 201 年），即刘邦决定迁都长安的第二年，匈奴的冒顿单于率骑兵逼降了韩王信，向南深入到晋中一带，占领了晋阳（今山西太原）。次年，高祖亲率步骑 32 万，迎击匈奴。结果，被匈奴包围在白登山（今山西大同东南）达七天七夜，后经重贿单于阏氏，才得突围。这次北击匈奴的失利，在刘邦的心里留下了一道深刻的阴影。因此，当高祖九年（前 198 年）出使匈奴的刘敬完成使命，回到长安，向刘邦提出了关于“今陛下虽都关中，实少人。北近胡寇，东有六国强族，一日有变，陛下亦未得安枕而卧也。臣愿陛下徙齐诸田，楚昭、屈、景，燕、赵、韩、魏后，及豪杰名家，且实关中。无事，可以备胡，诸侯有变，亦足率以东伐。此强本弱枝之术”[①] 的建言后，刘邦当即下诏：将关东六国的强宗大族和豪杰名家 10 多万人迁徙关中。嗣后继位的惠帝、景帝、武帝、昭帝和宣帝等西汉皇帝，都相继多次大规模地徙民关中。这些被迁徙关中的关东人除一部分在首都长安定居外，其余大部分

① 《史记·刘敬传》。

则被迁往长安西北的咸阳北阪之上。西汉政府先后在这里设立了五个陵邑：即长陵邑、安陵邑、阳陵邑、茂陵邑和平陵邑，因此，咸阳北阪也就有了五陵原之称。据有关文献记载，五陵邑中以茂陵人口最多，有“户六万一千八十七，口二十七万七千二百七十九”；长陵邑也有“户五万五十七，口十七万九千四百六十九”。五陵相加，人数当在85万以上，再加上京师长安的“二十四万六千二百”，总人口当不啻百万。这不仅极大地提高了首都长安的军事和经济地位，而且还在长安西北形成了以五陵原为中心的防御匈奴的天然屏障，充分发挥了“强本弱枝”的政治和军事作用。

二、西汉长安的军事编制

西汉首都长安的军事编制仍继承秦制，皇帝依然是最高的军事统帅。“三公”之一的太尉虽职“掌武事”，但仅为名义上的最高军事长官，实际只负军事行政责任，并无领兵和发兵之权。汉武帝时又改太尉为大司马，此职更是只有虚名，其权柄则为大将军所执掌。

将军称号先秦时即已有之，大约在汉代才成为正式官名，且有大将军与列将军之分。将军一般由皇帝的近卫武官担任，近卫武官之长则为大将军。因其侍卫皇帝左右，多为亲信，故能得领录尚书事，居宫中参决政事。自武帝时大将军成了中朝官的主要首领，故能逐渐取代太尉而执掌军权，甚至还会凌驾于丞相之上。但为确保皇帝对军权的独揽，西汉大将军之位亦时设时废，其实际地位和高下也因人而异，但大多与“三公”地位相当。大将军之下还有骠骑将军、车骑将军以及前、后、左、右四将军等。列将军还有上将军、游击将军、贰师将军等。比将军地位略低的军官是将或别将，校尉和都尉等又次之。这些将军和尉官战时受命带兵出征，平时则与大将军同居朝廷，为皇帝直接控制。由此可知，汉都长安当为全国的军事指挥中心。

西汉王朝设置在首都长安的中央军比秦时更为完备，且军队数量也大为增加。西汉的中央军大致由三部分组成：一是负责宫中殿内警卫的部队，由郎中令统领；二是负责宫殿以外、宫墙以内警卫的部队，由卫尉统领。因此这支部队居于长安城南的未央宫内，故有“南军”之称；三是守卫京师的屯兵，由中尉统领。因这支屯兵居于长安城北，故有“北军”之称。

郎中令是负责宫中殿内警卫部队的最高长官，下属诸郎有议郎、中郎、侍郎、郎中等，无定员，多至千人。汉武帝时改郎中令为光禄勋，并扩大郎卫编制，增设羽林军和期门军两支部队。羽林军原为建章营骑，因宿卫建章宫而得名。后改名“羽林军”，取“如羽之疾，如林之多”之意。于太初元年（前104年）选陇西、天水、安定、北地、上郡、西河等六郡良家子中善骑射者组成，约700人。期门军因其侍从武帝而期待于殿门得名。由侍中、常侍、武骑及待诏六郡良家子组成，共约1000人。另外，又收养、训练战死军士子孙于羽林宫，故称“羽林孤儿”。这几支宫廷卫队由于和皇帝最为接近，故其领军郎宫俸禄较高，亦是很多将相的进身之阶，如张释之、田蚡、司马相如等著名将相和得宠的文人学士都曾任过此职。

卫尉所领南军是负责宫内警卫的部队。汉景帝初年，曾将卫尉改名中大夫，后元元年（前143年）复旧。由于卫尉身居枢要，故多由皇帝最宠信者担任。如武帝时，李广曾为未央宫卫尉，程不识为长乐宫卫尉；宣帝时，范明友为未央宫卫尉，邓广汉为长乐宫卫尉。建章、甘泉等宫亦有卫尉，但不常设。卫尉下属有公车司马公、南宫卫士令、北宫卫士令、左右都侯、宫掖门等，所领卫士约2000人。

由中尉统领的北军是守卫京城的常驻部队。平时在京城巡逻稽察，缉盗止乱。每月徼行宫外及主兵器一次，与卫尉相为表里。如有战事，则往往被部分或全军征调，随将军出征作战。汉武帝时曾改中尉为执金吾，并不再直接统领北军，而是派遣监军御史和护军共同控制，并增置屯骑、步兵、越骑、长水、胡骑、射声、虎贲等七校尉，连同中尉旧领属官中垒校尉，共八校尉。后又设置三辅校尉，一并归执金吾统领。这样，北军的力量遂大为加强，其守卫范围也由京城以内扩大到京畿三辅地区。

隶属北军的还有缇骑和城门屯兵两支部队。缇骑是一支装备精良的骑兵部队，主要负责京城巡察。城门校尉是城门屯兵的最高长官，主要守卫京城12门。

除上述常驻京师的三支中央军外，西汉政府还在京畿地区设置地方机构，并组建地方部队。汉景帝二年（前155年），曾分秦时内史郡为左、右内史，与主爵中尉同治长安城中，所辖皆京畿之地，故合称“三辅”。汉武帝太初元年（前104年），又改左、右内史和主爵中尉为京兆尹、左冯翊和右扶风。京兆尹治所在长安城内，所辖大约就在今西安地区，其职责是“典兵禁，备盗贼”，还要纠察在京百官的违法活动。征和元年（前92年），“巫蛊之祸”发生后，汉武帝曾“发三辅骑士大搜上林，闭长安城门索，十一月乃解。”[①] 这说明三辅地区仍有以“骑士”组成的地方部队。

西汉三辅以外的地方兵虽以维持当地治安为其主要职责，但在紧急时刻也可调入长安宿卫，或驻守京畿以备非常。如高祖十一年（前196年），淮南王英布造反，高祖“发上郡、北地、陇西车骑和巴蜀材官及中尉率三万人为皇太子卫，军灞

① 《汉书·武帝纪》。

上。”[①] 为了确保京师安全，防御匈奴入侵，汉文帝时还在京师长安的东、北、西三面设置军事据点，派兵守卫。后元六年（前158年），匈奴单于兵分两路，向关中推进，“烽火通于甘泉、长安”。汉文帝遂以宗正刘礼为将军，率兵屯驻灞上（今陕西西安市东），以祝兹侯徐厉为将军，率兵屯驻棘门（今陕西咸阳东纪家道），以河内太守周亚夫为将军，率兵驻守细柳（今陕西咸阳留印西村）。这就在长安周围形成了一道坚固的军事防线。其中位于这道防线西面的细柳地区的形势最为重要，因为它正当匈奴南入关中和侵扰长安的咽喉要冲，所以汉文帝特意安排太尉周勃之子周亚夫把守。周亚夫治军严谨，军纪如山，就连前往慰劳的汉文帝行至军门，也被守门兵士挡驾于军门之外，致使汉文帝发出了“此真将军矣”[②] 的感叹！

西汉前期的军队兵种仍以车、骑并重。汉武帝即位以后，为了对匈奴发动主动攻击，遂特别重视发挥骑兵的作用，故骑兵逐渐取代车兵，而成为汉代军队的主要兵种，完成了中国古代骑兵成为战略军种的转变，一跃而成为战争的主力。与此同时，驻守长安的中央军也渐以骑兵为主要军事力量。由此，西汉的马政日益兴盛。西汉在中央设立的太仆之职，即职掌“天子六厩”，每厩各有马近万匹，主要就是向中央军输送战马的。元狩三年（前120年），为了征伐西南夷，汉武帝“发谪吏穿昆明池”，位于长安西南，周围四十里，供水军练习水战，使长安的兵种更为齐全。

为了提高军队的战斗力，西汉政府十分重视对中央军的军事训练。各兵种除进行经常的骑射、蹶张（以足踏强弩而使之开张）等专科训练外，还要进行以蹴鞠、角抵、手搏为主要内

① 《汉书·高帝纪》。

② 参见《汉书·周勃传》。

容的基础训练。当时宫苑内所建“鞠城”和“三辅离宫”的蹴鞠地，就是南、北军练习和比赛蹴鞠的场地。军事训练的成效如何，还须经检阅。中央军的检阅每年秋季进行一次，“斩牲于东门郊外，以荐陵庙，武官肄习战争之仪。斩牲之礼，名曰貙刘。兵官皆肄习孙吴六十四阵，名曰乘之。”[①] 仪式和场面庄严而隆重。

汉代中央军的武器装备也有了很大改进。特别是由于西汉中期炼钢技术的出现，使铁兵器的质料更为坚固耐用。这时还出现了更适用于马上作战的环柄长铁刀，刀脊厚实，刃口锋利，利于劈斩而不易折断。进攻性武器还有弓、臂张弩和矛、剑等，防御性装备则有盾牌和披甲等。近年出土于今陕西咸阳杨家湾四号汉墓的骑兵陶俑，当是对汉代骑兵武器装备的生动再现。

总之，由于中央军数量的增多、兵种的变化、军训的加强和武器的改进，极大地提高了宿卫部队的作战能力，使京师长安的安全得到了可靠保证。

三、西汉末年的社会危机与长安地区的农民起义

西汉王朝自元帝以后，土地兼并之风日益加剧，王公、贵族和官僚地主都竞相侵吞土地，抢占农田，出现了“富者田连阡陌，而贫无立锥之地”的现象。以皇帝为首的统治集团为了满足他们穷奢极欲的荒淫生活，又加紧对农民进行残酷的压榨、剥削，致使广大百姓处在了“有七亡而无一得”、“有七死而无一生”[②] 的绝望境地。长安附近的农民处境更为悲惨，因此，他们被迫聚众起义，进行反抗。其中发生在汉成帝建始三

① 《汉仪注》。
② 《汉书·谷永传》。

年（前 30 年）的由傰宗领导的南山地区（今陕西西安西南）的农民起义规模最大。

南山地区位于长安西南，属京兆尹辖境。这里接近京师，贵族官僚在这里“求田问舍”和霸占山林者络绎不绝，故这里的农民所受压迫最为沉重。因此，当傰宗振臂一呼，数百农民便揭竿响应。他们凭借南山的有利地形，四面出击，严惩不法官吏和豪强地主，一度断绝了长安交通，京师为之震动，各个城门都加强了警戒。时任京兆尹的王昌和甄遵先后多次派遣步兵校尉率兵逐捕，结果“暴师露众，旷日烦费，不能禽制”，[①] 因而被相继罢职。接着，汉王朝又将原弘农太守傅刚任为校尉，率“迹射士千人”，前往围剿，但历时岁余，仍被农民起义军所击败。后来，汉成帝只得将原司隶校尉王尊任为“谏大夫，守京辅校尉，行京兆尹事”，发重兵逐捕，起义军浴血奋战十多天，终因寡不敌众，被残酷镇压。

汉孺子婴居摄二年（7 年），长安附近又发生了由槐里（今陕西兴平）人赵明和盩厔（今陕西周至）人霍宏领导的农民起义。赵、霍二人自称将军，攻烧官寺，相继击杀了右辅都尉和漦县（今陕西武功西）令。起义的烽火迅速燃遍了自茂陵以西、汧水以东的 23 县，参加起义的农民众至 10 多万。起义力量壮大以后，赵、霍二人又决定进攻长安。起义军迅速向长安推进，所过之处，官署俱被焚烧，在未央宫前殿即可看见熊熊火光。执政的王莽束手无策，只能抱着孺子婴日夜啼哭祷告，祈求神灵保佑。不久，王莽又急忙调来关东部队和长安城内的宿卫军联合向起义军发起进攻。经过长达半年的激烈战斗，这次起义才被镇压。[②]

---

① 《汉书·王尊》。

② 参见《汉书·翟方进附子义传》。

四、更始政权与新莽的长安之战及新莽政权的覆灭

始建国元年（9 年），外戚王莽篡夺汉位，登极称帝，建立“新”朝。接着，他又发布了一系列政策法令，企图用复古改制的办法，解决当时已日趋严重的社会危机。结果却给社会带来了更大的混乱，广大农民被推向了死亡的深渊。因此，一场席卷全国的绿林和赤眉军起义终于爆发。

王莽天凤四年（17 年），由王匡、王凤兄弟领导的穷苦农民在绿林山（今湖北大洪山）聚众起义以后，多次打败新莽军队，并相继攻占了湖北和河南地区的很多郡县，起义人数也迅速发展到 5 万以上。地皇四年（23 年），起义军将领将西汉宗室刘玄拥立为帝，改元更始，史称“更始”政权。不久，更始部将刘秀和王凤等率数千起义军又在昆阳（今河南叶县）一举歼灭了王莽的四十多万军队，新朝的主力部队已损失殆尽。不久，刘玄遂派将军申屠建和李松经武关，向长安进军，三辅震动。申、李率部攻占武关后，又麾师北上，屯驻于华阴的京师仓，然后遣偏将韩臣和王宪率部分别从新丰（今陕西临潼）和频阳（今陕西蒲城西南）西进，准备对长安实施合围战术。起义军沿途击败了前来狙击的新莽波水将军部，直追至长门宫前。这时，王莽急忙将长安城内的囚徒赦而为兵，并与其发誓说：“有不为新室者，社鬼记之!”[①] 然后交由更始将军史谌率领，出城抵抗。但这些囚徒已对王莽的倒行逆施恨之入骨，因此，刚过渭桥，便四散而逃，史谌竟成了“光杆司令”，只得独自返回长安。这些逃散的囚徒后又聚集一起，还将王莽的妻、子、父、祖的坟茔发掘殆尽，焚烧了棺椁和九庙、明堂、辟雍，火光照进了长安城中。

---

① 《通鉴》卷 39，淮阳王更始元年八月。

同年十月一日凌晨，起义军的先头部队攻占了长安城东北头第一门宣平城门（即民间所谓“都门”）。王莽的守城兵士在大臣大邑、王林、王巡等人的率领下，退守北阙，仍负隅顽抗。第二天，长安城中少年朱弟、张鱼等人纠集城内百姓，在作室门前放起火来，又用大斧砍开了敬法殿的小门，然后放声喊道：“汉虏王莽，何不出降！”[①] 这时大火已引燃了黄皇室主（即安定太后）所居之掖庭承明殿，黄皇室主投火自尽。王莽急忙避火于宣室前殿。十月三日黎明，王莽被群臣及宫廷卫士千余人簇拥至未央宫附近的渐台。这时，起义军已将长安城内王莽守军歼灭殆尽，接着，又冲入未央宫中，将渐台团团包围。渐台的王莽卫士仍用弓弩自卫，但弓矢射尽以后，起义军便持刀冲入台内，与守卫兵士展开白刃巷战。结果，守军与大臣多被杀死。商人杜吴捷足先登，首先冲入台中，杀死了王莽。新朝亡。

第三节　东汉长安的军事与战争

一、更始与赤眉火并长安及刘秀建立东汉

更始二年（24 年）初，刘玄自洛阳迁都长安后，由于军纪严明，秋毫无犯，所以长安城内除未央宫被焚烧以外，其余宫室、供帐、仓库、官府均完好无损，街市安堵，秩序井然，保持了一段良好的社会秩序。但为时不久，刘玄便利令智昏，不但大封刘姓宗室，而且纵酒作乐，滥用群小，以致长安城内流传谚语说：“灶下养，中郎将。烂羊胃，骑都尉。烂羊头，

① 《汉书·王莽传》。

关内侯。”因此，“关中离心，四海怨叛”。[①] 而赤眉军却正在山东、河南攻城略地，拥众三十多万，势力渐盛。早在更始建立之初，赤眉军首领樊崇就曾亲至洛阳，表示归顺，但却受到刘玄的冷遇，樊崇愤而逃归，两支起义军从此分裂。当他听到刘玄在长安的倒行逆施后，遂决定从颍川西进，进攻长安。于是，将赤眉军兵分两路：一路由樊崇、逄安率领向武关进发，一路由徐宣、谢禄率领向陆浑关（今河南伊川西）进发。两路起义军在弘农（今河南灵宝东北）会合后，将西汉的远支宗室、年仅十五岁的刘盆子立以为帝。接着，又打败了更始守将，顺利入关。

原绿林军将领刘秀在昆阳大捷之后，受刘玄所遣，安抚河北。刘秀来到河北后，用剿抚兼施之法，先后消灭了割据邯郸的王郎政权，平定了铜马、尤来、大枪、五幡等各路起义军，势力浸盛。建武元年（25 年）六月，刘秀在鄗县（今河北柏乡北）称帝，建国号汉，史称东汉。

光武帝刘秀听到赤眉军已经入关，正在进攻长安的消息后，便企图利用赤眉和更始火并之际，乘机兼并关中，遂派部将邓禹率兵 2 万，从河东渡河，伺机行事。

赤眉军入关以后，更始刘玄当即派王匡、陈牧、成丹、赵萌等率部进驻新丰（今陕西临潼），丞相李松等率部进驻棷（今陕西临潼东北），分两路抵挡赤眉军。但原绿林军将领张卬、廖湛、胡殷、申屠健等却因得不到重用，遂密谋劫持刘玄，实行废立。不料事泄，申屠健被杀，张卬、廖湛和胡殷则仓促连夜勒兵，焚烧宫门，攻入宫中，刘玄大败，遂东奔新丰赵萌军中。继而刘玄又怀疑王匡、陈牧、成丹和张卬通谋，便派人杀了陈牧和成丹，王匡被迫率部进入长安，与张卬等人会

① 《通鉴》卷 39，淮阳王更始二年二月。

合。接着，更始刘玄又率李松和赵萌两路兵马进入长安，同张卬、王匡军交战，历时月余。王匡、张卬兵败东逃，归附了赤眉军。

建武元年（25 年）九月，赤眉军与王匡等联兵西进，向长安东都门发起攻势，并俘获了出城抵抗的更始丞相李松。时任城门校尉的李松之弟李况见大势已去，遂打开城门，赤眉进入长安。刘玄听到赤眉入城的消息后，自知不免，遂单骑从长安之北厨城门向西逃窜，不久被俘，更始亡。

赤眉占领长安后，由于城内贮粮将尽，兵士食不果腹，只得四出抢掠，由是三辅郡县，“皆复固守”。①

建武二年（26 年）初，由于长安城中粮食告罄，赤眉军百万之众只得收载珍宝，纵火焚烧宫室、市里，乃引兵而西，进入安定（郡治今甘肃镇原西南）、北地（郡治今陕西耀县）一带就食。东汉大将邓禹遂乘机率部进入长安，驻军昆明池畔，谒祠高庙，将汉室十一帝神主，派人送归洛阳。同年九月，赤眉军由于在陇西等地掠无所获，又受到割据天水（郡治今甘肃天水西北）的军阀隗嚣狙击，故只得返回关中，进攻长安。邓禹军抵敌不住，退军云阳（今陕西泾阳北）。同年十二月，三辅大饥，白骨蔽野，城郭皆空，赤眉军粮饷无着，只得引众东归。次年二月，行至宜阳（今河南宜阳西南），受到刘秀所率优势兵力的包围。丞相徐宣和刘盆子肉袒归降，赤眉亡。

二、东汉初年长安的军事驻防与光武帝刘秀的平定三辅

建武元年（25 年）四月，刘秀在鄗南称帝建汉以后，鉴

① 《通鉴》卷 40，光武帝建武元年十月。

于经更始、赤眉之乱以后，关中地区政局动荡，经济凋弊，遂在关东豪族集团的支持下，于同年十月定都洛阳，古都长安至此便失去了政治中心的显赫地位。但由于独特的地理优势和不可替代的军事地位，长安仍称西京，关中仍为三辅建制：京兆尹治所在长安城中，辖有长安、霸陵、杜陵、新丰、蓝田等14个属县；左冯翊治所高陵，辖有频阳（今陕西临潼北）、万年（今陕西临潼东）等13个属县；右扶风治所槐里（今陕西兴平），辖有鄠（今陕西户县）等15个属县。三辅均属司隶校尉管理，其地位仅次于河南尹，仍为京畿要地。

东汉建立之初的三辅仍处在军阀割据的混乱之中。其中延岑据蓝田（今陕西蓝田西），王歆据下邽（今陕西渭南东北），芳丹据新丰（今陕西临潼东北），蒋震据霸陵（今陕西西安东北），张邯据长安，公孙守据长陵（今陕西咸阳东北），杨周据谷口（今陕西礼泉北），吕鲔据陈仓（今陕西宝鸡东），角闳据汧（今陕西陇县南），骆延据盩厔（今陕西周至），任良据鄠（今陕西户县），洛章据槐里，各称将军，拥兵多者万余人，少者数千人，相互攻战，争锋不已，闹得田园荒芜，民不聊生，关中由最盛时的240余万人，锐减至50余万，人口丧失了将近五分之四。特别是势力最强的延岑自称武安王，拜置牧守，企图称霸关中。更为严重的是军阀隗嚣割据天水（郡治今甘肃天水西北），公孙述淹有巴蜀，都对关中虎视眈眈，致使东汉在关中的统治危如累卵。

对此，光武帝刘秀当即将征西将军冯异派驻于长安上林苑（今陕西西安西南）中，又相继派复汉将军邓晔和辅汉将军于匡等协助冯异，廓清三辅。这时，延岑联合张邯和任良向冯异部发动进攻，冯异勒兵迎击，双方战于长安城南。结果，延岑大败，被歼万人，只得率残部由武关逃奔南阳。但由于百姓饥馑，道路阻绝，粮道不通，冯异部众只能以果实为粮，出现了断炊绝食之危。刘秀闻讯，当即派南阳太守赵匡为右扶风，率部进入关中，并给冯异送来了大批衣食。冯异部衣食既足，遂对割据关中的其余军阀发起进攻，又用“褒赏降附有功者”之法，对其进行分化瓦解。于是割据军阀都纷纷向冯异归降，只有吕鲔、张邯和蒋震遣使降蜀，“其余悉平”。①

建武四年（28年）十二月，蜀地公孙述派部将李育、程乌率兵数万从汉中北进陈仓，与吕鲔联军，欲进攻三辅。冯异与赵匡率部迎战，李、程败绩，南奔汉中。冯、赵回归又击吕鲔，吕鲔部将纷纷出降。后来，冯异率部又多次击败了公孙述的进犯，并“怀来百姓，申理冤结，出入三岁，上林成都。”②这时，有人私上奏章，诬陷冯异“威权至重，百姓归心，号为咸阳王”，③图谋不轨。但光武帝却对冯异深信不疑，仍以关中相付。

建武六年（30年）四月，刘秀亲赴长安，并遣耿弇、盖延、祭遵、吴汉等七将军率部入关，分屯栒邑、汧和长安，准备从陇道南下伐蜀。但因在陇坻遭隗嚣伏击，大败而归。

建武九年（33年）六月，光武帝派中郎将来歙留屯长安，总督关中军务，监护诸将。次年十月，来歙大破隗嚣之子隗纯于落门（今甘肃天水附近），隗纯率部归降，陇右平。

建武十一年（35年）七月，光武帝西幸长安，准备御驾亲征据有巴蜀的军阀公孙述。次年十一月（36年），大司马吴汉率部攻入成都，公孙述败死，部将延岑归降，蜀地平定。

至此，西京长安的西部和西南部的威胁已基本解除，关中大定。

---

①② 《后汉书·冯异传》。

③ 《通鉴》卷41，光武帝建武五年十二月。

三、东汉中期羌人的侵扰三辅与长安军备的加强

羌族是我国境内一个古老的游牧民族，居地以西海（今青海）为中心，南抵蜀汉以西，西北接西域诸国，一直过着氏族部落生活，逐水草而生，迁徙不定。西汉初年，羌人臣服匈奴。汉武帝击走匈奴后，在河西置四郡，以隔绝羌人与匈奴的交通，并设护羌校尉统领被征服的羌人部众。后来，部分羌人逐渐内徙，在金城、陇西一带与汉人杂居。东汉明帝时，一部分羌人还迁至山西、河北一带，故羌人又有东羌和西羌之称。

东汉初年，由于这些内迁羌人“数为小吏黠人所见侵夺，穷恚无聊”，[①] 因此，他们经常聚众反抗。另外，一些羌人部落的首领也趁机向毗邻的汉人住地和城邑进行大肆的侵扰掠夺，给关陇和长安地区带来了严重威胁。建武九年（34 年），光武帝被迫复置护羌校尉官于陇西令居县（今甘肃永登西北），专责羌人事务。与此同时，东汉政府还将部分被征服的羌人部落强制迁徙于三辅地区，对其进行直接控制。但由于“诸降羌布在郡县，皆为吏人豪右所徭役，积以愁怨”，他们“或倥偬于豪右之手，或屈服于奴仆之勤”，[②]致使这部分羌人与东汉政府及豪强地主之间的矛盾日益尖锐，迫使他们不得不起而反抗。羌人的这种反抗斗争前后延续了五六十年，并同各地农民起义相呼应，给东汉政府以沉重打击。

汉安帝永初元年（107 年），东汉政府强征迁居金城（郡治今甘肃兰州）、陇西（郡治今甘肃陇西东南）和汉阳（郡治今甘肃甘谷东南）等郡羌人，出征西域。这些羌人不愿离乡远戍，行抵酒泉（郡治今属甘肃），纷纷逃散。各地郡县发兵邀击，并捣毁了沿途羌人所居庐帐，羌人多惊走出塞，相聚起

---

① ② 《后汉书·西羌传》。

义。他们以竹木、板盾和铜镜等为武器，屡次打败官兵。次年十一月，起义羌人滇零自称天子，并招集武都（治今甘肃成县西）、上郡（治今陕西榆林东南）和西河（治今内蒙古东胜县境）诸杂种羌断绝陇道，抄掠三辅。汉安帝当即将左校令庞参拜为谒者，使西督三辅诸屯军，进行抵抗。又诏令西域副校尉梁谨率部东归，入关进击，转战于武功、美阳（今陕西周至西北）之间，经过多次激战，才将这次羌人起义镇压下去。

永初四年（110 年），为了加强长安的军事防务，东汉政府“初置京兆虎牙都尉于长安，扶风都尉于雍，如西京三辅都尉故事”，[①] 并派征西校尉任尚率部与京兆虎牙都尉同驻长安城中。从此，西京长安便成了抵御羌人的指挥中心和军事基地。

元初二年（115 年），汉安帝又诏屯骑校尉班彪之子班雄率部屯驻三辅，以左冯翊司马钧行为征西将军，督关中诸郡兵 8000 余人和谒者庞参所率关中羌胡兵 7000 余人，分道出击零昌羌。由于右扶风仲光违犯节度，孤军深入，遭零昌羌伏兵邀击，全军覆灭，各道兵相继遁还。安帝又以任尚为中郎将，代班雄屯驻三辅。

元初三年（116 年）九月，中郎将任尚在左冯翊北界修筑候坞等军事设施 500 所，以防备羌人。不久，又遣兵在北地（治今陕西耀县）进击零昌，杀其妻子，烧其庐舍，屠杀羌众 700 多人。次年十一月，任尚又与骑都尉马贤共同出击零昌羌，在富平河（今宁夏境内安乐川）大败羌众，陇右悉平。

汉顺帝永和五年（140 年），由于并州和凉州的地方官残酷“虐刻”，对境内羌人“多所扰发”，于是羌族且冻、傅难等部联兵造反，并与杂种羌、胡大寇三辅，杀害吏民。东汉政府

① 《通鉴》卷 49，安帝永初四年二月。

一面发兵赴汉阳抵抗，一面又在扶风一带修筑候坞300所，设置屯兵，进行防御。次年十月，由于官兵在射姑山遭羌人重创，损失惨重。羌势大振，羌人游骑深入至长安西北，“烧园陵，杀掠吏民”。[①] 东汉政府被迫将安定郡（治今甘肃镇原东南）迁至扶风，北地郡（治今陕西耀县）迁至冯翊。又以执金吾张乔行车骑将军事，率兵1.5万人屯驻三辅。直至冲帝永嘉元年（145年）二月，由于左冯翊梁并以剿抚并施的手段，对羌人进行分化瓦解，才将这次起义镇压下去。

汉桓帝延熹二年（159年），羌人烧当、烧何、当煎、勒姐等八个部落掀起了反抗东汉政府的第三次浪潮。护羌校尉段颎采用血腥的屠杀手段，企图“绝其根本，不使能殖”。[②] 但羌人起义却败而复起，死而复燃，前仆后继，愈演愈烈。三辅地区首当其冲，受到的威胁更大。直至永康元年（167年），东羌和先零羌人五六千骑还深入关中，曾一度围祋祤（今陕西耀县东），掠云阳（今陕西泾阳北），相继攻占了长安和雍（今陕西凤翔南），京兆虎牙都尉营和雍营亦先后陷没，被杀官军“千余人”，[③] 引起了东汉政府的极大震动。汉桓帝先后任用皇甫规、张奂等人为将，“持节督关西兵”，才将这次羌人起义镇压下去。

四、东汉末年的关中局势与董卓迁都长安后的军阀混战

汉灵帝中平元年（184年）二月，张角领导的黄巾起义席卷全国，点燃了埋葬东汉王朝的熊熊烈火。在东汉王朝分崩离

① 《通鉴》卷52，顺帝永和六年正月。

② 《后汉书·段颎传》。

③ 《后汉书·张奂传》。

析和一蹶不振之际，关中和长安地区也陷入一片混乱之中。

同年十一月，北地郡先零羌和枹罕（今甘肃临夏北）、河关（今甘肃东乡西南）一带的胡、汉百姓聚众造反，共推湟中（今青海西宁西南）义从胡人北宫伯玉和李文玉为将军，攻陷了陇西令居县，杀东汉护羌校尉冷征。接着，北宫伯玉又诱劫名著西州的金城人边章、韩遂，委以军政大权，拥众南下，相继攻陷金城、陇西和天水等地，所过州郡，俱遭焚烧。次年三月，进入关中。东汉政府当即派司空张温为车骑将军，执金吾袁滂为副，率中郎将、破虏将军董卓和荡寇将军周慎等诸部共10万余众，进屯长安，专责征讨。这时，边章、韩遂拥众已至美阳（今陕西武功西北）。张温亲率主力迎击，大败而归。董卓与右扶风鲍宏等率部拼死奋战，才使边、韩兵受挫，退走榆中（今甘肃兰州东）。

中平四年（187 年）三月，韩遂在榆中杀边章、北宫伯玉和李文玉后，拥众十余万，进围陇西（治今甘肃陇西南）。陇西太守李朝如叛汉归降，与韩遂联兵，在狄道（今甘肃临洮）击杀了奉命前来抵抗的凉州（治今甘肃武威）刺史耿鄙。这时，凉州司马腾也率众归降，与韩遂共推狄道人王国为主，再次向关中推进。

中平五年十一月（188 年），王国率众进至陈仓城下，围攻 80 余天，未能得手。驻守长安的左将军皇甫嵩和前将军董卓率众 4 万前来赴援，王国败走。不久，韩遂和马腾又废杀王国，为争权柄，相互杀伐，势力稍衰，无力东进，故长安地区又恢复了一段平静时期。但为时不久，却因京师洛阳城内外戚和宦官之争再度激烈，又给关中和长安地区带来了更大的混乱。

中平六年（189 年）四月，汉灵帝死，年仅 14 岁的皇子刘辩即位，是为少帝。何太后之兄何进入朝辅政。外戚何进执政后，联合西园八校尉中的中军校尉袁绍，密谋悉诛宦官。由于受到何太后的阻止，何进遂以调遣并州牧董卓入京相威胁。在何进持疑待发之际，宦官先发制人，杀了何进。袁绍遂勒兵入宫，大杀宦官，宦官死者 2000 余人。所余宦官遂挟持汉少帝及其异母弟刘协逃至洛阳郊外。这时，并州牧董卓率胡、汉部兵已至阙下。董卓下车伊始，便废杀少帝，扶立刘协即位，是为汉献帝。董卓自任相国，专制朝政。

董卓是陇西临洮（今甘肃岷县）人，年轻时曾游历羌中，与诸羌豪帅交谊深厚。后以六郡良家子入仕羽林郎，积功至并州刺史、河东太守之职。在镇压黄巾起义的过程中，收罗了一批由胡人、汉人组成的杂牌军队，曾打败了入侵三辅的北宫伯玉和李文侯部。董卓所率兵虽骁勇善战，但却骄横放纵，董卓也生性残暴，桀骜不驯。东汉朝廷在当时也已看到董卓跋扈难制，曾征召他入京任少府，试图解除他的兵权，但董卓上书拒命，坚不入朝。汉朝又调他为并州牧，令他把军队交皇甫嵩带领，他又不应命。这说明董卓是一个野心很大的军阀。所以，在他专制朝政以后，就放纵部下胡、汉兵在洛阳及周围地区烧杀奸淫，掠财越货，无所不为，故很快便激起众怒。各地握有军事实力的州牧、刺史首先起事，他们共推袁绍为盟主，很快便组成了以关东军为核心的军事联盟，在洛阳东南面筑起了一道包围圈，准备讨伐董卓。董卓因祖籍关西，又在关中带兵多年，根基很深，所以当他自知不是关东军的对手后，就产生了迁都长安的念头。为了顺利实施这一迁都计划，他不但擅杀了倾向于袁绍的朝廷大臣伍琼、周毖，免去了杨彪、黄琬的三公职务，还把屯兵扶风的左将军皇甫嵩和屯驻长安的京兆尹盖勋征召还京。这样，关中地区就没有了可以和他抗衡的武装力量。与此同时，他还派人联络陇西的韩遂、马腾，共同对付山东。在作了这些准备以后，董卓遂于汉献帝初平元年（190

年）二月，派部将将汉献帝和数百万洛阳居民迁徙长安。董卓在烧毁了洛阳的宫庙、官府和私宅等全部建筑以后，也回到长安，居于京兆府舍。

董卓迁都长安以后，关东军也随之作鸟兽散。董卓便自以为权力至大，无与争衡，故更加肆无忌殚，专权跋扈。他以弟董旻为左将军，封鄠侯；以侄董璜为侍中、中军校尉，分别统率军队。他的宗族亲戚都盘居要津，甚至襁褓之子和未及笄之女也都封为列侯、邑君。他还在郿县（今陕西眉县东）城东修建了与长安城等高的坞壁，号称“万岁坞”，积谷足供三十年之食，自言说：“事成，雄据天下；不成，守此足以毕老。”[①]另外，他的嗜杀之性，也更加不可收敛，大臣稍不如意，即遭杀戮。就连他的爱将吕布曾因小事惹怒了他，竟顺手以手戟掷布，幸亏吕布眼明身捷，躲闪以免。董卓在长安的这些倒行逆施，很快又激起众怒。司徒王允、司隶校尉黄琬、仆射士孙瑞和尚书杨瓒遂谋密诛卓。

王允是太原祁（今山西祁县东南）人，少年时即“好大节，有志于立功”，又满腹经纶，善于驰射，文武兼备。历任侍御史、州刺史、河南尹、太仆和尚书令等职。献帝西迁后，又代杨彪为司徒。当他看到董卓“祸害方深，篡逆已兆”[②]后，遂生杀卓之心。他先将同郡人宋宪和王宏分别任为左冯翊和右扶风，同长安互为表里，后又对董卓部将吕布进行诱引。吕布曾因“手戟之刺”对卓已生异心，后来吕布又与董卓侍婢私通，恐被发觉，心不自安，遂向同乡王允倾诉衷肠。王允当即以诛卓之事相告，吕布当即应允。

初平三年（192 年）四月某日，汉献帝有疾新愈，王允遂

① 《三国志·董卓传》。
② 《后汉书·王允传》。

邀群臣于未央殿相贺，并诏令董卓入朝同庆。董卓遂朝服乘车而入。当车辆驶入北掖庭门后，事先被王允安排在门内守卫的勇士王肃当即用戟将董卓挑下车来，在旁边执刀等候的吕布上前结果了董卓性命，并陈尸于市。长安士民闻讯，无不奔走相告，纷纷歌舞于道，很多人变卖珠玉等物，沽酒买肉，拍手庆贺。守尸官还在董卓尸体上点燃大柱，"光明达曙"。①

董卓被杀以后，屯驻陕县（今河南三门峡）的董卓之婿牛辅亦被部下所杀，当时又流传要杀尽凉州将士的说法，故原董卓部将李傕、郭汜、张济等都惶惶不可终日，匆忙派使者来到长安，请求朝廷予以赦免。但这时已执掌朝政的王允却居功自傲，以"一岁不可再赦"为由，拒绝了李傕的请求。李、郭诸将遂在武威人贾诩的劝说下，率众数千，昼夜兼行，向西进发，沿途收集散兵游勇，部众渐至十多万人。王允闻讯，当即派董卓部将胡轸、徐荣率兵迎击。双方在新丰（今陕西临潼东北）展开激战。结果，徐荣战死，胡轸投降。这时，原董卓部将樊稠、李蒙亦率部来会，遂合兵西进，很快便兵临长安城下。但因为长安城池高大坚固，易守难攻，李傕等连攻 8 日，未能得手。双方正在相持之时，吕布部下的一些蜀兵哗变，打开城门，引李傕等入城，双方遂在城内展开巷战，死伤万余人。不久，吕布战败出奔，王允被俘。李傕随即以朝命召回了左冯翊宋宪和右扶风王宏，将其与王允同日处死。于是，李傕专制朝政，自封为车骑将军，领司隶校尉，封郭汜为后将军，樊稠为右将军，皆坐镇长安，以张既为镇东将军，出屯弘农（今河南灵宝）。

① 《通鉴》卷 60，献帝初平三年四月。

五、李傕、郭汜的长安大战及曹操的平定关陇

李傕占领长安后不久，原与董卓相约共同对付山东的陇西豪帅韩遂与马腾率部入关，屯兵灞桥。执掌朝政的李傕向韩、马说明原委后，遂将韩遂任为镇西将军，遣还金城，以马腾为征西将军，屯驻郿县。

兴平元年（194 年）三月，马腾因向李傕有求不获而怒，率部向长安发起进攻。韩遂闻讯，亦率兵东来相助。长安城内的谏议大夫种邵、侍中马宇和左中郎将刘范亦派人向马腾相约，表示愿作内应，趁机诛杀李傕，迎马腾入城。但因事机不密，被李傕侦知，种邵等出奔槐里（今陕西兴平）。接着，李傕遂派樊稠、郭汜及其侄李利率兵出击，与马、韩联兵大战于长平观（今陕西西安西北 25 公里处）下，马、韩兵败，走还凉州。种邵等亦被攻杀于槐里。樊稠因在追击马腾时，与其“骈马笑语”，被李利告发，遂引起李傕猜疑，李、樊二人嫌隙日深。

经此大乱以后，长安城中盗贼纵横，白昼抢劫。李傕、郭汜和攀稠三分城内，划界而守，犹不能禁。是时“谷一斛五十万，豆麦二十万，人相食啖，白骨委积，臭秽满野”。[①]

兴平二年（195）二月，李傕挟嫌在一次宴会上杀死了樊稠。从此，诸将之间相互猜忌，多不用命，怨隙渐深。李傕为了消除与诸将之间芥蒂，便多次在家中设宴，邀请郭汜等人饮酒取乐，有时还留郭汜在家夜宿。郭汜之妻惟恐郭汜爱上李傕婢妾，便生离间之心。适逢李傕又派人送来膳食，郭妻遂在食中放入豆豉，诡称食中有毒，并说：“一栖不两雄，我固疑将军信李公也。”[②] 说得郭汜半信半疑，迷惑不解。不几天，李

① 《后汉书·董卓传》。

② 《通鉴》卷 61，献帝兴平二年二月。

傕又请郭汜饮酒，郭汜大醉而归，腹内疼痛不已，遂疑酒中有毒，急忙饮下一些粪汁，呕吐后始解。次日，郭汜便率部向李傕发起进攻，李、郭之间的长安大战，至此开始。

同年三月，郭汜与安西将军杨定等人密谋，欲将献帝劫至其营，以正其位。不料事泄，李傕遂派其侄李暹率数千人将未央宫团团包围，然后用三辆车驾先将献帝占为己有，又将御府金帛洗劫一空，放火将宫殿、官府和民居全部烧毁，长安城陷入火海之中。郭汜在穷窘之际，则劫持公卿大臣，予以争雄。李傕召来羌胡数千人，赏以御物、缯綵，又以宫人、妇女相许，欲令其攻击郭汜。郭汜则与李傕开战，箭矢直射至献帝所居簾帐之中，李傕的左耳亦被贯穿。幸亏李傕的部将杨奉在外奋力抵抗，郭汜才被迫退兵。

第二天，李傕又将献帝和皇后、宋贵人等移至长安城中的北坞，派兵把守，隔绝内外。李傕自为大司马，与郭汜在长安城中相攻数月，死者无数，尸体相枕于道，惨不忍睹。后李傕部将杨奉又密谋杀傕，事泄后率部离傕而去，傕势稍衰。

同年六月，屯驻陕县的张济来到长安，对傕、汜二人进行和解，又欲将献帝迁往弘农。这时，汉献帝亦思恋旧京，遂"遣使宣谕"，经过十多次周旋，李傕始放车驾东行。郭汜亦被迫放回公卿大臣。建安元年（196年）初，汉献帝在韩暹、董承的护送下，回到洛阳。不久，曹操进驻京师，又将献帝迁至许昌。李傕、郭汜和张济等亦在军阀混战中相继死去，关中地区又被马腾、韩遂占领。

曹操是东汉末年在群雄割据中涌现出来的一位杰出的政治家和军事家。二十岁时举孝廉为郎，始步入仕途，历任洛阳北部尉、顿丘令、议郎、济南国相等职，灵帝组建西园八校尉时又任典军校尉。董卓入京后，曾加入关东军，讨伐董卓。献帝西迁长安后，曹操又击败并收编了青州黄巾军30多万，势力大振。后又击败张济、张绣父子和军阀吕布，遂有兖州全境。建安元年（196 年），迎汉献帝都许昌，取得了“挟天子而以令诸侯”的政治地位。

建安四年（199 年），即官渡之战前夕，曹操“方有事山东，以关右为忧”，[①] 遂派治书侍御史卫觊镇抚关中。这时关中流亡关外的百姓听说李傕、郭汜已死，时局平定，便纷纷返回故里，但很快又被关中诸将引为部曲，又过上了有家不能归的军营生活。卫觊来到长安以后，看到关中地区满目苍夷，田园荒芜，哀鸿遍野，遂向曹操建言说，应当即派司隶校尉留治关中，对食盐进行专卖，以盐利购置耕牛，配给关中百姓，奖励耕织，恢复农事。这样，就会使割据军阀势力日削，而朝廷和关中百姓就会日益富足，并称此为“强本弱敌之利”。[②] 气度非凡而又深谋远虑的曹操当即接受了这一建议，遂派心腹之臣钟繇为侍中守司隶校尉，持节督关中诸军。钟繇抵达长安后，耐心和解关中地区势力最强的两个军阀马腾和韩遂之间的矛盾，将马腾任为征南将军，驻屯槐里；韩遂任为征西将军，还守金城。并劝马、韩二人遣子入侍。关中局势渐趋稳定，社会经济亦得到了一定复苏。

建安五年（200 年），当曹操与袁绍在官渡交战之际，钟繇从长安输送战马 2000 匹给曹操，曹操得马后说：“得所送马，甚应其急。关右平定，朝廷无西顾之忧，足下之勋也”，并把钟繇比作汉时“镇守关中，足食成军”[③] 的萧何。不久，钟繇又率长安驻军和屯守槐里的马腾部击败了袁绍的河东太守郭援和平阳（今山西临汾南）的匈奴南单于，迅速平定了河东之乱，为曹操在官渡战后彻底歼灭袁氏势力、收复并州乃至统

① ③ 《三国志·魏书·钟繇传》。

② 《通鉴》卷 63，献帝建安四年十一月。

一北方，立下了汗马之劳。

但性好作乱的军阀马腾、韩遂等“外虽怀附，内未可信”，一旦有机可乘，他们就会挥动戈矛，大张杀伐了。对此，曹操早有觉察，并视同心腹大患。建安十三年（208年）六月，即赤壁之战前夕，曹操即派高陵人张既劝说马腾，将其征召入朝，拜为卫尉，加以控制。而擢升其子马超为将军，继领其众。[①] 赤壁兵败以后，曹操遂着手解决关陇问题，以解除西顾之忧。

建安十六年（211年）三月，曹操以讨伐汉中张鲁为名，令司隶校尉钟繇率部向长安进发，又令征西护军夏侯渊从河东渡河西进，与钟繇互为犄角，经营关陇。这时关陇地区最大的两个军阀马超和韩遂已察知了曹操的真实意图，遂联合侯选、程银、杨秋、李堪、张横、梁兴、成宜、马玩等11个割据关陇的军阀，聚众10万人，进据潼关（今陕西潼关西北），凭险守卫，企图阻止曹军入关。曹操当即派安西将军曹仁率部增援，坚壁相持。

同年七月，曹操亲率主力赶赴潼关前线，运用分兵渡河、迂回包围和分化离间等政策，终于取得了潼关之战的胜利。成宜、李堪临阵被杀，韩遂、马超逃回凉州，杨秋逃奔安定，曹操顺利进驻长安。十月，曹操率兵北征杨秋，安定被围，杨秋降附。十二月，曹操东归邺城，留夏侯渊屯守长安，以议郎张既为京兆尹。张既“招怀流民，兴复县邑，百姓怀之。”[②]

---

① 参看《三国志·魏书·张既传》。

② 《三国志·魏书·张既传》。

第三章

魏晋南北朝时期长安军事的中衰

长达360多年的魏晋南北朝时期是中国古代出现的又一次大分裂和大动荡的历史时期，无休止的军阀混战和少数族政权的轮番更替，不仅导致生灵涂炭和经济萧条，而且也使古都西安地区丧失了政治和军事的中心地位，其间虽有前赵、前秦、后秦以及西魏和北周等在此立都，但仅是一些割据军阀偏安一隅的政治和军事据点而已。只是西魏、北周时期府兵制的建立和北周的灭齐与统一北方后，才为后来隋唐时期大一统局面的出现奠定了政治和军事基础。在此期间，长安及其附近地区的战争形式，也由秦汉时期最高权力的生死争夺变成了偏居一隅的军阀割据。

第一节　魏晋时期的长安军事与战争

一、曹魏时期长安的军事编制及其在魏蜀争雄中的战略地位

汉献帝延康元年（220年）十月，曹操之子曹丕代汉建魏，定都洛阳，史称曹魏。次年四月，刘备在成都即帝位，建国号汉，史称蜀汉。魏明帝太和三年（229年）四月，孙权也

在建邺（今江苏南京）即帝位，建国号吴，史称孙吴或东吴。至泰始元年（265 年），晋武帝司马炎代魏建晋为止，是为三国时期。

自汉献帝建安十六年（211 年）曹操占领长安以后，关陇地区即为曹魏所有。

曹魏的军队分为中央军和地方军两种。中央军又分为中军和外军两种。中央军是屯驻京师的中央直属军，是魏国军队的核心力量。外军以屯驻京师之外而得名，都督诸军为其统帅，“东南以备吴，西以备蜀，北以备胡，随其资望轻重而加以征、镇、安、平之号”。[①] 外军的最高军事统帅是都督中外诸军事，对外军负责指挥和调遣。

曹魏的地方军也称州郡兵，为地方武装，属州刺史和郡太守统领。这些军队原是在刺史、太守私人部曲基础上组建而成的。后来，曹魏实行给客制，地方官往往把国家所赐的屯田客变成部曲，再加上从地方招募的丁壮，使地方军有所发展。这些地方军虽平时分散各地，但仍属中央的都督中外诸军事指挥调遣。

曹魏的中央军和地方军经常保持在 30 万人左右，最多时可达 50 万。这些军队以陆军为主，水军为辅，陆军之中又包括步、骑两个兵种，骑兵的数量虽不及步兵之多，但已成为在战场上冲锋陷阵和决定战争胜负的主要力量，吴、蜀两国的骑兵是均不能与之匹敌的。

曹魏时期关中的行政建制仍沿汉制，以京兆尹、左冯翊和右扶风为三辅，京兆尹治所长安，仍称“西京”。另外，曹魏又在关中设置雍州，与京兆尹同治长安，雍州刺史为关中地区最高的军政长官，统领关中三辅及其周围九郡地区的地方军。

① 《通鉴》卷 80，武帝咸宁五年十二月胡注。

又因为关中和蜀汉接壤，为魏、蜀两国必争之地，故曹魏政权为了加强关中地区的军事力量，平时还要将相当数量的外军派驻关中，以征西将军、安西将军、镇西将军和平西将军统帅，而以都督雍、凉二州诸军事为最高军事长官，坐镇长安，协调和指挥关中地区的中央驻军和地方部队，总兵力一般都保持在10万人左右。在军情紧急时刻，曹魏政权还常常把部分屯驻京师洛阳的中央直属军调往长安，以中领军为统帅。有时曹魏政权的最高军事统帅皇帝或专制朝政的丞相，还要亲自坐镇长安，直接指挥关中诸军。故关中和长安城内的驻军有时可多达近20万人，几占全国总兵力的三分之二。这不但有效地维护了长安和关中地区的社会秩序，而且也在抵御蜀汉进攻以及后来的灭蜀和平定蜀地叛乱中发挥了巨大作用。

建安十六年（211年），即曹操夺取关中以后不久，即以掾属徐奕为丞相长史，镇抚长安，“西京称其威信”。[①] 同时，留驻长安的还有越骑将军、任城威王曹彰、平难将军殷署、关中护军赵俨，而以赵俨“尽统诸军”。不久，关中的羌人多次反叛，攻城略地，赵俨等率殷署等军进行镇压，大破其众，直追至新平（郡治今陕西彬县）始还。屯田客吕并自称将军，攻占陈仓（今陕西宝鸡），赵俨又督军征讨，“贼即破灭”。[②]

建安十七年（212年）年初，曹操离秦返邺以后，又以夏侯渊为征西将军，督朱灵、路招等部驻“屯长安”。这时，蓝田人刘雄鸣（亦称刘雄）正聚众在南山作乱。夏侯渊率部征讨，逼“降其众”。[③] 不久，又有马超余部、鄜州（治今陕西富县）

① 《三国志·魏书·徐奕传》。

② 《三国志·魏书·赵俨传》。

③ 《三国志·魏书·夏侯渊传》。

人梁兴聚众5000人，作乱蓝田，“诸县不能御，皆恐惧”，[①]纷纷逃奔左冯翊（治今陕西大荔）郑浑处躲避。征西将军夏侯渊遂率驻守长安的中央外军和郑浑所率部分地方军，对梁兴等进行围剿，梁兴退据鄠县（今陕西户县）抵抗，城破被杀。[②]

黄初元年（220年）十月，魏文帝曹丕代汉建魏以后，即以宗室曹真为镇西将军，假节都督雍、凉二州诸军事，坐镇长安，成了曹魏政权在关中地区的第一任最高的军事长官。当时冯翊一带的“山民”在郑甘和王照的率领下，与当地的卢水胡聚众造反，横行关中各地。曹真即派镇西长史、征羌护军郭淮、护左将军张郃和冠军将军杨秋等率众合力围剿，郑甘、王照兵败投降，“关中始定，民得安业”。[③]

蜀后主建兴六年（228年），蜀相诸葛亮为实现以攻为守的战略决策，在同孙权恢复了友好联盟和安定南中以后，遂进驻汉中，倾全国兵力，同曹魏政权展开了一场长达七年之久的争夺关陇的攻坚之战。

同年春，诸葛亮用声东击西之策，置疑军于箕口（今陕西褒城西北），然后亲率主力进攻祁山（今甘肃西和祁山镇），前锋马谡直至街亭（今甘肃秦安西北）。魏明帝急忙从洛阳西入关中，坐镇长安，派征西将军、假节都督雍、凉二州诸军事曹真率部进驻郿县（今陕西眉县），并派张郃率部进抵街亭，切断了蜀军汲水道路，蜀军被迫退回汉中。

同年冬，诸葛亮北出散关，进围陈仓。曹真当即派将军费曜率部增援魏陈仓守将郝昭。蜀军久攻不克，只得退去。

建兴七年（229年），诸葛亮再出祁山，派将军陈式进攻

---

① 《三国志·魏书·郑浑传》。

② 参见《三国志·魏书·夏侯渊传》。

③ 《三国志·魏书·郭淮传》。

魏武都（治今甘肃成县西北）、阴平（治今甘肃文县西北）二郡。曹魏雍州刺史郭淮率长安和关中州郡兵西行赴援，途中被蜀将魏延击败，武都、阴平二郡遂被蜀军占领。

魏明帝太和四年（230年）八月，坐镇长安的曹魏关中统帅曹真认为蜀军连年用兵，军士疲惫，应乘机征讨，故在征得明帝诏准后，率军从长安出发，从子午道（为关中通往陕南和蜀地的最东面的一条通道，该道南曰午谷，在陕西洋县东60里之子午河口；北曰子谷，在长安南百里，全长600多里）南下，"数道并入"，预计在南郑（今陕西南郑东北）会师。但因"大霖雨三十余日，或栈道断绝，诏真还军。"①

建兴九年（231年）二月，诸葛亮三出祁山，用木牛流马运粮。这时曹真已死，魏明帝遂以老谋深算的司马懿代真任雍、凉二州诸军事，屯驻长安，统中央外军和关中州郡兵进行抵抗。双方先后在上邽（今甘肃清水）、卤城（今甘肃天水与甘谷之间）相持。魏雍州刺史郭淮一面从长安"大运"粮草，一面又"以威恩抚循羌、胡，家度出谷，平其输调，军食足用"，② 而蜀军却因粮草不继，只得南撤。

建兴十一年（234年），诸葛亮在作了三年准备以后，率军北出褒斜道，进抵郿县五丈原，对关中地区发起了最后一次进攻。曹魏关中最高军事统帅司马懿率中央军渡过渭水，背水为垒以拒蜀军，并派雍州刺史郭淮率关中州郡兵进据北原，击败了蜀军进攻。当时魏军总数近20万，大大优于蜀军人数，但司马懿仍深沟高垒，拒不交战，以老蜀军。蜀军终因兵力单弱，无力反攻，加之诸葛亮积劳成疲，卒于军中，故只能退回本土。

---

① 《三国志·魏书·曹真传》。

② 《三国志·魏书·郭淮传》。

诸葛亮死后，蒋琬、费祎相继执政。他们鉴于诸葛亮屡次北伐，都无功而返，而自知才能与亮不能相比，故在他们执政期间，很少对关陇用兵。而曹魏政权也因上层统治集团争权夺利的斗争日益加剧，无暇西顾，故魏蜀之间维持了一段相对安定的休战时期。

魏正始五年（244 年），已经掌握了曹魏大权的大将军曹爽为了建立功业，提高自己的威望，彻底压倒已经崛起的司马懿势力，遂亲提六七万大军，西入长安，以夏侯玄为征西将军，假节都督雍、凉二州诸军事，麾军从骆谷道（今陕西周至西南）大举伐蜀。但因山路险阻，蜀军有备，无功而还。

正始八年（247 年）年底，陇西等郡饿何、烧戈、伐同诸羌相继叛乱，并南迎蜀军，蜀将姜维率军北上赴援。魏雍州刺史郭淮率州郡兵与讨蜀护军夏侯霸联兵进讨。姜维兵败南撤，叛羌亦被平定。郭淮以功升任征西将军，都督雍、凉二州诸军事，成了关中地区最高的军事长官。

嘉平元年（249 年）正月，魏太尉司马懿在洛阳发动政变，将曹爽集团一网打尽，独揽了曹魏大权。魏驻守关中的讨蜀护军夏侯霸降蜀，蜀将姜维乘机进犯雍州。司马懿派其子司马昭为安西将军，持节坐镇长安，指挥征西将军郭淮及新任雍州刺史陈泰等率中央外军和州郡兵，分道抵御。结果，姜维败退，蜀将李歆、句安归降。不久，郭淮病死，陈泰升任征西将军，统帅关陇曹军。

蜀后主延熙十六年（253 年），费祎遇刺身死，姜维执掌蜀政。雄心勃勃而又不自量力的姜维又调动数万大军，大举北伐，志欲吞并陇右。这时，司马懿已死，其长子司马师继掌魏政，当即派其弟司马昭再赴长安，“治兵关中”。司马昭先派征西将军陈泰率部解南安（治所在今甘肃陇西东南）之围，姜维粮尽而退；然后自率主力，又在新平平定了羌胡叛乱，关陇又趋平定。

魏甘露二年（257 年），继司马师后执掌魏政的司马昭将屯驻关中的部分中央军调往淮北，迎击吴国进攻，又亲率六军征讨魏将诸葛诞在淮南的叛乱，关中空虚。姜维又率蜀军北出骆谷，进犯关中。魏新任征西将军司马望与安西将军邓艾率部倚渭水扎营，坚壁狙击。双方相持数日，蜀军撤退。

魏元帝景元三年（262 年），司马昭在肃清了内部政敌以后，决策伐蜀，由战略防御转入战略反攻。他先在全国征发 18 万大军，集结长安，以镇西将军钟会为关中诸军的最高统帅，持节督领。次年五月，司马昭下诏关中诸军，兵分三路，向蜀地进攻。征西将军邓艾督长安 3 万驻军由狄道攻甘松、沓中；雍州刺史诸葛绪率 3 万州郡兵从祁山攻武街、桥头，断姜维退路；钟会统 10 万大军分道由斜谷、骆谷和子午谷攻汉中。以廷尉卫瓘持节监会、艾军事，行镇西军司。

蜀军统帅姜维闻讯，即率主力由沓中（今甘肃甘南舟曲西北）赶赴剑阁，狙击钟会军。邓艾乘机偷渡阴平，行无人之地 700 余里，备历艰险，出奇不意，进入平原地区，很快便兵临成都城下。后主刘禅鉴于成都防务空虚，无力拒守，只得开城出降，蜀汉亡。

魏军主帅钟会入蜀以后，遂生“异志”：企图让蜀降将姜维率蜀军北击斜谷，然后自帅主力尾随其后，先占长安，再“令骑士从陆道，步兵从水道顺流，浮渭入河，以为五日可到孟津，与骑会洛阳，一旦天下可定也。”[①] 为了达到割据蜀地，进占长安，东进洛阳，夺取天下的目的，钟会以阴蓄“反状”之罪，诬告邓艾。司马昭下令“槛车征艾”。[②] 由于对钟会的

① 《三国志·魏书·钟会传》。

② 《三国志·魏书·邓艾传》。

谋反早有觉察，故司马昭又在写给钟会的书中说道：“恐邓艾或不就征，今遣中护军贾充将步骑万人径入斜谷，屯乐城，吾自将十万屯长安，相见在近。”[①] 接着，司马昭陪同魏元帝曹奂一起西入长安，第三次“治兵关中”，亲自部署讨伐钟会之役。钟会听说司马昭坐镇长安的消息后，自知阴谋败露，遂与蜀降将姜维一起在成都作乱，兵败被杀。

二、西晋长安的军事驻防与晋末的“八王之乱”

司马昭在灭蜀与讨平钟会叛乱以后，进封晋王，建天子旌旗，出警入跸，曹魏政权岌岌可危。咸熙二年（265 年）八月，司马昭未及称帝，一病不起，其长子司马炎继为晋王。同年十二月，司马炎罢废魏帝，登极称帝，史称晋武帝，建国号晋，是为西晋。太康元年（280 年），西晋灭吴，统一中国。

西晋建立以后，晋武帝认为曹魏是因未封宗室，孤立而亡的，故在称帝建国以后，便大行封建，将同姓宗室 27 人封为诸侯国王，这些宗室诸王还可依照封国大小，分别设置数量不等的军队，多则 5000 人，少则 1500 人。同时又任命宗王为都督一方的军事长官，掌握驻防外军的军权。由于西京长安为西部重镇，对控制关陇和巴蜀地区具有极其重要的战略地位，故晋室派驻长安担任都督雍、凉诸州诸军事的宗王所率封国军队和驻屯外军的数量也最为众多，在宗室诸王中的地位也最为显赫。其他宗王所率军队的总数也大大超过了宿卫京师的中央禁军，这就势必会形成尾大不掉之势，终于导致了兵连祸接的“八王之乱”，而坐镇长安的宗王自然也就成了这场祸乱的核心之一。

西晋初年第一任坐镇长安的宗王是汝南王司马亮，其封号为“扶风郡王，邑万户，置骑司马，增参军掾属，持节都督关

① 《三国志·魏书·钟会传》。

中雍、凉诸军事”。[1] 后因秦州刺史胡烈为诸羌围攻，司马亮“赴救”不及而被罢免，由汝阳王司马骏取代其职。司马骏入据长安以后，当即命令平虏护军文俶督凉、秦、雍诸军向叛羌发起进攻，收降羌众20余万口。太康七年（286年），司马骏病死长安。不久，陇西王司马泰又进驻长安，继镇关中。太康十年，司马泰以疾去职，晋武帝遂将嫡子南阳王司马柬晋封秦王，食邑8万户，持节入主长安，镇守关陇。

太熙元年（290年）四月，晋武帝死，太子司马衷继位，是为晋惠帝。由于惠帝先天痴呆，外戚杨骏入朝辅政。但皇后贾南风妒而“权诈”，欲专政柄，遂于永平元年（291年）密召楚王玮入京，诛杀杨骏和汝南王亮及太子少傅卫瓘，“八王之乱”至此开始。

不久，贾后又以“矫诏擅杀”之罪，诛除楚王玮，遂专朝政，“暴戾日甚”而又“荒淫放恣”，[2] 很快便激起众怒。为了掩人耳目，平息众怒，贾后又于元康六年（296年）将坐镇长安的征西将军赵王司马伦召回洛阳，任以中领军之职，执掌禁军。元康九年（299年），晋廷又以河间王司马颙代梁王司马肜为平西将军，坐镇长安。此后，河间王颙便成了挑动“八王之乱”的核心人物。

永康元年（300年），中领军赵王司马伦为了专制朝政，联络禁军校尉齐王司马冏诛杀贾后及其党羽。次年，又废惠帝，窃据帝位，并将齐王冏调离洛阳，出镇许昌。齐王冏遂与驻守邺城的成都王司马颖联兵讨伐赵王伦。河间王司马颙闻讯，当即派部将张方率关中精兵，东出潼关，援助赵王伦。当张方率部行至华阴，河间王又听说齐王冏和成都王颖兵力强

---

① 《晋书·汝南王亮传》。

② 《晋书·后妃上·惠贾皇后传》。

盛，而赵王伦兵力单弱，故中途变卦，急令张方与齐王冏和成都王联兵，讨伐赵王伦。

同年六月，赵王伦兵败被杀，惠帝被扶立为帝，齐王冏主持朝政。不久，成都王颖因在立太子问题上与齐王冏意见不合，便与长沙王司马乂、新野王司马歆以及河间王颙连兵，会攻洛阳。长沙王率部最先攻入洛阳，杀齐王冏，遂独揽朝政。河间王看到攫取最高权力的希望已成为泡影，遂与邺城的成都王颖和洛阳的东海王司马越里应外合，讨伐长沙王冏。永兴元年（304 年），东海王越在洛阳发动政变，拘捕长沙王冏。不久，三王瓜分晋室：东海王奉惠帝仍都洛阳；成都王坐镇邺城，自兼皇太弟及丞相，遥控朝政；河间王仍居长安，立为太帝。后东海王又和成都王发生火并，东海王兵败逃回东海封国，惠帝被俘至邺城。河间王派张方率关中精兵乘机抢占洛阳。不久，并州刺史司马腾和幽州刺史王浚联兵攻破邺城，成都王只得挟持惠帝，逃至洛阳，被迫依附手握强兵的部将张方。

在此期间，关中地区又发生了雍州刺史刘沈的兵变。原来早在长沙王专制朝政之时，刘沈已受密诏讨伐河间王。这时，刘沈看到张方已率关中精兵进驻洛阳，河间王也已率部进驻于郑（今陕西华县），长安空虚，遂率雍州地方兵从安定（治今甘肃镇原东南）向长安进发。河间王闻讯，急忙率部从郑东返长安。刘沈这时已渡过渭水，兵临城下，并多次打败了河间王颙。刘沈所部安定太守衙博还一度攻入长安，直逼河间王大帐之下。幸赖冯翊太守张辅率兵援救，击杀衙博，河间王才幸免于难。张方又从洛阳分兵回救长安，刘沈兵败被杀，由“八王之乱”引发的长安战火，至此平息。

同年十一月，河间王又令张方挟持惠帝西迁长安，又将豫章王司马炽立为皇太弟，而河间王司马颙以太帝独揽朝政。

永兴二年（305 年）七月，东海王司马越东山再起，传檄山东，并纠集东平王司马楙、范阳王司马虓和成都王旧部汲桑、公师藩等数万之众，以迎救天子还都洛阳为名，向长安发起进攻。河间王在大兵压境之际，派人袭杀张方，并将首级送东海王请和，企图嫁祸张方，逃避罪责，但遭拒绝。河间王只得派弘农太守彭随与北地太守刁默率州郡兵出关抵抗。光熙元年（306 年）五月，彭、刁在潼关外被关东兵击败。关东联军前锋祁弘挥师入关，在灞水又击败了马瞻、郭纬部，河间王单骑逃入太白山中。祁弘长驱直入，攻占长安。不久，即“奉帝乘牛车东还”洛阳,[1] 以太弟太保梁柳为镇西将军，留守长安。同年六月，河间王部将马瞻又率残部攻入长安，击杀梁柳，将河间王迎入西京。但关中诸部均已向东海王越投诚，河间王只能自守长安孤城而已。同年底，已在洛阳掌握了朝政的东海王司马越毒杀惠帝，扶立皇太弟司马炽即位，是为晋怀帝。又强征河间王入朝洛阳，河间王在日暮途穷之际，只得就范。行至途中，被代镇关中的南阳王司马模所杀。至此，长达 16 年之久的“八王之乱”，终于落下了帷幕。

三、西晋末年长安和关中地区各族人民的大起义与西晋灭亡

长达十多年的“八王之乱”给京师洛阳和西京长安所在的中原和关中地区的社会经济造成了极大破坏，再加上西晋政府和地方官的残酷压榨和水旱灾害的频繁发生，这就把居住在长安和关中地区的各族人民推向了死亡的深渊。因此，他们为了求得生存，便揭竿起义，奋起反抗，掀起了连绵不断的武装斗争，并最终推翻了西晋政府的残暴统治，在中国农民战争史上

① 《通鉴》卷 86，惠帝光熙元年四月。

写下了光辉的一页。

晋惠帝元康六年（296 年），“秦雍二州大旱疾疫”，“饥疫荐臻，戎晋并困”，[1] 于是关中地区的氐、羌等族人民便推举氐人齐万年为帝，聚众起义，并迅速包围了泾阳县城。西晋朝廷当即召回了正与雍州刺史争权的征西大将军赵王司马伦，改以梁王司马肜为征西将军，都督雍、凉二州诸军事，赶赴长安，镇压起义，后又增派将军夏侯骏和御史中丞周处率军增援关中。起义军被迫向西移动，先后转战于梁山（今陕西乾县西北）、扶风、始平和天水等地。直到元康九年（299 年）才被镇压下去。

晋怀帝永嘉三年（309 年），胡人五斗叟和郝索在新丰（今陕西临潼东北）聚众起义，与刘芒荡领导的平阳（今山西临汾）马兰山地区的羌戎起义互相呼应，长安告急。晋廷慌忙命南阳王司马模为征西将军，都督秦、雍、梁、益诸军事，代替河间王司马颙镇守长安，征讨起义军。司马模费了九牛二虎之力，才将这次起义镇压下去。

永嘉五年（311 年）六月，已在平阳建汉称帝的匈奴人刘渊之子刘聪派族弟刘曜攻克洛阳，俘获了晋怀帝司马炽。八月，刘曜又率部入关，攻陷长安，击杀了西晋的征西大将军南阳王司马模，刘聪遂以刘曜为车骑大将军、雍州刺史，坐镇长安。

这时，西晋的冯翊太守索綝、雍州刺史曲特、新平太守竺恢、扶风太守梁综、安夷护军曲允和频阳（今陕西蒲城西）县令梁肃等共推安定太守贾疋为平西将军，相聚临泾，率兵 15 万向长安进发，图谋兴复晋室。刘聪当即派其子河内王刘粲率部入关，增援刘曜，但在新丰被晋兵击败，刘粲只得率残

① 《晋书·食货志》。

部返回平阳。接着，晋兵又在黄丘（今陕西泾阳云阳镇附近）击败刘曜，刘曜退入长安，不敢复战。于是贾疋等“兵势大振，关内胡、晋翕然响应”。[1] 同年十二月，贾疋派人又将晋室秦王司马邺从蓝田迎入关内，驻于雍城（今陕西凤翔南）。

永嘉六年（312 年）四月，贾疋等率众将长安围攻数月之久，刘曜多次出城抵抗，均遭失败，遂驱掠长安士女 8 万余口，逃奔平阳。秦王司马邺遂自雍入居长安。八月，贾疋等奉秦王为皇太子，建行台于长安，登坛祭天，建宗庙、社稷，并大赦天下，贾疋被任为征西大将军，专掌军政。不久，贾疋在讨伐张连时被杀，始平太平曲允被任为雍州刺史，成为西晋在关中地区最高的军政长官。

建兴元年（313 年）四月，晋怀帝在平阳被杀的消息传至长安，皇太子司马邺遂即帝位，是为晋愍帝，改元建兴。这时，长安城中，户不满百，荆棘成林，公私仅有牛车四乘，战守虚弱，满目疮夷。八月，汉国中山王刘曜与将军赵染率众从河东突入关中，雍州刺史曲允率众迎击，双方在黄白城（今陕西三原东北）遭遇，晋兵连遭败北。晋愍帝遂派卫将军索綝率兵赴援。汉将赵染乘机南下，进攻长安，兵锋直入外城，愍帝慌忙逃入射雁楼躲避。赵染焚烧长安城南诸营，杀掠千余人，退守逍遥园。不久，晋将曲鉴率众 5000 人，从阿城（今陕西西安西北）东救长安，赵染遂退回河东。不久，刘曜亦引兵东返平阳。

建兴二年（314 年）六月，赵染又率部入关，进至新丰，刘曜屯兵潼关为援。晋愍帝派索綝率部抵御，双方战于新丰城西。赵染由于麻痹轻敌，被索綝击败，率部而归。不久，曜、染又与汉将殷凯率众数万进犯，又被西晋雍州刺史曲允击

① 《通鉴》卷 87，怀帝永嘉五年十月。

败。

建兴四年（316年）七月，经过两年休整以后，汉将刘曜又率众入关，采用自北向南的战略方针，先将北地（治今陕西耀县）太守曲昌围于城中，并分兵在磻石谷将前来赴援的晋将曲允击败，北地陷落。接着，刘曜乘胜南下，进至泾阳，渭北诸城相继失守，长安告急。晋愍帝急召安定太守焦嵩、扶风太守竺恢等率兵屯驻灞上，守卫长安。但焦嵩、竺恢等人都畏惧刘曜兵力强盛，不敢轻进，只能作壁上观。同年八月，横扫渭北诸城以后，刘曜很快便兵临长安城下，并封锁内外，断绝交通。十月，长安贮粮告罄，“米斗金二两，人相食，死者太半”，[①] 晋愍帝只得开城出降，刘曜进占长安，西晋灭亡。

第二节　十六国时期的长安军事与战争

一、前赵时期的长安军事设施及后赵的吞并关陇

西晋灭亡以后，北中国大乱，直至北魏统一前的120多年间，迁居于黄河流域的匈奴、鲜卑、羯、氐、羌等五个少数民族先后建立了成汉、前赵、后赵、前秦、后秦、西秦、前燕、后燕、南燕、北燕、前凉、后凉、南凉、北凉、西凉和大夏等十六个割据政权，史称“五胡十六国”。在此期间，东晋在南方建国，同十六国形成南北对峙之势，史称东晋十六国。

匈奴人刘曜所创前赵是十六国时期第一个在长安建都的割据政权。

刘曜是匈奴人刘渊族子。晋惠帝永兴元年（304年），刘渊在左国城（今山西离石北）起兵反晋后，刘曜以建武将军率

① 《晋书·愍帝纪》。

部前驱，相继攻陷京师洛阳和西京长安，战功卓著。西晋灭亡后，汉主刘聪将刘曜任为假黄钺大都督、督陕西诸军事、太宰，封秦王，坐镇长安。汉昌元年（318年），汉主刘聪荒淫而死，其子刘粲继立，以刘曜为相国、都督中外诸军事，仍镇长安。不久，外戚靳准在汉都平阳作乱，杀刘粲及刘氏家族，自称汉天王，向东晋称臣。消息传出，相国刘曜和羯人石勒分别从长安和襄国（今河北邢台）率兵赴援。刘曜行至赤壁（今山西夏县），即皇帝位。次年（319年）二月，靳准之乱平定后，刘曜迁都长安，改国号赵，史称前赵。

前赵建立以后，仍以皇帝为最高军事统帅。此外，刘曜还在京师长安设置了许多级别不同的将军，如大将军、骠骑将军、车骑将军、卫将军、中军将军以及四征、四镇、四安、四平将军等，分统中外诸军。但真正具有实职的统军将领，则由皇帝特命的都督诸军事、临诸军、督诸军以及使持节、持节、假节等军官担任，而这些军官一般均由王族的皇室子弟担任。

前赵的军队亦有中、外军之分。但这时中、外军并不是以军队的驻地为区分标准，而是以同皇帝的亲疏关系和统御系统来进行区分的。即凡在左国城起兵反晋时由刘曜直接率领的以匈奴人为主组建的早期军队，均属中军。这些中军的其中一部分由皇帝直接领导和指挥，称为禁卫军，其职掌是护卫宫室，侍卫皇帝，战时则随皇帝出征，战斗力极强，是中军的精锐，其地位也最为优越。其余中军，也有负责保卫京师的任务，由都督中军、中军将军、卫将军统领，这些统军将领多由宗室大臣或皇帝亲信担任。

外军亦属中央军，为中央的派出部队，由中央委派到各地的持节都督或城主、镇将、护军等统领。他们由于长驻外地，有机会招兵买马，发展私人势力，遇有机会，就有可能变成割据一方的分裂力量。

仅次于外军的是州郡兵，由州刺史和郡太守统领，以维持地方治安为首要任务，有时也应调出征。

前赵的上述军队最多时可达 28.5 万人，故在出兵之时，“临河列阵，百余里中，钟鼓之声沸河动地，自古军旅之盛未有斯比”。[①] 又因为前赵是匈奴人建立的割据政权，故军队将领多以匈奴人充任。如刘曜之子南阳王刘胤即为大司马、大单于，单于台置于渭城（今陕西咸阳）。单于台权力极大，实际就是副王，其下还有左、右贤王等，皆选胡、羌、羯、氐和鲜卑豪酋充任。由此可知，前赵同汉国一样，都采用胡、汉分治的军政之策。

前赵建立以后，刘曜就是凭借上述军队，首先平定了由黄石屠各路多松领导的氐羌族在新平、扶风等地发动的武装起义。接着，又镇压了长水校尉尹车联合巴酋徐库彭举行的叛乱，又降服了以巴人归善王句渠知为盟主的巴氐十余万众。次后，又相继收复了仇池、南安、陇西、秦州、凉州等州郡，关陇平定。但因刘曜和在襄国建立后赵的羯人石勒相互争雄，遂将战火由洛阳引向关中。

后赵大和二年（329 年）正月，当刘曜在洛阳被后赵所俘的消息传至长安后，留守长安的前赵太子刘熙及其兄弟南阳王刘胤，慌恐不已，遂帅百官从长安逃奔上邽，关中诸征、镇的将领皆相随而去，关中大乱。将军蒋英、辛恕乘机占据长安，拥众数十万，遣使降于后赵。后赵主石勒当即遣其子石生率众从洛阳西入关中，进据长安。同年八月，前赵南阳王刘胤率部数万从上邽东进，企图夺回长安，陇东、武都、安定、新平、北地、扶风、始平诸郡胡、汉民众均起兵响应，声势复振。刘胤屯兵仲桥（今陕西礼泉北），石生龟缩在长安城中，不敢出

① 《晋书·刘曜载记》。

战。后赵石勒又派中山公石虎帅骑兵2万入关赴援，双方在义渠（今甘肃宁县西北）激战，刘胤大败。石虎乘胜攻克上邽，擒杀刘熙、刘胤，前赵亡，关陇遂入后赵石勒之手。

二、前秦崛起关中与统一北方

前赵灭亡、后赵入主长安以后，关陇地区仍未平定，氐、羌族的叛乱、前凉国的入侵以及后赵统治集团内部的矛盾斗争仍此起彼伏，接连不断。

后赵建平元年（330年）九月，秦州地区的匈奴休屠王羌聚众造反，坐镇长安的河东王石生率部平叛，休屠王羌兵败后逃入凉州（州治今甘肃武威），石生强迁秦州胡夷豪族5000家入雍州。

建平四年（333年）七月，后赵石勒死，其子石弘继位，中山王石虎凭借武力专制朝政。坐镇洛阳的石朗和坐镇长安的石生对石虎的专横跋扈心怀忌恨，遂相继起兵，讨伐石虎。石虎派太子石邃留守襄国，亲率步骑7万先攻洛阳，石朗兵败被杀。接着，又麾师西进，直奔长安而来。石生当即派部将郭权帅鲜卑部众2万抵敌。双方在蒲坂遭遇，石虎大败，退守渑池。不久，郭权所帅鲜卑部众倒戈相向，与石虎暗中联兵，反击郭权，郭权仓皇退屯潼关北原，石生也慌忙逃离长安，藏匿于鸡头山（今甘肃成县西北）中，关中空虚。石虎乘机攻占长安。不久，又还师襄国，相继派石鉴、石苞等留守长安，坐镇关中。

后赵太宁元年（349年）正月，石虎在襄国发动政变，废黜石弘，杀太子石宣，并将原东宫卫士万余人发配凉州。这些被谪卫土行至雍城后，即行哗变，推梁犊为首领，折而东返，行至长安时，已众至10万，后在荥阳被后赵军队击败。同年四月，石虎死，诸子在新都邺城相互争权，同室操戈，后赵政权遂被石虎养孙冉闵所得，代赵建魏，史称冉魏。坐镇长安的石苞亦死于邺城之乱，长安遂为氐族人苻洪之子苻健所据。

苻洪原为略阳临渭（今甘肃秦安）氐族酋长。后赵建立后，苻洪率部归降，被封率义侯。太和二年（329 年），石虎灭前赵后，苻洪又归顺后赵。四年后，石虎迁徙关中豪族充实关东，苻洪被委以龙骧将军，率 10 万户氐羌居于枋头（今河南浚县西南）。石虎死后，诸子争权，天下大乱，被迁关东的秦、雍之民纷纷归附苻洪，苻洪兵力增至 10 万。永宁元年（350 年）初，苻洪在枋头自称大单于、三秦王，图谋西归，但不久却被后赵将领麻秋毒杀，其子苻健继领其众。八月，苻健率部入关，很快便兵临长安城下。这时，盘踞长安的京兆豪族杜洪自知不是苻健对手，遂与司马张琚逃至司竹（今陕西周至东南），苻健顺利进驻长安，于是秦、雍诸州胡、汉百姓纷纷归附。年底，苻健又派兵攻杀了后赵凉州刺史石宁，至此，关陇大定。

皇始元年（351 年）正月，苻健自称大秦天王、大单于，建立前秦。苻健以弟苻雄为丞相、车骑大将军、都督中外诸军事，领雍州刺史，实际成了仅次于苻健的最高军事统帅。苻健又以苻菁为卫大将军、平昌公，宿卫东、西二宫，实际成了宿卫京师长安的中央禁军的最高统帅。于是中外军队遂全归苻氏家庭统领。前秦的总兵力当不啻 20 多万，成为雄居关陇的一支强大力量。

次年二月，东晋大将桓温率步骑 4 万从武关和子午道两路北伐，苻健当即派淮南王苻生、平昌王苻菁和北平王苻硕率 5 万大军，进驻峣柳（今陕西蓝田东南），又派丞相苻雄率精骑 7000 人，开赴子午谷，分兵进行抵抗。桓温率晋军主力先后在峣柳和蓝田击败了苻生等所率秦军，很快便驻军灞上。秦主苻健当即派太子苻苌率东宫卫士屯驻城南，又派大司马雷弱儿率城中精兵3万援助苻苌，而自率老弱6000余众固守长安小城。三辅郡县均遣使者向桓温表示归顺，沿途百姓亦持牛酒迎劳，夹道围观。有的老者还垂泪说道："不图今日复睹官军!"① 桓温率众与秦军大战于白鹿原。由于晋军粮草不济，兵士乏食，故战事不利，死伤万余人，只得退军。从子午谷北进的晋军也遭到秦相苻雄的重创，退回汉中。东晋的这次北伐至此结束，前秦在关中的统治更加巩固。

皇始五年（355年）六月，前秦主苻健死，太子苻生继立。苻生不仅荒淫奢侈，嗜酒成性，而且生性暴虐，酷刑为政，致使王公大臣比肩而立，慌恐异常，莫不离心。其族兄苻坚遂在多数大臣的支持下，杀生自立，夺得帝位，自称大秦天王，改元永兴。

苻坚是十六国时期一位具有杰出才能的少数族帝王，他不但知人善任，善纳谏言，而且豁达大度，具有远见卓识。即位不久，他就对汉族士人王猛委以重任，使其由中书侍郎径迁尚书左仆射和司隶校尉等职，参掌机密，权倾内外，并放手让其打击不法宗室豪强，澄清吏治，加强中央集权。又大兴水利，劝课农桑，修治交通，轻徭薄赋，遂使前秦国力迅速增强。

接着，苻坚又将王猛任为都督中外诸军事，兼领中外诸军，开始了平定关陇和统一北方的丰功伟业。

建元三年（367年）九月，前秦宗室秦州刺史赵公双、并州牧晋公柳、河州刺史魏公庾和安西将军、雍州刺史燕公武联兵叛乱，向长安发起进攻。苻坚派王猛等率众分道狙击，至次年年底，叛乱平定，关陇局势更趋稳定。

此外，苻坚又派王猛率兵开始了统一北方的战争。建元六年（370年），王猛率部占领邺城，攻灭前燕；次年，灭仇池

① 《通鉴》卷99，穆帝永和十年四月。

氐杨氏；八年，取东晋梁、孟二州；十二年，又灭前凉张氏；同年，乘鲜卑拓跋氏内乱之际，进兵灭代；建元十八年（382年），又命氐族酋长吕光进驻西域。于是黄河流域的北方地区全都统一于前秦势力之下，它的版图“东极沧海，西并龟兹，南包襄阳，北尽沙漠”,① 成了足以同南方东晋抗衡的政治力量。

三、后秦兴亡及东晋、大夏的相继入据长安

前秦建元十九年（382年），苻坚倾全国兵力南伐东晋，企图一举吞并江南，混一天下，但却在淝水惨遭失败，只得率残部返回长安。长安和关中地区遂出现了一系列动荡不安的混乱局势。

前秦太初元年（386年），鲜卑贵族慕容泓在华阴聚众数千，自称济北王。原前燕宗室、平阳太守慕容冲亦起兵河东，进攻蒲坂，对慕容泓表示声援。后两军会合，西攻长安。进军途中，慕容泓被部下所杀，众推慕容冲为主，继续西进。苻坚急忙派其子苻方率众戍守骊山，苻琳、姜宁率部驻屯灞上，又急调苻晖率洛阳、陕城守军7万赴援。但慕容冲攻势凌厉，接连击败了苻方、苻琳等军，很快便兵临城下，将长安城团团包围。双方在城西激战有年，互有胜负。后慕容冲夺得阿房，称帝建燕，史称西燕。西燕建立后，对长安的攻势仍有增无减，苻坚在长安城上“身自督战，飞矢满体，流血淋漓”。② 但终因兵力寡弱，抵敌不住，苻坚遂留太子苻宏独守长安，自率数百骑出奔五将山（今陕西礼泉北）中。不久，太子苻宏也逃至下辨（今甘肃成县西北）。慕容冲乘机进驻长安。并企图长期

① 《高僧传·晋长安五经寺释道安传》。

② 《通鉴》卷106，孝武太元十年五月。

割据，“为久安之计”。但由于慕容冲所率鲜卑将士皆家籍关东，人心思归，故激起众怒，内乱迭兴。最后，众推慕容永为帝，定都长子（今山西长子西），终被后燕慕容垂所吞并。

鲜卑慕容氏从长安东撤后，关中空虚，前荥阳太守高陵人赵谷招杏城（今陕西黄陵西南）卢水胡郝奴帅户4000入据长安，登极称帝，渭北响应。扶风人王璘亦聚众数千，占据马嵬，拥兵割据。这时，羌人姚苌从新平赶来，将王璘驱入汉中，又打败郝奴，入据长安，并登极称帝，建国号秦，史称后秦。

姚苌原为南安赤亭（今甘肃陇西）羌酋，其父姚弋仲曾在后赵时期被迁徙清河（今属河北）。后赵亡后，姚弋仲率众投奔东晋。弋仲死后，其子姚襄、姚苌率众北归。在与前秦争夺关中时，姚襄被杀，姚苌归降，被封龙骧将军，督雍、梁等州诸军事。淝水战后，苻坚败回关中，姚苌亦从益州回到长安，被苻坚派遣平定慕容泓叛乱，兵败后逃往渭北。由于得到当地胡、汉诸族支持，拥兵5万，姚苌自称万年秦王，并相继攻占新平、安定诸郡。建元二十一年（385年）五月，遣将围攻五将山，擒杀苻坚。次年四月，驱逐郝奴，入主长安，建立后秦。

后秦建国以后，由于内有以苻登为首的氐族残余势力的叛乱和立国陕北的匈奴人赫连勃勃的入侵，外有关东后燕、代北北魏和江南东晋的威胁，故京师长安和关中地区仍硝烟弥漫，战事不断。

苻登为苻坚族孙，淝水战前曾任前秦狄道（今甘肃临洮）和长安县令等职。淝水战后，关中大乱，苻登投归上邽刺史毛兴，被任为司马。毛兴死后，遂继统其众，专制征伐，曾击败姚苌之弟姚硕德的进攻，并于后秦白雀三年（386年）于上邽即帝位，改元太初。不久，苻登派部将苻师奴攻上郡，苻纂攻泾阳，窦冲攻汧、雍二城，兰犊攻和宁（今陕西富平西北），对长安形成合围之势。但因苻师奴和苻纂发生火并，势力大减，被姚苌击败。接着，苻登又亲帅主力10万，继续东进，曾一度攻占了新丰之千户固，距长安仅有数十里之遥。姚苌率部拼死抵抗，才将苻登逼至雍城。

建初八年（393年），姚苌病逝，其子姚兴继位，改元皇初。苻登闻讯，当即率部东进，企图乘新丧之机灭亡后秦。但新继位的秦主姚兴和部将尹纬顽强狙击，在废桥（今陕西兴平境内）将苻登击败，苻登率残部逃入平凉马毛山中。次年七月，姚兴率部进至马毛山南，苻登兵败被杀。姚兴迁阴密（今甘肃灵台西南）3万户入长安，分置4个军营。后又相继平定了关陇等地的诸胡叛乱，关陇平定。

经过一段整修内政和休养生息以后，后秦国力迅速增强，姚兴遂着手进行对外战争。

弘始三年（401年），姚兴派陇西公姚硕德率步骑6万进军河西，讨伐后凉，后凉主吕纂缴印投降，后凉亡。南凉主急忙上表称臣，才免于灭顶之灾。从此，后秦遂尽有河西陇右之地，并迁徙河西豪右万余家于长安。接着，他又出兵河东，夺取河阳，迫使淮、汉以北诸城纷纷请降。次年五月，姚兴又向在平阳建都的北魏发起大举进攻，但因两国势均力敌，相持不下，最后只得和亲通好，握手言欢。弘始九年（406年），赫连勃勃崛起陕北，并不断南侵后秦北部边境。姚兴派兵征讨，并多次御驾亲征，才将其进攻势头遏制在岭北一带。

总之，姚兴在位期间，不仅平定了国内的多次叛乱，稳定了关陇局势，而且还极力向外扩张，使后秦版图“南至汉川，东逾汝、颍，西控西河，北守上郡”，① 达到了军事上的鼎盛

① 《读史方舆纪要》。

时期。

弘始十六年（414年）五月，姚兴染病卧床，后秦的内忧外患纷至沓来，由此出现衰败之势。

弘始十八年（416年）八月，已在东晋掌握了朝政的北府兵将领刘裕趁机分兵两路，北伐后秦。刘裕所率晋军主力接连攻克项城、许昌、成皋和洛阳等地，兵锋直至潼关之东。姚泓当即派兵增援潼关，准备迎战。这时，镇守安定的后秦宗室姚泓从弟姚恢正策动安定镇户3.8万人造反，进攻长安，一路连克阴密、新安、郿县，扶风太守姚隽等望风归降，长安大震。姚泓急调东线秦军回救长安，击杀姚恢，叛乱平定。

次年七月，另一路由晋将沈田子和傅弘之率领的千余晋军已攻破武关，屯据青泥（今陕西蓝田西）。姚泓亲帅步骑数万赶来拒敌。沈、傅等东晋将领趁后秦军阵未立之际，率众突袭，秦兵大败，只得退军灞上。

这时，刘裕所率东晋主力王镇恶部已攻克潼关要塞，溯渭水西上，并打败了列阵于泾水的秦军，进至渭桥。姚泓只得率部屯于长安城外，并命姚裕、庞统守宫城，姚洸屯沣西，姚丕守渭桥，胡翼度守石积，姚赞屯灞东，姚泓自守逍遥园，准备与晋军决一死战。晋将王镇恶令将士在渭桥弃船登陆，并将全部战船弃渭水中流，顺水漂没，然后对全体将士说："诸人并家在江南，此是长安城北门外，去家万里，而舫乘衣粮，并已逐流去，岂复有求生之计耶？唯宜死战，可以立大功，不然，则无遗类矣！"[①] 于是晋军将士遂以破釜沉舟之志，奋勇直前，连破渭桥姚丕、姚裕部，很快便攻入长安。姚泓逃至石桥（今陕西泾阳北），眼看大势已去，只得携妻子、群臣缴印投降。刘裕进入长安后，将后秦的彝器、浑仪、土圭、记里

① 《宋书·王镇恶传》。

鼓、指南车等全部送往建康，姚泓也在押解建康后被杀，后秦亡。

同年年底，刘裕急于篡夺帝位，遂将他年仅12岁的儿子刘义真任为安西将军，留守长安，以王修为安西长史，辅佐义真，又以王镇恶为安西司马，沈田子、毛德祖为安西中兵参军，率兵1万镇守关中，然后仓猝东归。

这时，早已对长安虎视眈眈的夏主赫连勃勃看到刘裕已离秦东归，遂以其子抚军大将军赫连璝都督前锋诸军事，帅骑兵2万直取长安，以前将军赫连昌屯潼关，以王买德为抚军右长史，屯青泥，勃勃则率大军殿后。

当夏兵前锋赫连璝率部到达渭阳（今陕西西安西北）时，留守关中的东晋将领发生内讧。先是沈田子以谋反罪计杀王镇恶，王修又以专杀大臣之名诛死田子，然后派将军傅弘之在池阳（今陕西泾阳西北）大败赫连璝部，夏军稍退。不久，刘义真又在左右亲信的谗毁下，执杀王修，于是“人情离骇，莫相统壹”。[①] 接着，刘义真又将全部秦军召回长安，闭门拒守。这样关中郡县全都归降大夏。赫连勃勃乘势进据咸阳，并很快将长安团团包围，樵采路绝。

刘裕在建康闻讯，急命辅国将军蒯恩来到长安，召义真东归，并以相国右司马朱龄石为都督关中诸军事、右将军、雍州刺史，代镇长安。东晋义熙十四年（418年）十一月，朱龄石抵达长安，刘义真纵兵在长安大掠，并将所抢宝货、子女，装满车辆，方轨东撤。行至青泥，被赫连璝追及，卫兵覆没，义真单骑逃归。长安百姓对刘义真的掠夺行径愤恨不已，遂聚众驱逐朱龄石，龄石东逃潼关，归附了东晋的龙骧将军王敬先，后被赫连昌执杀。赫连勃勃遂进入长安，不久，又在灞上即帝

① 《通鉴》卷191，安帝义熙十四年十月。

位，改元昌武。

大夏昌武二年（419 年）二月，赫连勃勃为了防御北魏西侵，又于长安置南台，以子赫连璝领大将军、雍州牧、录南台尚书事。然后率部北还，改元真兴。

真兴七年（424 年）年底，赫连勃勃欲废太子赫连璝而立幼子赫连伦为嗣。赫连璝闻讯，即率众 10 万出长安北征，并在高平击杀前来抵抗的赫连伦。伦兄昌率 1 万骑兵，趁其不备，袭杀赫连璝，兼并其 8.5 万余众，归于统万，被立为嗣。次年八月，赫连勃勃死，赫连昌即位，改元承光。

北魏始光三年（426 年）九月，太武帝拓跋焘利用大夏禅代之际，御驾亲征。魏将奚斤所率 4.5 万先头部队接连攻占弘农、蒲坂以后，渡河西进，直奔长安而来。镇守长安的大夏守将赫连助兴弃城西逃。十二月，奚斤进入长安，秦、雍氐羌皆降于北魏。

次年正月，坐镇统万的夏主赫连昌听说长安有失，即趁拓跋焘率部从统万城下撤而东归之际，遂派其弟赫连定率兵 2 万南攻长安，与魏将奚斤在城北相持。拓跋焘闻讯，又乘统万城防务空虚之际，再次兴兵伐夏。同年六月，魏军攻占统万，赫连昌出奔安定。围攻长安的赫连定听说统万有失，也率部西逃上邽。奚斤麾军追击，在安定生擒赫连昌。赫连定遂在平凉即位称帝，并大败北魏军，擒杀主帅奚斤，关中又被夏军收复。但这时赫连定已兵疲力竭，成为强弩之末，只得遣使向魏主投降。拓跋焘此时也无力兴师，只得接受降书，偃旗息鼓。

胜光二年（429 年）九月，夏主赫连定又起兵叛魏，并与南朝刘宋相约，联兵抗魏，瓜分魏地。魏主拓跋焘闻讯大怒，遂大举攻夏，赫连定连遭败绩，逃出关中，后被吐谷浑所杀，大夏灭亡。北魏遂占据长安，淹有关陇。

第三节　北朝时期长安的军事与战争

一、北魏时期长安和关中地区各族人民的大起义

北魏是由鲜卑拓跋氏建立的一个少数族政权。早在西晋后期，曾建立代国。前秦苻坚继位后，代国遭前秦进攻而亡。淝水战后，代国复兴。天兴元年（398 年），拓跋珪迁都平城（今山西大同），登极称帝，建国号魏，史称北魏。始光元年（424 年），太武帝拓跋焘继位后，耀兵中原；神䴥四年（431 年）灭大夏，进据关陇；太延二年（436 年）灭北燕；太延五年灭北凉，统一北方，同南朝刘宋成对峙之势。

由于北魏政权在入主中原的过程中，是用血腥的军事征服实现统一的，特别是在占领关陇以后，又用残酷的手段对被征服的各族人民进行野蛮的剥削和压榨。如北魏的第一任长安守将王斤即“骄矜不法，信用左右，调役百姓，民不堪命”。①因此，很快便激化了民族矛盾和阶级矛盾。

北魏太平真君元年（440 年），卢水胡盖吴在杏城聚众起义，首先擎起反抗大旗，用武装斗争的方式反对北魏的残暴统治。关中的氐、羌、匈奴及汉族民众争相响应，很快便发展到十多万人，并南下向长安进攻。镇守长安的北魏守将拓跋纥率部抵抗，兵败被杀，拓跋贵族纷纷渡渭，逃奔南山躲避。魏主拓跋焘闻讯大惧，遂命将军叔孙拔领摄并、秦、雍三州兵，屯驻渭北，又急调高平镇（今宁夏固原）骑兵赴援长安。盖吴在渭北受挫后，北入杏城，但响应起义的胡、汉民众却遍及关中各地，甚至蔓延到了河东和陇右地区，北魏在关陇的统治岌岌

① 《通鉴》卷 121，文帝元嘉七年十二月。

可危。次年二月，魏主拓跋焘亲率大军，西渡黄河，突入关中，进驻长安。接着，又继续西进，在盩厔（今陕西周至）、雍城和陈仓等地，残酷镇压起义群众。魏将乙拔等也在这时攻入杏城，盖吴被迫退入北部山中。

不久，盖吴又聚兵杏城，自号“秦地王”，声势复振。拓跋焘派永昌王拓跋仁和高凉王拓跋那督长安以北诸军进讨。盖吴率起义军奋勇抵抗，双方展开激战，“接刃交锋，无日不战，伏尸蔽野”，[①] 魏军死伤甚众，起义军也受到重创。同年六月，拓跋焘又调发冀、相、定三州兵2万人，屯于长安南山诸谷，又在首都平城以北的上谷（郡治今河北怀来东南）到黄河间修筑了千里畿上塞围，准备围歼起义军。

同年八月，魏军经过短暂休整后，由高凉王拓跋那和长安镇将陆俟率领，再次攻陷杏城，盖吴又北逃山中，但他的两个叔父被魏军俘获。诸将都认为应将这两个战俘送往平城请功，但陆俟却说：“长安一都，绝险之土，民多刚强，类乃非一。清平之时，仍多叛动，今虽良民，犹以为惧，况其党与乎？若不斩吴，恐长安之变未已。吴一身藏窜，非其亲信，谁能获之？若停十万之众以追一人，非上策也。不如私许吴叔，免其妻子，使自追吴，擒之必也。”[②] 结果，盖吴的两个叔父获释后，果然当了内奸，诱杀了盖吴，起义也随之失败。

盖吴起义虽然失败了，但其余部仍坚持了长时期的反抗斗争，直到献文帝皇兴年间（467～471）才被平定。这次绵延数十年之久的武装起义，不仅沉重打击了关陇地区胡、汉各族官僚地主的残暴统治，而且也深刻地教育了当权的北魏统治者，迫使他们不得不改弦更张，变换统治方式，以缓和社会矛盾，

① 《宋书·索虏传》。
② 《晋书·陆俟传》。

维护他们的长远利益。在这种历史背景下，北魏孝文帝从自己的长久统治考虑，对当时的政治、经济政策进行了各项改革。于是，长安和关陇地区也相继推行了均田制和租调制度，三长制代替了宗主督护制。同时，诸如说汉话、着汉服等一系列带有汉化性质的社会风气也蔚然兴起，不仅加速了关陇地区的民族融合，也使各族人民的生活待遇得到了一定改善。但到北魏末年，由于统治者又趋腐化，政治衰败，赋役繁重，社会矛盾又骤然加剧。随后又发生了这一时期规模最大的一次兵民起义，即北魏的六镇起义，并迅速波及到了关陇和长安地区。

北魏孝明帝正光五年（524 年）四月，高平镇镇民赫连思聚众造反，推敕勒族酋长胡琛为高平王，向高平镇发起进攻。同年六月，秦州人薛珍等率众攻入州门，擒杀了“政刑残虐”的刺史李彦，推羌人莫折大提为帅，大提自称秦王，遣部将卜朝攻克高平，杀镇将赫连明和行台高元荣，并击败了前来征讨的魏雍州刺史元志。不久，大提死，其子莫折念生自称天子，署置百官，率军向关中推进，很快便攻陷岐州（州治今陕西凤翔南），并击杀了刺史裴芬之和都督元志。这时，由蜀地起兵的张映龙和姜神达也率部进入关中，向雍州（治今陕西西安西北）进发，雍州刺史元修义急忙向都督李叔仁连写九封书信求救，并说：“长安，关中基本，若长安不守，大军自然瓦解，留此何益?”[①] 叔仁与修义合兵，才将蜀众打败。但莫折念生率部已进军黑水（今陕西兴平西），直逼雍州。胡琛率部也已攻克高平，正向关中逼进，关陇摇动。魏廷急忙以京兆王元继为太师、大将军，坐镇长安，指挥西道诸军抵御莫折念生。魏岐州刺史崔延伯和行台萧宝夤率部进抵马嵬，与念生遭遇。当时起义军兵愈 10 万，魏军仅有 5 万之众，兵力占有绝对优势。

① 《通鉴》卷 150，武帝普通五年十一月。

但因念生麻痹轻敌，反被魏军所败，只得退出关中，返回陇右。

萧宝夤和魏延和打败莫折念生以后，又移师泾州（治今甘肃泾川），“有甲卒十二万，铁马八千匹”，气势甚盛，企图一举歼灭占据高平的胡琛。胡琛派部将万俟丑奴和宿勤明达率兵抵御。结果，在泾州西北70里处之当原城将官军击败，崔延伯临阵被杀，萧宝夤率残部退守安定。起义军乘胜东进，所至皆下，几乎占据了关中全境，魏军残部只能龟缩在长安城中，凭险而守。不久，北魏长安县令杨侃招募私兵，突袭冯翊，义军惊散。官军复起，接连收复雍、华二州，起义军被迫退屯秦州。魏廷遂以萧宝夤为雍州刺史、西讨大都督，总领西线战事，起义军再次面临危境。同年九月，秦州人杜粲在城内叛变，莫折念生阖门被杀，杜粲自行州事。接着，南秦州城民辛琛亦向萧宝夤遣使归降，在秦州兴起的这支起义军遂告失败。但由于关中魏军内部发生哗变，致使万俟丑奴率领的高平起义军却转而兴盛，再次进入关中。

此时，原为北魏关中军事统帅的萧宝夤由于受到魏廷的猜忌，遂在长安称帝，并派兵四出，攻打附近州郡，企图割据关中。魏廷在震惊之余，即以尚书仆射长孙稚为西道行台，率部征讨。长孙稚率众入关后，剿抚并用，分化瓦解，致使萧宝夤内部纷纷反水，向魏军投诚。宝夤在内外交困之际，遂向万俟丑奴归降。丑奴收降了宝夤后，势力大振，便在泾州自称天子，置百官，并挥师东进，突入关中。

这时，河东北秀容（今山西原平南）籍契胡族酋长尔朱荣在镇压六镇起义中势力浸盛，并杀胡太后与幼帝元钊，又在河阴杀北魏王公大臣2000多人，立孝庄帝元子攸为帝，自专朝政，飞扬跋扈，人莫谁何。永安三年（530年）正月，尔朱荣在平定了河北的葛荣和邢杲起义以后，遂派其子尔朱天光为持节、都督二雍、二岐诸军事、骠骑大将军、雍州刺史，率左右大都督贺拔岳和侯莫陈悦入关，镇压关陇起义。同年三月，万俟丑奴率众围攻岐州，并派部将尉迟菩萨和仆射万俟作从武功渡过渭水，向长安进发。尔朱天光派左大都督贺拔岳率千骑迎击。结果，菩萨兵败被杀，丑奴也北撤泾州。尔朱天光率部追击，后丑奴在平凉被擒，关陇起义遂被镇压。

二、西魏北周时期长安府兵制的建立及军事力量的加强

关陇起义被平定以后，尔朱天光被任雍州刺史，坐镇长安；贺拔岳被任泾州刺史，坐镇平凉；侯莫陈悦被任渭州刺史，坐镇陇西，控制关陇。

永安三年（530 年）九月以后，北魏政权内乱迭兴，尔朱荣家族在内乱中被诛除殆尽，北魏大权落入原六镇镇兵出身的高欢之手。

当高欢起兵讨伐尔朱氏以后，留守关中的贺拔岳与侯莫陈悦亦起兵响应。他们联兵攻克长安，并击杀了镇守长安的尔朱天光之弟尔朱显寿。高欢遂以贺拔岳为关西大行台，岳以部将宇文泰为行台左丞，领府司马，“事无巨细皆委之”。①

永熙二年（533 年）八月，孝武帝对受制于高欢愤懑不已，遂将贺拔岳任为都督雍、华等 23 州诸军事、雍州刺史，以宇文泰为武卫将军，使其占据关陇，以期作为退身之地。高欢则遣使与侯莫陈悦相结，使其阴图贺拔岳，翦除孝武帝羽翼。次年二月，侯莫陈悦在河曲诱杀贺拔岳，其部众遂将时任夏州刺史的宇文泰推以为帅。宇文泰率众讨伐侯莫陈悦。侯莫陈悦兵败被杀，关陇遂为宇文泰所有。孝武帝遂以宇文泰为侍

① 《通鉴》卷 155，武帝中大通四年四月。

中、骠骑大将军、开府仪同三司、关西大都督、略阳县公，承制封拜，自除僚属。

永熙三年（534 年）八月，孝武帝与丞相高欢公开决裂，遂率朝臣与禁军逃离洛阳，被宇文泰迎入关中，居于长安雍州廨舍，宇文泰以大将军、雍州刺史兼尚书令，专决军国之政。同年十月，高欢率兵进入洛阳，立元善见为帝，是为孝静帝，并迁都邺城，史称东魏；不久，宇文泰亦在长安鸩杀孝武帝，立元宝炬为帝，是为魏文帝，史称西魏。北魏至此分裂。

东、西魏建立以后，曾从 536 年开始，先后在潼关、沙苑（今陕西大荔南）、河桥（今河南洛阳北）、邙山（今河南洛阳东北）和玉壁（今山西稷山西南）等地进行了一系列的兼并战争，历时 10 年之久。但因两国势均力敌，谁也无力吞并对方，故此后双方遂各取守势，转入对峙阶段。

在东、西魏休战期间，宇文泰为了壮大国力，复兴关中，以达到统一北方、争夺天下之目的，遂在政治、经济和军事上推行了一系列的改革措施，其中对军制的改革则是这次改革的核心内容，也是宇文泰赖以实现“关中本位”之策的主要途径。

宇文泰对军制的进行改革始于西魏大统十六年（550 年）所建立的府兵制度。这一制度渊于鲜卑拓跋氏早期的八部大人制。因为宇文泰虽出身于鲜卑宇文部，但从北魏兴起和统一北方以后，宇文泰的先祖即归附北魏，被迁居六镇之一的武川镇居住，世为户兵，长期与鲜卑拓跋氏杂居，并被其同化。北魏六镇起义发生以后，宇文泰随其父、祖先后参加了由破六韩拔凌和葛荣领导的起义斗争，转战于六镇和河北等地。起义失败后，宇文泰向尔朱荣投降，被编制在贺拔岳部下，后随其入关，镇压关陇起义。贺拔岳被侯莫陈悦诱杀后，宇文泰被岳部众推以为帅，宇文泰就是依靠贺拔岳所率鲜卑拓跋氏的将士和部分武川镇军人为骨干的军队平定侯莫陈悦、控制关陇和建立西魏的。因此，他为了进一步提高这些鲜卑拓跋族将士的地位，使其成为由他控制的西魏政权的核心力量，遂仿照鲜卑拓跋氏的原始旧制，并与汉族军制相互柔合，组建了由八柱国大将军领导的府兵军制。

由于宇文泰在此前已为柱国大将军、都督中外诸军事，总领军队大权。而另一柱国大将军即北魏宗室元欣仅挂虚名，并无实权，故实际领兵的仅有六个柱国大将军。六柱国大将军各领一军，合为六军，这又与《周礼》中的六军之制相合。六柱国之下，各设二大将军，共十二大将军；每个大将军之下，又各设二开府将军，共二十四开府将军；每开府之下，又各设二仪同将军，共四十八仪同将军。以下还有大都督、帅都督等领兵军官。据有关文献记载，当时的每个仪同将军领兵千人，每个开府将军领兵四千，每个大将军领兵四千，每个柱国大将军领兵八千，总兵力近5万人。

宇文泰除模仿鲜卑拓跋族八部大人旧制建立这套府兵系统以外，对于士兵和军官之间的结合上，则竭力保持旧日的氏族关系，并给所有将领均赐以鲜卑姓氏，以表示他们都是鲜卑三十六大部落或九十九大氏族的嫡系子孙。同时又令各族将领所率兵士均以主帅的赐姓为他们的姓氏。这就在府兵军制上覆盖了一层鲜卑旧制的复古面纱。但应指出的是，宇文泰建立的这套府兵军制，同旧有的鲜卑八部大人制相比，仍存极大差异，并非食古不化。首先，府兵制的最高级军官虽有鲜卑人担任，但也有一些汉族和其他民族的显贵隐身其间。他们虽均被赐以鲜卑旧姓，但其血统却不能由此而发生变化，他们同鲜卑的旧制中清一色的拓跋血统相比，是大有异趣的。其次，这套府兵系统在建立之初，最高统帅是西魏执政宇文泰，到北周武帝亲政以后，府兵系统又由皇帝亲自指挥，其中各级将领直至柱国大将军之职，都要经由相国和皇帝的任免，并不能像原始社会末期鲜卑各部大人具有的极大的“独立性”和“割据性”，而要服从君主专制的政治体制。因此，宇文泰所建立的府兵军制仍是带有时代特征的一种新型军制，具有相当的生命力，它在后来相继被隋唐两代所沿袭并不是历史的偶合，而是具有一定的必然性。

早期府兵以原贺拔岳所率鲜卑兵为其骨干，同时还包括收编的部分关陇地方兵、关陇豪右的部分乡兵以及孝武帝入关时所率的部分禁卫军，并不包括一般百姓，故府兵还要另立军籍，不入民户。府兵战士不负担赋役，但要轮流入伍，战时出征，平时宿卫，并自备弓刀。又因在同东魏的频繁战争中，西魏的兵力受到严重损失，出现了兵不充员的状况，同时，也为了适应更大规模战争的需要，到北周武帝亲政以后，便开始将部分均田农民纳入到了府兵系统之中，故史称“夏人半为兵矣”。① 这就使府兵人数猛增至 20 多万，军府亦多达近百个，使府兵制具有了寓兵于农的性质。

另外，初创时期的府兵虽以“宿卫”京师长安为其主要职责，但在西魏、北周建立之初，由于战事屡兴，故府兵被经常调遣执行征戍任务的现象是屡见不鲜的。因此，为了确保长安安全，西魏、北周仍有一套宿卫京师的禁军建置。有关文献记载的“千牛备身”、“武卫将军”、“右卫将军”、“领军将军”等，当均指禁军将领。北周时期的宫卫之制更趋完备，不仅府兵与禁军有中外宿卫之分，禁军又有内外宫禁之别。因此，切不可将这一时期的府兵与禁军混为一谈。只是府兵制建立以后，中央禁军的力量更为加强而已。

其次，府兵制建立以后，不仅扩大了兵源，增加了军队数

---

① 《隋书·食货志》。

量，提高了府兵战士的政治地位和经济待遇，增强了军队的战斗力，而且还形成了一个由鲜卑诸部、关陇胡人和汉族显贵组成的关陇贵族军事集团。这个集团不仅成了西魏、北周逐渐强大以致灭亡北齐和统一北方的核心力量，而且也培育了后来相继出现的隋唐两个封建王朝的缔造者，对中国中世的封建社会产生了重大影响，这也许是宇文泰在建立府兵制时所始料不及的。

西魏恭帝三年（556 年），宇文泰死后，其侄宇文护废西魏恭帝，将宇文泰嫡子宇文觉扶立帝位，建国号周，史称北周。在此之前，东魏丞相、高欢之子高洋亦废东魏孝静帝而自立，建国号齐，史称北齐。北齐在建国初期较北周为强，特别是在文宣帝高洋统治时期，接连击败了库莫奚、契丹、柔然和山胡（步落稽）等北方各族，又拓地淮南，尽长江而止，“王四渎之三，统九州之五”，国富兵强，致使周人心怀畏惧，“恒以冬月，守河椎冰”。[①] 但到齐武成帝高湛继位以后，由于统治集团日益腐化堕落，赋役繁重，“朝政渐紊”，国力随之削弱。但北周武帝宇文邕继位以后，却将宇文泰时推行的改革政策继续引向深入。他不仅继续实行均田制和新的租调制度，宽赋减役，又下诏禁断佛、道二教，拆除寺院道观，没收寺院资产，强制僧尼还俗，而且还扩大府兵兵源，改进府兵制度，遂使北周的国力迅速增强。建德六年（577 年），周武帝率兵出关，一举灭亡北齐，北中国重归统一，长安和关中地区从此又成了中国封建社会的政治和军事中心。

① 《北史·斛律金附子光传》。

第四章

隋唐五代时期长安军事的兴盛

隋唐时期是我国古代最为兴盛的历史时期。其中隋唐二代对府兵制的改进和完善以及内重外轻军事局势的形成，则是这一时期军事兴盛的主要体现，也为这一时期的政局稳定、经济繁荣和文化发达奠定了基础。但从唐中期以后，随着均田制的破坏、府兵制的瓦解和社会矛盾的日益加深，导致安史之乱的发生和藩镇割据局面的形成，使唐朝由盛转衰，一蹶不振，终于出现了五代的纷争，古都长安的中心地位从此一去而不复返。

第一节　隋都长安的军事与战争

一、隋朝对府兵制的改进及长安军事力量的加强

北周宣政元年（578年）武帝宇文邕死，其子宇文赟继位，是为周宣帝。两年以后，宣帝死，年仅八岁的儿子周静帝宇文阐即位，大权遂落在了天元大皇太后杨氏之父杨坚之手。

杨坚籍贯弘农（今河南灵宝北），但却世居武川（今内蒙武川西南乌兰不浪土城梁），从五世祖杨元寿时就成为六镇镇

将。其父杨忠在西魏建立时为十二大将军之一，北周时又迁柱国大将军、大司马，晋封隋国公。杨忠死后，杨坚袭封父爵。宣帝即位后，其女被封天元大皇后，杨坚亦由亳州总管升任大司马和右司武，参掌军务。周静帝即位后，杨坚在掌握机要的郑译和刘昉的协助下，入朝辅政，总揽了军政大权，时人称为“刘昉牵前，郑译推后。”① 接着，杨坚遂大杀北周宗室，平定了相州总管尉迟迥、郧州总管司马消难和益州总管王谦发动的武装叛乱。周静帝陷于孤立，杨坚的篡位已成瓜熟蒂落，水到渠成。大象元年（581 年）二月，杨坚禅代周鼎，隋朝建立，改元开皇，杨坚是为隋文帝。开皇二年（582 年），隋文帝鉴于汉长安城地势狭小，城池破旧，遂在其东南 20 里处另建新都，次年竣工，名曰大兴（今陕西西安），后称长安。开皇八年（588 年）十月，隋文帝趁南方陈朝内政紊乱之机，倾全国 50 万兵力，大举伐陈。次年正月，建康（今江苏南京）陷落，陈朝灭亡，全国重归统一。

隋文帝在建隋以后，曾大力进行军制改革，遂使西魏、北周创立的府兵制度更趋完善。概括起来，隋对府兵制的改进主要有以下几点：

首先，就是恢复军人旧姓。

如前所述，宇文泰在建立府兵制时，为了提高鲜卑将领和兵士的政治地位和经济待遇，也为了适应鲜卑族人怀旧复古的心理，曾赐给了府兵将领的鲜卑旧姓，所属兵士也须随其将领改变姓氏。这就给府兵制蒙上了一层鲜卑族复古倒退的陈旧面纱，同北魏孝文帝的变鲜卑复姓为汉字单姓，形成了鲜明的对照。但后来随着六柱国大将军的频繁更换，官号与实职的逐渐分离，兵士改从军将姓氏的制度已无法实行。另外，随着鲜卑

① 《隋书·刘昉传》。

族汉化的逐步加深及府兵兵源的日益扩大，府兵的成份已发生了巨大变化。特别是杨坚入总朝政以后，军政大权已由鲜卑族的手中转移到了汉人之手。因此，揭去蒙在府兵制上的那层鲜卑复古的面纱，恢复以汉族地主为领导核心的本来面目，也就势在必行了。因此，在大象二年（581年）之初，即杨坚入总朝政之时，杨坚即令“诸改姓者，悉宜复旧”①，并自废“普六茹氏”，复姓杨氏。次年，隋文帝又令“以前赐姓，皆复其旧”②。

这说明经过十六国南北朝将近300多年的民族融合，北方各少数族已和统一国家中的主体民族——汉族完全融为一体。在这一长时期的民族融合中，固然也经历了许多坎坷和痛苦的进程，但汉民族却由于接受了诸多新成份，而变得更加兴盛，更加强大。

其次，就是设置十二卫府。

开皇元年（581年）二月，隋文帝在首都长安（即大兴）设置十二卫府，统领府兵和禁卫之军。十二卫府即左右卫、左右武卫府、左右武侯府、左右领左右府、左右监门府和左右领军府。其中左右卫、左右武卫府、左右武侯府和左右领左右府各置大将军一人、将军二人，并有长史、司马、录事，功、仓、兵、骑等曹参军，法曹、铠曹行军参军各一人。左右卫和左右武侯府各置行参军六至八人。

左右卫掌“宫掖禁御，督摄仗卫”③。下属军官有直阁将军各六人，直寝各十二人，直斋、直后各十五人，奉车都尉六人，武骑常侍十人，员外司督四十人。该卫又各统领亲卫，置

① 《北史·周本纪》。

② 《北史·隋本纪》。

③ 《隋书·百官志》。

开府、仪同府。诸府皆领军坊，统内军宿卫。

左右武卫府，无直阁以下属员，均领外军宿卫。

左右武侯府，掌皇帝车驾外出警卫，又昼夜巡察，捕捉奸邪。烽侯道路，水草所置，巡狩师田，则掌其营禁。

左右领左右府（亦称左右领府），掌侍卫皇帝左右，供御兵仗。各置千牛备身十二人，备身左右十二人，备身六十人，掌宿卫侍从。

左右监门府各置将军一人，掌宫殿门禁及守卫事。下置郎将各二人，校尉、直长各三十人。

左右领军府，各掌十二军籍帐、差科及词讼之事。不置将军，惟置长史、司马、掾属及录事等参军，法、铠等曹行参军及行参军等。

与此同时，隋文帝还设置东宫十率，即左右卫率、左右宗卫率、左右虞侯率、左右内率、左右监门率，大体与十二卫府相对应。不过，东宫不设类似左右领军府的组织机构。

隋文帝设置京师大兴的这套禁军建置，是把西魏、北周时期存在的禁军系统和府兵组织有机地结合起来，而创建的一种新型的宿卫部队。从此，禁军和府兵合而为一，法律上一概称为“禁卫”，不再有“禁兵”和“府兵”之分，这当是隋对府兵制的一大改进。

隋初的十二卫府虽属新创的禁卫部队，但仍沿西魏、北周旧制，存有内、外宿卫之分。其中左右卫、左右武侯府和左右领左右府所属之直斋、直寝、千牛备身、备身左右及分任扈从者，即是从西魏、北周时期演变而来的禁兵，均为内卫，其余均为外卫。其中内卫最受皇帝宠信，故其组织机构也在不断扩大，名目增多。但内、外卫不但相互牵制，内卫本身也有牵制作用，因而有利于皇权的加强和军权的集中。

由于在京服役的府兵战士所属军府不同，故府兵宿卫者又可分为内军和外军两种。左右卫所领亲卫、勋卫、翊卫，总称三卫，各有骠骑府和车骑府，是为内军。十二卫府所领其他骠骑府和车骑府，则为外军。

隋十二卫府的最高军事长官大将军和将军等，也是从西魏、北周府兵制初创时期的柱国大将军、大将军及其开府、仪同将军演变而来。但隋十二卫府的将军之职同府兵初创时期的各级将军相比，不仅数量有很大增加，而且官品也有所降低。这就更有利于集权中央，可防止因军将权力过大而形成尾大不掉之势。这是隋文帝在改革府兵制和建立十二卫府时所着力看重的一个问题。

隋炀帝即位以后，又把十二卫府改为十二卫，即把原来的左右卫改为左右翊卫，左右武卫府改为左右武卫，左右武侯府改为左右侯卫，左右领军府改为左右屯卫，加置左右御卫和左右骁卫，又改左右领左右府为左右备身府，左右监门府仍依旧名，合为十六卫府，后亦称十六卫。其中左右备身府和左右监门府不领府兵，其余十二卫均领府兵。府兵统名“卫士”。各府卫士亦有定名：左右卫所领府兵名骁骑，左右骁卫名豹骑，左右武卫名熊渠，左右屯卫名羽林，左右御卫名射声，左右侯卫名佽飞。

隋炀帝对东宫十率也进行了若干改革，如左右卫率改为左右侍率，左右宗卫率改为左右武侍率等。但上述的这些改革只是名称变异或数量增减而已，并没有实质性的变化。

第三，把军户改为民户。

如前所述，西魏、北周时期的府兵由于继承北魏旧制，仍为军户，故府兵都要另立军籍，军人家属也要随同居住坊府。但在战争繁忙之际，军人随时征调，不时出战的现象是屡见不鲜的。这就必然会出现“家无完堵，地罕苞桑”和“恒为流寓之人，竟无乡里之号”[1]的现象，不仅给农业生产带来严重影响，而且也会使国家的赋税收入大为减少。故隋文帝遂在平陈以后的第二年，即开皇十年（590 年）发布诏书说：“凡是军人，可悉属州县，垦田计帐，一与民同。”[2]这就是说，从开皇十年以后，府兵原来的军户均被编成了民户，原来受府兵系统的隶属关系，现在也已改由州县管辖，他们所能垦种的土地和应当承担的租赋，都应和均田农民保持一致。使府兵制同均田制融合一体，从而变成了一种寓兵于农的军事体制。这不但稳定了府兵兵士的家庭生活，促进了社会经济的发展，而且还进一步扩大了府兵兵源，增加了府兵数量。又因为府兵战士在服役期间要自备衣粮，故给国家还节省了一大批军饷开支。

第四，改骠骑府为鹰扬府。

大业三年（607 年），隋炀帝根据政治需要，改骠骑府为鹰扬府，其长官由骠骑将军改为鹰扬郎将，副长官由车骑将军改为鹰扬副郎将。大业五年，又改鹰扬副郎将为鹰击郎将。正、副长官之下又有司马及兵、仓两司。又置越骑校尉二人，专掌骑士；步兵校尉二人，统领步兵。又改大都督为校尉，帅都督为旅师，都督为队正，增置队副。

鹰扬府的建立，并非军府名称的变异，而是府兵组织系统的一次重大变革。因为鹰扬府建立以后，不但将军和都督的名号全部取消，而且军府长官的官品和地位均比以前大为下降，有利于将军权集中于皇帝手中，可防止军府将领的拥兵割据和权高震主。更为重要的是，隋炀帝把鹰扬府作为整个府兵系统中的一个基层组织，并逐渐和鹰扬府所在的地名相结合。后来，他又“增置军府，扫地为兵”，使军府的分布地域更为广

① 《北史·隋本纪》。
② 《隋书·高祖纪》。

泛，同军户改为民户这一改革措施相辅而行，遂使府兵制的组织机构更为完善。据有关金石碑铭记载，当时设置在首都长安附近的鹰扬府就有真化、怀旧、相原、泾阳、平乡等诸多名称，当是隋炀帝改骠骑府为鹰扬府之确证。[①] 鹰扬府所领府兵虽散在各地，但都要定期宿卫京师，故首都长安的宿卫力量大为加强。

总之，经过隋对府兵制的上述改革，不仅形成了以汉族地主为核心的军事领导体制，扩大了府兵兵源和数量，使府兵制的组织机构更为完善，而且也极大地增强了首都长安的防卫力量，对隋朝政权的巩固和国力的强盛都起到了一定的促进作用。

二、隋末关中地区的农民起义与太原留守李渊的入据长安

仁寿四年（604 年），隋文帝死，次子杨广继位，改元大业，是为隋炀帝。

隋炀帝即位以后，拒谏饰非，重用奸佞，淫刑滥杀，残暴酷虐。又大肆挥霍，穷奢极欲，赋税繁重，徭役频仍，故很快便激化了阶级矛盾。

大业七年（611 年），山东邹平人王薄在长白山（今山东章丘境内）聚众起义，又作《无向辽东浪死歌》以相号令，揭开了隋末农民大起义的序幕。接着，翟让和李密在瓦岗寨（今河南滑县东南），窦建德在高鸡泊（今河北胡城西南），杜伏威和辅公祐在淮南，相继起兵反隋，很快便形成了隋末农民起义的三支主力部队，吹响了埋葬隋王朝的战斗号角。从此，农民

---

① 参阅劳泾原：《唐折冲府考》；罗振玉《唐折冲府考补》；谷霁光：《唐折冲府考校补》，均载《二十五史补编》，开明书店 1936 年版。

起义的浪潮汹涌澎湃，迅速蔓延到了全国各地。隋都长安所在的关中地区也是“群盗所在皆满”，农民群众的斗争烈火此起彼伏，迅速燃遍秦川大地，致使长安和关中的隋军处于自顾不暇和处处挨打的困境。

大业九年（613年）十二月，由扶风郡（治今陕西凤翔）桑门向海明领导的起义当是隋末关中地区最早爆发的一次大规模反隋斗争。据有关史书记载，海明自称弥勒出世，扶风、京兆、冯翊等三辅地区的穷苦百姓“翕然奉之”，很快便“众至数万”。接着，海明又自称皇帝，改元白乌，并攻城略地，关中震动。隋炀帝当即派太仆卿杨义臣率部征讨，经过激战，起义军才被“击破”。①

大业十二年（616年）七月，冯翊（郡治今陕西大荔）人孙华又自称总管，“举兵为盗”。② 这时，由于炀帝已率宫中宿卫部队东幸洛阳，民部尚书樊子盖又率关中精兵数万，渡河前往河东，镇压绛郡（治今山西新绛）敬盘陀起义，隋在关中的兵力空虚，故孙华领导的起义队伍迅速扩大，几乎席卷了整个关中地区，成了当时关中规模最大的农民起义。

次年七月，就在隋太原留守李渊起兵晋阳以后，李渊的族弟李神通与京师大侠史万宝等从长安潜入鄠县（今陕西户县）山南起义。不久，李渊之女平阳公主也在鄠县庄所，散布资产，招纳亡命，起兵响应。当时，西域商胡何潘仁也在司竹园（今陕西周至东南》聚众造反，自称总管。公主遂遣家僮马三宝前往说降，潘仁遂归附公主。接着，三宝又相继说降了起义首领李仲文、白善志、丘师利等，各率众数千来会，势力大振。隋京师留守代王杨侑多次派兵征讨，均被击败。后李神通

① 《通鉴》卷182，炀帝大业九年十二月。

② 《隋书·炀帝纪》。

又与平阳公主会合，一举攻占了鄠县，部众超过了一万。神通遂自称关中道行军总管，史万宝为副，横行于盩厔（今陕西周至）、武功（今陕西武功西北）、始平（今陕西兴平东南）一带。另外，李渊长女之婿段纶亦聚众万人，在蓝田（今属陕西）起兵，打击隋军。

总之，由于蜂起云涌的农民起义席卷全国，隋朝的府兵体制被冲击得支离破碎，陷于瘫痪而指挥不灵，隋炀帝只得率部分宫廷卫队南逃江都（今江苏扬州）。分布在中原地区各鹰扬府所属府兵多被农民起义所吞噬，其余府兵则成了割据军阀拥兵自重乃至起兵反隋的敌对势力。隋太原留守李渊就是利用他所控制的部分府兵，再加上临时召募的兵士共3万余人，发动晋阳起兵的。

李渊是陇西狄道（今甘肃临洮）人，[①] 但世居武川，代为六镇军人。其祖父李虎和其父李昞在西魏北周时官居要职，被赐姓"大野氏"，时称"八柱国家"，[②] 应为关陇贵族军事集团的上层人物。李渊之母则为杨坚之妻独孤氏之胞妹。李渊七岁时袭爵唐国公，隋初还复本姓，并以皇亲国戚身份历任谯、陇、岐三州刺史、荥阳、楼烦二郡太守、殿内监、卫尉少卿、右骁卫将军等职。大业十三年（617年），升任太原留守。

同年五月，瓦岗、河北和江淮三支农民起义的主力军已占有河南、河北和江淮等地；关中地区也动荡不安，反隋力量方兴未艾，长安留守代王杨侑只能困守孤城，坐以待毙；隋炀帝被困于江都，不能西返，杨隋王朝的垮台已成定局。李渊遂在其次子李世民、晋阳（今山西太原）令刘文静和晋阳宫副监裴寂等人的协助人，拟定了召募兵士，北连突厥，南下晋阳，西

① 一说是陇西成纪（今甘肃通渭东）人。

② 《旧唐书·高祖纪》。

入关中和占据长安的起兵计划，并密谋杀了副留守王威和高君雅，于同年七月在晋阳起兵，一路连克霍邑（今山西霍县）等汾水沿岸诸多郡县，很快便兵临河东（今山西永济西）城下。接着，他又接受了李世民关于“兵贵神速，吾席累胜之威，抚归顺之众，鼓行而西，长安之人望风震骇，智不及谋，勇不及断，取之若振槁叶耳。若淹留自毙于坚城之下，彼得成谋修备以待我，坐费日月，众心离沮，则大事去矣。且关中蜂起之将，未有所属，不可不早招怀也。屈突通自守虏耳，不足为虑”[①] 的建言，留部分兵力继续围攻河东，然后亲率主力部队从龙门（今山西河津）渡河，坐镇朝邑长春宫（今陕西大荔东），派长子李建成和司马刘文静率左统军王长谐和慰抚使窦轨等诸军数万屯于永丰仓（今陕西潼关东北），守潼关要塞和防备东方隋军。又派次子李世民率右统军刘弘基和慰抚使殷开山等诸军数万人从渭北西进，攻击长安。这时，在鄠县、蓝田等地相继起兵的李神通、平阳公主、何潘仁、李仲文、向善志、段纶和关中地区最大的农民起义军首领孙华等先后派人迎接李渊，李渊均以书慰劳授官，并指令其一律受世民调遣。当李世民率部行至泾阳时，由于关中百姓从者如流，兵力已达9万。平阳公主亦率兵万余与其兄世民会合，世民令与其夫柴绍各置幕府，号为“娘子军”。

同年九月，李渊命刘弘基和殷开山率兵6万西略扶风，然后南渡渭水，屯于长安故城（今陕西西安市西北10公里处）。又派李世民率部趋司竹，偕李仲文、何潘仁、向善志等屯军阿城（今陕西咸阳南）。诸军纪律严明，秋毫无犯，深受沿途百姓的支持和欢迎。接着，又命李建成挑选精兵万人从新丰（今陕西临潼东北）趋长乐宫（今陕西西安市东），对长安形成合

① 《通鉴》卷184，恭帝义宁元年九月。

围态势。不久，李渊亲至长安，扎营于城东春明门西北。各路兵马共20余万亦先后集结在长安城下。李渊下令诸军各依壁垒，不得入村骚扰百姓，并多次派人到长安城下，申明大义，招降隋长安守将卫文升等，但却遭拒绝。李渊见招降无效，遂下令诸军攻城。

这时长安的最高统帅代王杨侑年仅十三，不理军务，刑部尚书领京兆内史卫文升年老病笃，听到李渊攻城的消息后，已病老而死，只有左翊卫将军阴世师、京兆郡丞骨仪奉代王杨侑依城拒守。但守城隋军数量极少，军心涣散，毫无斗志。当攻城令下达以后，晋阳之兵和各路起义部队奋勇向前，争搭云梯，拼命攀登，喊声四起，鼓声雷动。守城隋军在阴、骨等人的强制下，勉强应战，矢下如雨。冲锋陷阵的农民军首领孙华中流矢而死，军头雷永吉贾勇有余，捷足先登，杀退了城头部分守军，打开缺口。攻城兵士趁机登上城头，不断扩大战果。守城隋军眼看大势已去，只得缴械投降，攻城战斗至此结束。大业十三年（617年）十一月九日，李渊进入长安，将代王杨侑扶立为帝，是为隋恭帝，改元义宁，自称假黄钺、使持节、大都督内外诸军事、尚书令、大丞相，进封唐王，执掌军政大权。至此，隋王朝已名存实亡。

第二节　唐都长安的军事体制

一、唐前期府兵制的全盛及内重外轻军事局面的形成

大业十四年（618年）五月，当隋炀帝在江都被宇文化及弑杀的消息传到长安后，李渊遂将隋恭帝杨侑废为庶人，自登帝位，是为唐高祖，并改元武德，唐朝至此建立。

唐朝建立以后，随着统一战争的顺利进行，高祖李渊即着

手恢复和重建已经瘫痪和瓦解的隋朝府兵体制，使府兵制初具规模。

武德二年（619年），当关中地区大定以后，李渊遂分关中为十二道，每道各置一军，共十二军，原属各道的鹰扬府均隶十二军统领，基本恢复了关中地区原来的府兵体制。次年，十二军各定军号，即万年（今陕西西安市东）道为参旗军，长安（今陕西西安市西）道为鼓旗军，富平（今陕西富平东北）道为玄戈军，礼泉（今陕西礼泉北）道为井钺军，同州（治今陕西大荔）道为羽林军，华州（治今陕西华县）道为骑官军，宁州（治今甘肃宁县）道为振威军，岐州（治今陕西凤翔）道为平道军，豳州（治今陕西彬县）道为招摇军，西麟州（治今陕西麟游）道为苑游军，泾州（治今甘肃泾川西北）道为天纪军，宜州（治今陕西宜君）道为天节军。[①] 每军置军头和副军头各一人，"取威名素重者为之，以督耕战"。不久，又仿开皇旧制，改军将为骠骑将军，副军头为车骑将军，重新设置了骠骑将军府。军下有坊，置坊主一人，由军坊五品勋官担任，以检查户口，劝课农桑。至此，使府兵制的基层组织，初具规模。

武德六年（623年），李渊"以天下既定，废十二军"；八年，因东突厥入侵关中，长安告急，重又设置。此后，遂常设不废。十二军所统府兵战时出征，平时习武，兼课农桑，耕战并重，使府兵制具备了"寓兵于农"和"兵农合一"的独特性质。

随着统一大业的逐步完成，唐高祖又将从晋阳入关的"义兵"，"悉罢归农"。对愿留宿卫的3万余人，则安置在渭北地区，"以白渠旁民弃腴田分给之，号'元从禁军'。后老不任

① 参阅《新唐书·兵志》、《通典·职官典·武官上·将军总叙》。

事，以其子弟代，谓之‘父子兵’”，[①] 分隶于太子的东宫三卫府和世民、元吉统领下的秦王六府和齐王六府及亲军府、帐内府。

就在关中十二军建立前后，唐高祖又在首都长安恢复并重建了府兵的最高领导机构——十六卫和东宫十率。十六卫中，统领府兵的有十二卫，并各有军号。

左右卫，置大将军各一人，正二品，将军各二人，从三品。其下又有长史、录事参军，仓、兵、骑、胄诸曹参军，司阶、中侯、司戈、执戟和奉车都尉等。主要执掌宫廷、内廊、正殿诸门警卫、军号骁骑。

以下诸卫所置军将、下属名称、品秩及执掌均与左右卫大致相同，但军号各异。

左右骁卫，军号豹骑。

左右武卫，军号熊渠。

左右威卫，军号羽林。

左右领军卫，军号射声。

左右金吾卫，主掌宫中和京城巡警及稽察非违，军号佽飞。

不领府兵的四卫是：

左右监门卫，各置监门校尉、立长、长人长上、立长长上等各数百人，其所置军将及下属名额、品秩皆如上述，主掌宫禁门籍之法。凡京司应入宫殿门者，皆须持门籍，左监门将军判入，右监门将军判出，中郎将掌监诸门，检校出入。

左右千牛卫，所置军将及下属名额、品秩均如诸卫。此外，各卫又置千牛备身、备身左右十多人，主掌宫殿保卫和仪仗供应。凡天子升殿，千牛备身立于左右；执箭侍卫，又主仗

① 《新唐书·兵志》。

守戎服器物。凡受朝之日，则领备身左右升殿，侍列于御座左右。天子亲射于射宫，则将军率属官以从。中郎将专掌皇帝升殿侍奉，禁止殿下群臣横过御座之前、相互对语及倾身与阶下人交谈、摇头策手以相招者。若有口头敕令，通事舍人承受传声阶下而仍不闻者，中郎将可点名传言。

东宫十率中，领府兵者六率，各有军号：

太子左右卫率，置率各一人，正四品上；副率各二人，从四品上。其属官有长史、录事参军事，仓、兵、胄诸曹参军，司阶、中侯、司戈、执戟等。该卫主掌东宫兵仗、羽仪之政令，军号超乘。

以下诸卫所置军将及下属名额、品秩大致与太子左右卫率同，惟执掌及军号各异。

太子左右司御率，军号旅贲。

太子左右清道率，掌东宫昼夜巡警，军号直荡。

不领府兵的四率：

太子左右监门率，于军将、属官之下又置监门直长 78 人，主掌东宫禁卫之法。凡持籍出入东宫殿门者，均如法检察。

太子左右内率，于军将、属官之下又置千牛、奋身、主仗百余名。主掌千牛、备身侍奉东宫太子之事，而立其兵仗，总其府事。

以上即是唐初十六卫和东宫十率的组织机构，也是唐高祖恢复并重建的府兵系统最高的领导机关。但由于在唐初的统一战争期间，十二卫将军经常在外领兵征战或镇守一方，故其所属的骠骑和车骑将军则成了事实上的领兵军官，并分隶于太子建成、秦王世民和齐王元吉的幕府之下，故到后来的十二卫大将军则变成了一般尊崇的名号，并不实际执掌兵权。

李渊所置关中十二军是唐初关中最基本的府兵军队，也是比较固定的禁卫部队。它们与十二卫和秦王、齐王所统六府系统既有联系，又有区别。但由于随着秦王世民和太子建成、齐王元吉之间的矛盾日益加剧，常使十二卫、十二军同亲王六府之间形成对立之势，严重干扰了皇帝对府兵的控制与指挥。

武德九年（626年），李渊诸子之间的矛盾逐渐激化，终于演变成了一场骨肉相残的宫廷政变。六月四日，秦王世民率领心腹尉迟敬德、秦叔宝、长孙无忌等，伏兵于玄武门之内，利用上朝之际，射杀了太子建成和齐王元吉，史称“玄武门之变”。唐高祖将世民任为太子，一个多月以后，李渊又主动让帝位给太子，李世民登极称帝，是为唐太宗，并改元贞观。

贞观年间，唐太宗励精图治，选贤任能，虚心纳谏，轻徭薄赋，躬历节俭，并进一步改革府兵制度，从而使府兵制进入全盛时期，因此也就形成了被后人啧啧称道的“贞观之治”。

贞观年间折冲府的建立、府兵的征发与职责更加明确，府兵的军事训练更加制度化以及“内重外轻”军事布局的形成当是府兵制进入全盛时期的重要标志。

折冲府是唐太宗在贞观十年（636年）创设的府兵制的基层组织，这是“继骠骑改统军、车骑改别将之后进一步贬抑军府长官的措施”，“有加强专制主义的中央集权政治的意义”①。

根据有关史书记载，府兵制全盛时期的贞观年间，全国共置折冲府600多个，② 分布于全国十道。其中设置在长安城周京兆府的折冲府就有131个。据《新唐书·兵志》载，这131个折冲府名称今存的仅有“真化、匡道、水衡、仲山、新城、窦泉、善信、风神、安业、平香、太清，余皆逸。”后经清人劳泾原、近人罗振玉和谷霁光诸君搜集钩沉，又从金石墓志中

---

① 谷霁光：《府兵制度考释》第138页，上海人民出版社1962年7月版。

② 参阅谷霁光：《府兵制度考释》第154页。

辑出 50 多个府名，即乐□、义阳、萨宝、宣平、怀仁、灌钟、利仁、丰崇、通乐、长道、励行、周城、望苑、槐里、天藏、杜城、乐游、普济、效城、武亭、骊山、翊善、良将社、黄城、龙原、九嵕、善化、白渠、神和、平温、甘泉、义丰、永乐、天齐、频阳、怀旧、恒里、丰安、王保、长信、长丰、龙栖、咸阳、仲山、渭南、白渠[①] 等。合计共得府名 61 个，其中有些折冲府如乐游、义阳、萨宝、宣平等当设于长安城中，其余均分布于长安、万年、蓝田、鄠县、盩厔、新丰（今陕西临潼东北）、高陵等附近诸县。再加上华州、同州、商州、岐州、邠州等关中诸州府的军府，关内道折冲府的总数可达 261 个，总兵力 26 万，占全国 600 多个折冲府和总府兵 68 万的三分之一以上，而京兆府又占关内道总府兵的一半以上。这就形成了“举关中之众以临四方”[②] 的军事布局，并继承了唐初一贯奉行的“内重外轻”和“重首轻足”的军政方针，极大地加强了中央集权。

唐时府兵亦有内、外之分。内府指五府三卫及东宫的三府三卫。五府三卫是亲卫、勋卫、翊卫，而翊、勋二卫又分一、二两府，故为五府三卫。东宫三卫不再划分一、二两府，故为三卫三府。内府三卫均为品官子弟充任，亦是这些势家子弟进身入仕之途，故对其父祖的官品限制极严，一些官品较低的“柱国子有白首不得进者”。

设在全国各地的折冲府所领府兵均为外府，其兵源主要

① 参阅劳泾原：《唐折冲府考》；罗振玉：《唐折冲府考释》；谷霁光：《唐折冲府考校外》，载《二十五史补编》第 6 册，开明书店 1936 年版。

② 《新唐书·兵志》

“取六品以下子孙及白丁无职役者点充，凡三年一简点”[①]。其具体简点时又根据资产、财力和丁口三项标准而定，即“财均者取强，力均者取富，财力又均，先取多丁”[②]。

唐时的内、外府兵均归中央十六卫和东宫十率统领，其中统领府兵的有十二卫和东宫六率，其中“左右卫皆领六十府，诸卫领五十至四十，其余以隶东宫六率”[③]。

因为各卫率所领军府分散于全国各道，番上时的府兵统领系统和带兵将帅又不相吻合，且调兵权和统兵权又相互分离，即军府的征调须由中央尚书兵部把调兵的铜鱼符或木契下至州府，经州刺史和折冲都尉对勘相合以后，才能发兵。带兵将领则由皇帝临时派遣，战事结束，兵散于府，将归于朝。这样，“将虽有名而权实去，兵将在内而京师实重”[④]，不易军阀割据势力的形成。

唐前期统治者十分重视府兵的军事训练。当时规定：每年冬季折冲府长官折冲都尉都要率该府兵士进行军事训练，训练项目主要由“薄战”和“纵猎”两部分构成。薄战主要训练列队布阵，即所谓“阵间容阵，队间容队，曲间容曲；以长参短，以短参长，回军转阵，以后为前，以前为后，进无奔进，退无趋走。以正合，以奇胜，听音睹麾，乍合乍离”。只有“目见旌旗，耳闻鼓角，心存号令”[⑤]，才能临阵不乱，随阵入战。否则，就会给敌以可乘之机，招致失败。因此，薄战当是府兵进行军训的重要内容。“纵猎”当是军训的实战演练，旨

---

① 《唐六典·尚书兵部》、《旧唐书·职官志》。

② 《唐律疏议·擅兴律》。

③ 《新唐书·兵志》。

④ 杜牧：《原十六卫》，载《樊川文集》卷五

⑤ 《通典·兵典二·法制附》引《大唐卫公李靖兵法》。

在提高府兵冲锋陷阵的作战能力。

另外，番上府兵也要由统兵官“率而课试”[①]，进行教射和讲武之举。贞观年间，唐太宗就曾亲引卫士在殿廷教习骑射，并经常告诫他们说：“戎狄侵盗，自古有之，患在边境少安，则人主逸游忘战。是以寇来莫之能御。今朕不使汝曹穿池筑苑，专习弓矢。居闲无事，则为汝师；突厥入寇，则为汝将。庶几中国之民可以少安。”据说，从此“人思自励，数年之间，悉为精锐。”[②]

唐初规定的“番上”和“番代”是府兵的两大职责。

所谓“番上”就是分番宿卫京师。在天下承平之际，这是府兵一项经常性的重要任务。唐初统治者曾对此制订了一套严密的规定和诸多详尽的措施：即“凡当宿卫者番上，兵部以远近给番：五百里内为五番，千里七番，一千五百里八番，二千里十番，外为十二番，皆一同。若简留直上者，五百里为七番，千里八番，二千里十番，外为十二番，亦同上。”[③] 这里所说的“番”是以在京城宿卫的实际天数为一月计算的。例如一个距长安 500 里的上等折冲符，有兵 1200 人，规定每年为五番，即指该府兵士应分作五组，轮流上番。每组赴京途中的行程按每日 50 里计算，加上往返和途中休息，每次约需 24 天。如每年上番两次，征途约为 48 天，再加宿卫京师的 60 天，那么每个府兵每年的兵役负担，当在 108 天左右，约 3 个多月。而距离京师越远的折冲府，由于途中往返和休息的时间越长，故番上的次数也应越多。由于距离京师越远，府兵服役的时间就会越长，负担越重，这样就会出现劳逸不均的现象。

① 《旧唐书·职官志》。

② 《通鉴》卷 192，高祖武德九年九月。

③ 《新唐书·兵志》。

为了解决这一矛盾，当时曾明文规定，除设置在关中和中原地区的距离京师较近的折冲府应“皆令番上”外，其余距京师较远的军府均可“纳资”代番，即按路途远近缴纳不同数量的钱帛粟米，即可免于番上。

番代是指府兵轮番戍守边防或镇守冲要，这是府兵的又一重要职责。因这一职责与京师长安无涉，故不赘述。

由十六卫和东宫十率所领的内府三卫五府和外府600多个折冲府番上宿卫京师的禁卫部队，由于均屯于皇宫之南，故称南衙诸军。担任宫城警卫的另有禁军，屯于禁苑，故称为北衙禁军，由武将统领，直隶皇帝。

北衙禁军在唐前期经历了一个发展变化的历史过程。武德年间，高祖李渊曾将在晋阳起兵时的3万人留屯禁苑，号“元从禁军”。后父死子代，世代相传，被称“父子兵”。贞观年间，唐太宗又在“元从禁军”中挑选善于骑射者百人，分两番在宫城之北的玄武门宿卫，称为“百骑”。又置北衙七营，每月以一营番上。贞观十二年（638年），又于玄武门置左、右屯营，由诸卫将军统领，号“飞骑”。龙朔二年（662年），唐高宗又取府兵越骑、步射，置左、右羽林军，大朝会时则执仗阶下，行幸时则夹驰道为内仗。永昌元年（689年），武则天又改百骑为千骑。唐中宗复位以后，又改千骑为万骑。临淄王李隆基曾以万骑攻杀篡权的韦皇后，继位后又将万骑改为左右龙武军。至此，北衙禁军的力量渐以强盛，并与南衙诸军在屯营和宿卫时相互交错，而且兵将也相互渗透而又相互牵制，遂使京师长安的防卫力量大为加强。唐前期由贞观到开元年间，唐王朝之所以所能够以弱到强，最后终于发展到了鼎盛时期，国力空前强大，国威远播异域，成为中国封建时代最为光辉灿烂的一个历史时期，当与府兵制的全盛和京师长安防卫力量的空前加强，不无关系。

二、府兵制崩溃后唐都长安禁军的演变

大致从唐高宗和武则天执政以后，由于战事频繁，府兵久戍不归，番代不时，甚至“壮龄应募，华首未归”[①]，始有久戍之卒。加之勋赏不行，甚至“枷锁推禁，夺赐破勋，州县追呼，求住不得，公私困弊”[②] 的现象屡见不鲜，府兵地位急骤下降。因此富人千方百计逃避兵役，只有穷困者被迫服役。与此同时，番上制度也遭破坏，宿卫府兵多被作为奴仆，供卫佐将领随意役使，致使广大百姓耻作“侍官”。因此，他们为了躲避兵役，自残手足者时有发生。特别是随着大土地私有制的兴起和土地兼并的恶性发展，均田制日益破坏，府兵之家因不免杂徭征发，不堪重负，日益贫弱，大量逃亡，遂使府兵兵源日益枯竭，造成了“宿卫之数不给”的严重局面。到天宝八载(749 年)，“折冲府无兵可交，李林甫遂停上下鱼书，其后徒有兵额、官吏，而戎器、驮马、锅幕、糗粮并废矣”[③]。至此，府兵制彻底崩溃。

早在开元十一年（723 年），唐玄宗为了加强京师宿卫，遂采纳了宰相张说关于募兵以充宿卫的奏请，取京兆（治今陕西西安）、蒲（治今山西永济西）、同（治今陕西大荔）、岐（治今陕西凤翔）、华（治今陕西华县）等府州的府兵及白丁，再加上潞州（治今山西长治）的长从兵，共 12 万人，号“长从宿卫”，每年分为两番，命尚书左丞萧嵩与州刺史共同挑选，州县不能任意驱使，专供宿卫。十三年，改称“彍骑”，分隶十二卫，每卫万人，总为六番。其中京兆府有兵 6.6 万，华州

① 唐玄宗：《镇兵以四年为限诏》，载《唐大诏会集》卷 107。

② 《旧唐书·刘仁轨传》。

③ 《新唐书·兵志》。

0.6万，同州0.9万，蒲州1.23万，绛州（治今山西新绛）0.36万，晋州（治今山西临汾）0.15万，岐州0.6万，河南府（治今河南洛阳）0.3万，陕（治今河南三门峡东北）、汝（治今河南汝阳）、郑（治今属河南）、怀（治今河南洛阳）、汴（治今河南开封）等6州各0.6万，内弩手0.6万。

彍骑是府兵制崩溃后首次用募兵之法组建的宿卫部队。其召募的条件是"但取材力，不问所从来。皆择下户白丁、宗子、品子强壮五尺七寸以上，不足兼以户八等五尺以上，皆免征镇、赋役"[①]。一旦被选入伍，则资粮官给。其军籍由尚书兵部、州县和十二卫分别掌管。其编制是10人为火，五火为团，均置官长，又择才勇兼备者为番头。彍骑所从事的军事训练主要为弩射，其规定是伏远弩须自能施张，纵矢射程为300步，四发二中；擘张弩230步，四发二中；角弓弩200步，四发三中，单弓弩160步，四发二中，均为及格。开元十六年（728年）二月，唐玄宗又改彍骑为左右羽林军。但由于天下承平日久，从军服役渐受卑视，以致京师人相侮辱，必曰"侍官"。故应募入京宿卫者多为市井、无赖。这些人虽名为卫士，但"富者贩缯彩，壮者为角抵、拔河、翘木、扛铁之戏"，故宿卫部队日益废弛。与此同时，唐玄宗又为了满足其穷兵黩武的欲望，大量召募边兵，称为"长征健儿"，屯于边陲，并设置节度使进行统领，大肆对周边地区用兵。故节度使的权力日重，致使唐初"内重外轻"的军事布局为之一变，形成了"外重内轻"，这就为一些野心家的发动叛乱，提供了可乘之机和有利条件。天宝十四载（755年）十一月，身兼范阳、平卢和河东三镇节度使的安禄山伙同部将史思明起兵反唐，酿成了长达八年之久的"安史之乱"，唐王朝从此由盛变衰，一蹶不振。

① 《新唐书·兵志》。

安史之乱爆发以后，唐肃宗开始着手整顿禁军。至德二载(757年)，新置左右神武军，加上原来的左右羽林军和左右龙武军，合称北衙六军。不久，肃宗又增置左右神威军，连同天宝十三载所设的左右神策军，合为北衙十军。这十军的设置时间、组织机构及其主要职掌大致如下：

左右羽林军：唐高宗龙朔二年（662年）置，设大将军各一人，将军各三人。其下属官员尚有长史、录事参军和兵、仓、胄诸曹参军事等。掌北衙禁兵，督左右厢飞骑仪仗。

左右龙武军：唐玄宗开元二十六年（738年）置，设大将军、统军各一人，将军各三人。其下属官员及执掌大致与左右羽林军同。

左右神武军：唐肃宗至德二载（757年）置，所设军将及下属官员与左右龙武军同。掌领衙前射生兵。

左右神威军：唐肃宗至德二载（757年）置，设大将军、统军、将军各二人，其下又有马军、步军将军及指挥使等。唐宪宗元和初年（805年），总为一军，号天威军。元和八年(813年)，并入神策军，军废。

左右神策军：唐玄宗天宝十三载（754年）置，设大将军各一人，统军各二人，将军各四人，护军中尉、中护军各一人，判官各三人，都勾判官各二人等，自长史以下名额如左右羽林军。

左右神策军始设于临洮西磨环川，以陇右节度使哥舒翰帐下偏将成如璆为军使，其职在防御吐蕃入侵。安史之乱发生后，成如璆派其将卫伯玉率兵千余人参加平叛，驻守陕州，以卫伯玉为节度使，宦官鱼朝恩为观军容使，监督其军。后因神策故地被吐蕃占领，因号伯玉所领为神策军。其后伯玉罢职，又以郭英乂为神策节度使。后英乂入为仆射，神策遂归观军容使鱼朝恩统领。从此，神策军遂成为中晚唐时期最为重要的天子禁军，在保卫京师和平定藩镇叛乱中发挥了重要作用，但也成为宦官把持政柄以至形成宦官专权局面的重要因素。唐肃宗时的宦官李辅国和唐代宗时的宦官鱼朝恩等在掌管禁军和神策军时，都专横跋扈，不可一世，大有吞噬朝廷之势。唐代宗曾因一时之忿，诛杀鱼朝恩，不再让宦官典兵，宦官之势曾一度受到抑制。

唐德宗即位以后，也曾遵从代宗遗制，以将军白志贞和李晟等担任神策军统帅，先后成为挽救危局的决定性人物。神策军也由此发展到了 15 万人，成为朝廷直接控制的一支精锐的宿卫和作战部队。但从贞元二年（786 年）以后，由于唐德宗猜忌重臣武将，遂以宦官窦文场、霍仙鸣为护军中尉。此后，家奴倍受重用，故宦官专典禁军遂成制度，“神策亲军之权，全归于宦官矣”。[①] 神策军的地位也日益显赫，不但给养丰厚，而且衣粮不赡的边兵一旦遥隶神策军系统，其禀赐就会多于平常三倍以上。因此，一些豪强富室子弟也对充当神策军人趋之若鹜，致使在简点神策军人时营私舞弊者层出不穷，遂使神策兵的素质大为降低。又因神策军将吏在升迁时，不问贤愚，只要对宦官俯首听命，竭力效忠，即可优先迁官，甚至还可飞黄腾达，鸡犬升天，致使很多禁军头目不惜向富商大贾拼命借贷，竭力贿赂掌权中尉，求领外镇。赴任以后，就大肆搜刮，用以偿还债务，时称“债帅”。宦官的爪牙则遍布畿内，狐假虎威，欺凌百姓，京师百姓备受其害。

宦官和神策军将的专恣骄横，引起了一些官僚士大夫的强烈不满，又致使南衙（朝官）和北司（宦官）之间的矛盾日益加剧。

贞元二十一年（805 年）正月，唐顺宗继位以后，原东宫

① 《新唐书·宦官传》。

旧臣王伾、王叔文联络柳宗元、刘禹锡、韩泰、韩晔、韦执谊、陈谏、凌准、程异等人，组成了一个政治集团，宣布废除以宦官主持的“宫市”和五坊小使，又派老将范希朝为左右神策、东西诸城行营节度使，以韩泰为行军司马，企图夺取宦官掌握的神策军权。但宦官却当即发动宫廷政变，迫顺宗禅位，扶唐宪宗继位，王伾、王叔文和柳宗元等均遭贬杀，史称“永贞革新”或“二王八司马事件”。

太和九年（835 年），宰相李训和凤翔节度使郑注依靠唐文宗，企图悉诛宦官。但事泄以后，宦官却挟制文宗，率领禁军大杀朝官，使宦官的气焰更为嚣张，皇帝和朝官只能拱手而已。

广明元年（880 年），黄巢率领农民起义军攻克长安，宦官田令孜挟持唐僖宗逃往成都，神策军士散亡殆尽。光启元年（885 年），田令孜召募神策新军为 54 都，每都千人，编为十军，自任左右神策十军兼十二卫观军容使。黄巢起义失败后，僖宗返回长安，田令孜又因与河中节度使王重荣争夺安邑（今山西运城东北）、解县（今山西运城西南）盐池榷税之利，发生火并，败后又逃蜀地，继掌禁军的仍是宦官杨复恭。但这时的禁军因受到地方藩镇的多次打击，势力已大不如前，因此宦官的权力也比以前大减，但朝廷的威望也一落千丈。

唐昭宗即位以后，鉴于藩镇骄横，宦官难制，不甘受制于骄将、家奴，遂召募和扩大禁军编制，诏令宗室子弟统领，企图重振天子威望。但却遭到凤翔节度使李茂贞的重创，昭宗被迫逃往华州，往依华州刺史韩建。乾宁四年（897 年），韩建又猜忌诸王典兵，遂逼迫昭宗解散禁军，又派兵包围十六王宅，将宗室子弟 70 多人全部杀死。从而使宦官典兵的制度又被恢复，南衙与北司之争又趋激烈。宰相崔胤为了谋去宦官，遂与宣武节度使朱全忠相结，以为外援，宦官也勾结凤翔节度使李茂贞以相对抗。结果，朱全忠击败了李茂贞，宦官700多人悉被诛杀，连同诸道监军的宦官，亦被诛杀殆尽。接着，崔胤又募集禁军，企图把持朝政，但他和昭宗后来均被朱全忠所杀，唐王朝旋即灭亡。

第三节　唐都长安的诸多战争

在唐朝立国的289年期间，发生在唐都长安及其附近地区的战争十分频繁，种类亦多。既有唐与周边少数族之间的战事，又有唐与藩镇之间的争斗，还有农民起义军的正义之师，可谓异彩纷呈，丰富壮观，故独立成节，分别叙述。

一、唐初东突厥对关中和长安地区的侵扰与唐朝的反击之战

突厥是北方的一支游牧民族，兴起于北魏末年。西魏、北周时期势力渐盛，成为雄居漠北的一个强大的少数族政权。隋文帝开皇二年（582年），突厥内部由于争夺汗位而发生内讧，遂分裂为东、西二部。东突厥仍居漠北，西突厥则分治乌孙故地。东突厥启民可汗在位期间，同隋朝一直保持友好交往，北境无警。但自始毕可汗即位以后，则对中原王朝取敌对态度。隋末天下大乱以后，中原人北奔者络绎不绝，东突厥愈益强盛，更“有轻中夏之志”[①]。当时，在中原起兵的众多军阀和一些农民起义军的首领如窦建德等，也都竞相向始毕献媚讨好，企图藉以扩张势力。李渊父子在晋阳起兵前后，亦向突厥称臣，甚至不惜牺牲“子女玉帛”，乞求援助。

唐朝建立以后，东突厥的始毕、处罗和颉利等可汗趁唐国

① 《旧唐书·突厥传上》。

力虚弱之际，曾多次率兵南下，对今宁夏、陕西和山西北部一带地区，大肆进行骚扰，给沿边百姓带来了极大灾难。唐高祖李渊忙于勘定内乱，无暇北顾，只得向东突厥屈辱求和，苟且偷安。但突厥可汗的气焰却因此而更为嚣张，对唐的侵扰也更为变本加厉，甚至还入侵到关中腹部和长安附近地区，给唐王朝造成了严重威胁。

武德七年（624 年）八月，颉利可汗趁庆州（治今甘肃庆阳）刺史杨文幹在太子建成的唆使下举兵叛乱，储君地位的争夺日趋激烈之际，大举入侵，一路攻城略地，兵锋直至邠州（治今陕西彬县）境内，大有进犯关中和长安之势，京师震动。唐高祖李渊曾一度产生了迁徙都城，以避其锋的念头，只是在李世民的坚辞进谏下，才打消了这一想法。接着，李渊当即宣布京师戒严，又派秦王世民和齐王元吉率兵抵御，颉利见唐军有备，只得“请和”罢兵。

武德九年（626 年）八月，颉利和突利二可汗又趁唐朝帝位禅代之际，亲率 10 万大军南侵，并沿灵州（治今宁夏灵武西）、原州（治今宁夏固原）、泾州（治今甘肃泾川西北）、武功（今陕西武功西北）东进，很快便兵临渭水便桥（今陕西咸阳境内）北岸。接着又派偏师渡过泾水，进攻高陵，兵锋直至唐都长安北 70 里处。登极伊始的唐太宗一面派泾州道行军总管尉迟敬德率部在泾阳狙击突厥偏师，一面又把长安城中可以“胜兵”的数万居民迅速武装起来，连同部分宿卫部队，编成队列，大张旗鼓，开赴便桥，迎击突厥主力。唐太宗和侍中高士廉、中书令房玄龄及将军周范等 6 骑迅速驰至便桥之南，与颉利隔水对话，责其负约。唐太宗深知突厥的入侵关中和长安地区，其目的在于“唯贿是求”而已，于是便“倾府库以求和”[1]。颉利既得大量金帛，又见唐太宗身后旌旗蔽野，鼓声雷动，军势甚盛，知道唐军有备，不可轻进，便答应和好。唐太宗遂“幸城西，刑白马与颉利于便桥之上，颉利引兵而退。”[2]

此后，唐太宗便以雪耻报恨之志，一面休养生息，壮大国力，一面又积极训练府兵，加强战备。贞观三年（629 年）冬，当唐朝国力得到恢复并逐渐强盛以后，唐太宗遂乘突厥内乱之时，当即派大将李靖和李勣率部分道北击突厥，又与崛起漠北的薛延陀汗国相互联合，对东突厥实施南北夹击。次年，颉利可汗战败被俘，东突厥灭亡。唐朝的北部边患至此解除。

二、安史之乱期间唐与叛军的争夺长安之战

天宝十四载（755 年）十一月，身兼三镇节度使的安禄山在做了长期准备以后，伙同部将史思明率番、汉之众十多万，从范阳（治今北京市西南）南下，起兵反唐，“安史之乱”至此爆发。

由于天下承平日久，百姓不识兵革，士卒不谙战阵，武库甲兵朽钝，故安禄山起兵以后，并未遇到多少抵抗，即于同年十二月攻陷了东都洛阳，自称大燕皇帝，改元圣武。玄宗闻讯后，当即派封常清、高仙芝相继率兵东征。但因玄宗听信监军宦官边令诚的谗言，并轻视叛军，误杀了坚守潼关的封、高二将，又逼继任统帅的哥舒翰离关出战，主动突击。结果，哥舒翰兵败被俘，潼关失守。唐玄宗慌忙率杨贵妃、杨国忠及王、侯、妃、主和禁军一千多人出长安禁苑延秋门西逃。行至马嵬

① 《通鉴》卷 191，高祖武德九年八月。

② 《旧唐书·突厥传上》。

驿（今陕西兴平境内），禁军哗变，杀杨国忠和杨贵妃兄妹等酿乱“祸首”，太子李亨北上灵武（今宁夏永宁西南），是为“马嵬之变”。后来，唐玄宗一行逃至成都。

安禄山没想到唐玄宗能如此迅速地离京而去，故在十月以后，始派部将孙孝哲率叛军进入长安，并以张通儒为西京留守，崔光远为京兆尹，安守忠率兵屯于禁苑，镇抚关中，孙孝哲监督关中诸将。安史诸将进入长安以后，踌躇满志，日夜饮酒，专以声色宝货为事，“无复西出之意，故上得安行入蜀，太子北行，亦无追逼之患”①。

至德元载（756 年）七月，太子李亨在灵武即位，是为唐肃宗。接着，肃宗便将朔方节度使郭子仪、河东节度使李光弼等从河北前线召至灵武，又抽调西北边陲的全部驻军集结麾下，准备收复东、西两京。于是，平叛战争遂进入了战略反攻阶段。

在此期间，随从安史叛乱的同罗和突厥的五千余骑在其酋长阿史那从礼的率领下，盗窃厩马 2000 匹，从长安逃往朔方（今陕西靖边红塔界乡白城子）。肃宗当即派人前往抚慰，归降者甚众，唐军益振。但守卫长安的叛军却因此大扰，官吏四散躲避藏匿，囚徒也越狱逃窜，城内陷入一片混乱。安禄山所署京兆尹崔光远和长安县令苏震率府、县官十余人也逃至灵武，归顺朝廷。安禄山即以田乾真继任京兆尹。但叛军在长安的守卫兵力却由此大减，势力渐衰。加之安史乱军入城之初，即对长安大索三日，居民私财几被抢掠一空。孙孝哲和田乾真等又相继穷治所失“库物”，“连引搜捕，支蔓无穷，民间骚然”。这时，长安居民在京畿豪杰的率领下，纷纷杀贼官吏，遥应官军，诛而复起，相继不断。叛军兵力所及者，南不出武关，北

① 《通鉴》卷 218，肃宗至德元载六月。

不过云阳，西不过武功。

同年十月，从成都赶赴彭原（治今甘肃镇原东）向肃宗进献玄宗册书及传国玉玺的房琯毛遂自荐，自请担任兵马元帅，负责收复东西两京。唐肃宗喜出望外，当即诏准。但房琯却是一个志大才疏而只务空言的文弱书生，仅会纸上谈兵，毫无作战经验。他先将所率唐军分为三路：令裨将杨希文将南军，从盩厔（今陕西周至）东进；以刘贵哲将中军，自武功东进；李光进将北军，从奉天（今陕西乾县）东进，直取长安。接着，他又将不熟军旅的李楫和刘秩等二位儒士任为参谋，并自诩说："逆党曳落河虽多，安能当我刘秩等！"[①]。

不久，当房琯亲自指挥的刘贵哲和李光进率领的中、北二军，度过渭水便桥，行至咸阳陈涛斜（今陕西西安市西）时，恰与叛军安守忠部遭遇。食古不化的房琯这时却模仿春秋时期的车战之法，以牛车 2000 乘居中前冲，两边以马、步兵种相夹，向叛军发起进攻。叛军顺风鼓噪，牛皆受惊四散奔走，军阵大乱，自相践踏。叛军又乘机纵火，车辆堵塞，逃避不及，战车被焚烧殆尽，官军死伤 4 万余人，房琯只得率残部数千逃归，肉袒请罪，肃宗赦而不罪。后来，唐代诗人杜甫曾在《悲陈陶（涛）》[②]一诗中写道："孟冬十郡良家子，血作陈陶（涛）泽中水。野旷天清无战声，四万义军同日死。群胡归来血洗箭，仍唱胡歌饮都市。都人回面向北啼，日夜更望官军至。"这当是对唐军在陈涛斜之战中遭受惨败的真实写照。

至德二载（758 年）二月，唐肃宗又从彭原进抵凤翔，下诏尽括公私马匹，充作军用，准备大举收复两京。他派关内节度使王思礼屯军武功，兵马使郭英乂屯军武功东原，王难得屯

① 《旧唐书·房琯传》
② 《全唐诗》卷 216。

军武功西原，互为犄角，向长安推进。但因准备不足，被叛军击败。

同年五月，唐肃宗又将朔方节度使郭子仪召至凤翔，任为司空兼兵马副元帅，统帅诸军，征讨叛军。郭子仪率部行至西渭桥（今陕西咸阳境内）时，与王思礼部会合，联军东进，在长安城西清渠与叛军安守忠部遭遇，双方相持7日，官军不进。守忠率众佯装退却，子仪以为叛军胆怯逃跑，麾军追击。守忠遂将9000骑兵摆成一字长蛇阵，官军冲入阵中，叛军首尾夹击，因而大败，军资器械全部丢失。子仪只得率残部退保武功，并上书自贬，辞让司空之职。

八月，唐肃宗又令崔光远率部渡过渭水，在骆谷谷口（今陕西周至南）击败叛军。行军司马王伯伦和判官李椿率2000人乘胜东进，追叛军至中渭桥（今陕西西安西北），杀守桥叛军千余人，突入禁苑之北。屯住武功的叛军主力闻讯，当即烧营东归，回救长安。唐军因寡不敌众，伯伦被杀，李椿被俘。但叛军从此龟缩城中，不敢西侵。

同年九月，驻守西域和朔方的边防部队及回纥、南蛮和大食之兵相继抵达凤翔，唐肃宗遂以广平王李俶为行军元帅，郭子仪为副元帅，统兵20多万，浩浩荡荡从凤翔出发，东进平叛。很快便兵临长安城南，列阵于香积寺（今陕西西安市西南）以北的沣水东岸，以将军李嗣业为前军，郭子仪为中军，王思礼为后军，向长安推进。叛将安守忠和李归仁率叛军10万迎战。李归仁首先出阵挑战，唐军前锋李嗣业麾军向前，直逼敌阵，叛军齐进，官军稍却，军阵惊乱，叛军乘胜进攻，争抢辎重。在此危急时刻，李嗣业大声喊道："今日不以身饵贼，军无孑遗矣"[①]！遂赤膊上阵，手执长刀，大呼奋进，连杀数

---

① 《通鉴》卷220，肃宗至德二载九月。

十人，军阵稍定。接着，嗣业下令前军兵士均手执长刀，列队而前，自己则身先士卒，所向披靡。部将王难得被箭矢射中眉骨，自拔其箭，眼被遮目，血流满面，仍奋勇杀敌。叛军渐不能支，只得后退。但安守忠又在阵东埋伏精兵，准备抄袭官军阵后。这时官军主帅郭子仪一面指挥官军主力配合前锋部队继续攻击正面之敌，一面命令朔方左厢兵马使仆固怀恩率回纥骑兵向埋伏在阵东的叛军精锐发起进攻，歼敌殆尽，叛军气势由此渐衰。接着，李嗣业又与回纥骑兵绕至叛军阵后，与官军主力对叛军实施南北夹击，激战三个时辰，歼敌 6 万，叛军余众终于逃入城中。唐军紧追不舍，遂将长安城团团包围。第二天黎明，叛军突出重围，逃离长安，东奔洛阳。广平王李俶率部入城，镇抚三日，以太子少傅虢王李巨为西京留守，即引军东进，收复洛阳。

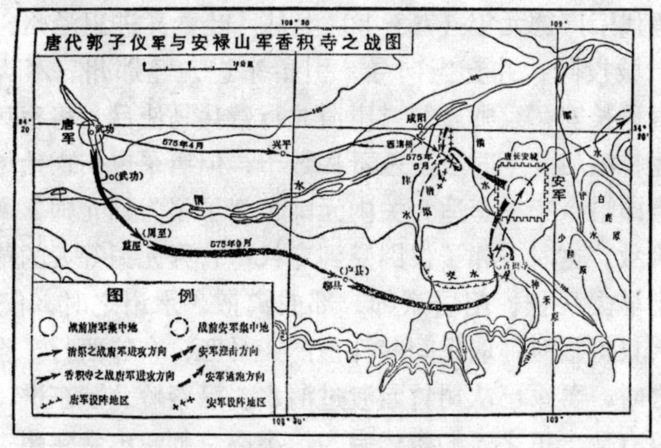

唐代郭子仪军与安禄山军香积寺之战图

后来，郭子仪率唐军将士经过八年浴血奋战，至唐代宗广德元年（763 年）正月，终于将安史之乱予以平定。但唐王朝也因此由盛转衰，一蹶不振。

三、唐与吐蕃的长安之战

吐蕃是公元7世纪初期在西藏高原兴起的一个少数族政权。在松赞干布和尺带珠丹担任吐蕃赞普期间，吐蕃和唐曾保持了一段情同手足的友好关系。唐太宗和唐中宗先后将宗女文成公主和金城公主入嫁吐蕃，对促进汉、藏两族人民的友好关系作出了巨大贡献。但从唐高宗以后，双方的统治者却为争夺河、陇和西域等地而争斗不已，故战事频繁，互有胜负。

安史之乱爆发以后，唐肃宗将驻守西北的边防部队全部调入内地，参加平叛战争，守备空虚。吐蕃趁机对西北地区进行蚕食鲸吞，数年之间，尽取河西、陇右之地。“自凤翔之西，邠州之北，尽蕃戎之境，湮没者数十州。”①

唐代宗广德元年（763年）十月，吐蕃又进犯泾州，刺史高晖出城投降，并充当向导，引蕃东进，经邠州、奉天、武功，直逼长安，京师震骇。唐渭北行营兵马使吕月将率兵迎战于盩厔，激战五个时辰，杀蕃兵数千，但唐军也伤亡殆尽。唐代宗当即治令雍王李适为关内元帅，郭子仪为副元帅，率兵赴咸阳御敌。这时，郭子仪因受到专权宦官程元振等人的猜忌中伤，已早失兵权，闲居京师，部曲离散。承诏之时，仅有20余骑，只得临时征取民间些许畜产、马匹，仓猝西行。当抵达咸阳之时，蕃军已从司竹园渡过渭水，沿秦岭北麓东进，距离长安仅有数十里之遥。唐代宗匆忙逃离京师，出幸陕州。官吏藏匿，禁军逃散，城内居民乱作一团，不知所从。子仪闻讯，当即从咸阳东返。行至城西开远门内，唐代宗车驾已出禁苑东门，正渡浐水。这时，随代宗同行的射生将王献忠正率400骑

① 《旧唐书·吐蕃传上》。

兵叛归长安，挟持丰王李珙等十王，准备西迎吐蕃，与子仪相遇。子仪当即派兵将献忠和宗室十王及李珙等人送往陕州，自率30余骑退出长安，从樊川（今陕西西安市东南）东行。

不久，吐蕃之众进入长安。叛降吐蕃的原泾州刺史高晖与吐蕃大将马重英等立故邠王守礼之孙承宏为帝，署置百官，以前翰林学士于可封等为相。蕃军兵士在长安城内大肆抢劫，焚烧民房，长安城内萧然一空。逃散在近郊的禁军兵士也趁机剽掠，京畿百姓纷纷逃入山谷避难。

郭子仪行至蓝田，和元帅都虞侯臧希让、凤翔节度使高升相遇，得兵千人。抵达商州（治今陕西商县）时，又得武关防兵和六军散卒4000余众，沿途还收集了一些散兵游勇，军势渐振。接着，子仪挥泪激励将士，唐军将士无不感激涕零，个个摩拳擦掌，立志“共雪国耻”。于是子仪遂遣六军兵马使张知节、乌崇福和羽林军使长孙全绪等率兵万人为前锋，扎营于韩公堆（今陕西蓝田西北），昼则击鼓张旗，夜则燃火呼啸，以疑蕃众。这时，鄜延节度判官段秀实与节度使白孝德亦引兵赴难，南趋京畿，与蒲、陕、商、华等州之兵，齐头并进，已对长安形成南北合围之势。前光禄卿殷仲卿也聚众千人，屯驻蓝田，并派200人渡过浐水，与长孙全绪互为表里。蕃兵大惧，城中百姓又威吓说：“郭令公自商州将大军不知数至矣”[①]。蕃兵信以为真，引军稍去。这时，长孙全绪又派射生将王甫潜入城中，秘密联络少年数百，深夜聚集在朱雀街击鼓呼叫，扬言官军已经入城，蕃军惊慌不定。次日黎明，遂全部逃离长安。郭子仪率部进入京师，并派鄜延节度使白孝德与邠宁节度使张蕴琦率兵驻守蓝田、盩厔、鄠县、新丰等京畿诸县，关中平定。不久，唐代宗返回长安。唐与吐蕃的长安之战

① 《通鉴》卷223，代宗广德元年九月。

至此结束。

四、泾原兵变与唐军的收复长安

长达八年之久的安史之乱，使唐王朝的资财殆尽，兵力疲惫，再也无力彻底剿平安史余部，只得将安史降将李宝臣任为成德节度使，李怀仙任为幽州节度使，田承嗣任为魏博节度使，并使其留居旧地，统帅旧部，是为“河朔三镇”。后来，唐王朝又为了以方镇制方镇，遂在内地遍设方镇。于是这些方镇“喜则连衡而叛上，怒则以力而相并”，终于酿成了兵连祸接的割据战争。

唐德宗建中二年（781 年），成德节度使李宝臣死，其子李惟岳企图援引魏博镇田承嗣传子田悦之例，自请留后。这时唐德宗已西和吐蕃，欲振兴纲纪，革除方镇传子旧弊，坚不应允。于是李惟岳便联合魏博田悦和淄青李正己、李纳父子发动叛乱，拒绝朝廷命官入境。唐德宗急调河东节度使马燧、昭义节度使李抱真、幽州节度使朱滔和神策军将李晟等率兵围攻，李惟岳兵败被杀。成德镇被朝廷收复后，德宗遂将其分割后赏赐给有功将帅。但朱滔和李惟岳部将王武俊等却以分地不均为由再次叛乱，并勾结淮西李希烈等，称王称霸，对抗朝廷。李希烈还率兵北上，围攻襄城，进逼东都，给唐王朝赖以生存的漕运路线带来严重威胁。唐德宗当即抽调泾原（治所在今甘肃泾川西北）五千兵士，东救襄城，保卫洛阳。

建中四年（783 年）十月，泾原兵士在节度使姚令言的率领下，向长安进发。按照以前惯例，朝廷调遣方镇兵时，都要赏赐一定的“出界钱粮”，作为优抚。故泾原兵在出发时，大都携带子弟，冒着凛冽的寒风，一同上路，希望能在得到朝廷所赏钱粮后，再让随行子弟带回家中。但抵达长安以后，朝廷不但“一无所赐”[1]，而且京兆尹王翃在犒劳军士时，也只是“粝食菜饫”[2]而已，还粗暴督促兵士立即上道赶路。因此，兵士们怒不可遏，便掀翻饭食，忍饥东行。进抵浐水东岸之时，有人按捺不住胸中怒火，便大声喊道：“吾辈将死于敌，而食且不饱，安能以微命拒白刃邪！闻琼林、大盈二库，金帛盈溢，不如相与取之”[3]。众人齐声呼应，于是他们便挥甲张旗，折而西返，大呼而进，直趋长安。这时，泾原节度使姚令言尚在宫中向德宗辞行，闻讯大惊，急忙飞骑驰至长乐坡（今陕西西安市东），正与泾原兵相遇。有的兵士正气得无处发泄，便张弓向姚令言径射，以泄怨愤。令言手抱马鬃，冲入乱兵之中，大声劝阻，但兵士们却全然不顾，还用兵器挟持令言一起西行。唐德宗这时急命赐给泾原兵每人绢帛二匹，又派中使进行安抚，但为时已晚。泾原叛兵已涌入长安城东通化门内，他们乱刀杀死了前来宣慰的宦官，一齐向宫城冲来，并边跑边对惊魂未定的城内居民喊道：“汝曹勿恐，不夺汝商货僦质矣，不税汝间架陌钱矣”[4]！不一会，就行至宫城之南丹凤门前，长安居人围观者有万人之多。

由于禁军本已寡弱，加之闻乱而逃散隐匿者，几已殆尽。故德宗召之“御贼”，竟“无一人至者”[5]。慌乱之中，德宗只得与太子和部分妃、公主、诸王等出禁苑北门西逃，仓猝随行的仅有窦文场、霍仙鸣所领的百名宦官、司农卿郭暖所领的正在禁苑围猎的数十名部曲和右龙武军使令狐建所领的正在教习骑射的400多名禁军，后宫诸王、妃、公主来不及从行的有十之七八。德宗一行只顾逃命，当晚即达咸阳，也只是餐饮数

① 《旧唐书·姚令言传》。

②③④ 《通鉴》卷228，德宗建中四年十月。

⑤ 《旧唐书·德宗纪上》。

口，即匆匆而过。由于这次兵变来得突然，群臣都不知德宗去向。只有宰相卢杞、关播、神策军将白志贞、京兆尹王翃、户部侍郎赵赞、翰林学士陆贽等十多人，先后追至咸阳，才与德宗相见。

泾原叛兵斩关入宫以后，见天子已离宫出逃，遂争入府库，抢夺金帛，每人都肩扛背负，以致重不可行，犹劫掠不已。有些胆子大点的市民趁机进入宫中，盗窃库物。更多人则围在宫门，争抢重不可行者。就这样一直闹腾得通夜不止。

正在叛兵入宫抢掠之时，姚令言对一些叛兵头目说："今众无主，不能持久，朱太尉闲居私第，请相与奉之"。众人都齐声赞同，遂请令言率数百骑至晋昌里私第迎接朱泚。

朱泚是一个居心险恶而又善于伪装的人，野心极大而又深藏不露。他曾在幽州节度使李怀仙麾下任过部将之职，由于"轻财好施"，"以是为众所推，故得济其凶谋"。[①] 后来，幽州镇接连发生兵变，节帅李怀仙和朱希彩相继被部下所杀，最后众推朱泚权知留后，唐代宗遂将其任为幽州节度使。不久，朱泚在入京朝觐时主动上表，请求辞去节帅之职，留居京师。唐代宗遂将其弟朱滔任为幽州节度使，加拜朱泚为同平章事，并在长安晋昌坊为其修筑了豪华第宅，又赏赐了大量金帛、器物，"宴犒之盛，近时未有"[②]。唐德宗建中初年，泾州刘文喜拥兵作乱，德宗以朱泚为四镇北庭行军、泾原节度使，率诸军征讨。泾州平定后，朱泚又出任凤翔陇右节度使，加太尉之职。其弟朱滔在勾结李希烈等藩镇反叛以后，曾派人给朱泚传递书信，途中被河东马燧截获，并送交德宗。朱泚闻讯，慌忙谢罪，德宗仅革去其节度使之职，让其留居京师。朱泚遂在长安过起了寂寞难耐的闲居生活，真有度日如年之感！

---

① ② 《旧唐书·朱泚传》。

姚令言及泾原叛兵的到来，使朱泚喜出望外，认为这是天赐良缘，从而能够飞黄腾达的绝好时机，故在当晚便从晋昌坊私第迁居大明宫白华殿，仍称太尉并权知六军。第二天，一些善于投机钻营的官员如源休、李忠臣、施光晟等接踵而至，极力纵容朱泚僭即帝位。适逢凤翔、泾原大将张廷芝、段诚谏率3000溃逃之兵从襄城来奔，归顺朱泚。朱泚遂认为自己已是众望所归，“僭窃之心，自此而定”①。

两天以后，唐德宗一行抵达奉天（今陕西乾县）。接着，左金吾大将军浑瑊亦至。浑瑊平素颇受众望，又文武兼备，才能出众，故他的到来，使唐室君臣及城中吏民的心情稍为安定。唐德宗遂以浑瑊为京畿、渭北节度使，白志贞为都知兵马使，令狐建为中军鼓角使，神策都虞侯侯仲庄为左卫将军兼奉天防城使，共同负责奉天的军事防务。

接着，朱泚即遣泾原兵马使韩旻率锐卒三千，声言奉迎大驾，实欲偷袭奉天，将德宗一行置之死地，为他的篡权称帝扫清障碍。滞留长安的司农卿段秀实深知奉天守备单弱，惟恐朱泚的阴谋得逞，遂与孔目官岐灵岳商议，欲窃姚令言印信，骗韩旻班师，使奉天能够赢得时间。但窃印未成，秀实遂加盖司农印符，派善走者在骆驿（今陕西咸阳东）追及韩旻。韩旻对班师令未加详审，得符即还。韩旻回京以后，朱泚和姚令言大惊，当即追问原委，岐灵岳自承其罪，被杀身死，而秀实因此脱险。

这天，朱泚召来李忠臣、源休、姚令言和段秀实等商议称帝之事，秀实闻言大怒，当即夺过源休笏板击打朱泚，并破口大骂，亦被朱泚党羽所杀。于是朱泚遂自白华殿入居宣政殿，自称大秦皇帝，改元应天。接着，朱泚便自率叛军，

① 《旧唐书·朱泚传》。

向奉天进发。这场因未得到“出界钱粮”而引发的泾原兵变至此而演变成了朱泚篡夺帝位的政治叛乱。

不久，朱泚遂帅泾原判军西行，将奉天城团团包围。接着，又令西明寺僧法坚制作攻城器械，连续攻城。浑瑊和韩游瓌指挥守城将士，昼夜苦战，才将叛军击退。

这时，远在河北勘乱的神策行营节度使李晟接到勤王赴难的诏书后，即日引兵出飞狐道，昼夜兼行，经代州（治今山西代县）南下，从蒲津关渡河，屯军于东渭桥（今陕西西安市西北），沿途不断收集兵众，十多天内已达万人；汝郑应援使刘德信率子弟兵在汝州闻讯，引兵入援，亦屯驻东渭桥，与李晟会合；朔方节度使李怀光亦率众5万，从河北突入关中，屯兵蒲城（今属陕西）；神策兵马使尚可孤率众3000人，自武关入援，攻占蓝田；镇国军副骆元光率潼关守军西进，击败了朱泚所署华州刺史何望之，率众万人，屯军昭应（今陕西临潼）；河东节度使马燧遣其将王权及其子马汇率5000人入援，屯于中渭桥。至此，朱泚党羽所据仅有一座长安孤城而已。

朱泚听说长安告急，遂率兵加紧进攻奉天。这时奉天已被围攻月余，资粮俱尽，形势危如累卵。

正在危困之际，李怀光率众从蒲城经泾阳，沿渭北西进。并遣兵马使张韶乔装成百姓模样，入城送信。张韶抵达奉天城下时，正值叛军攻城。叛军以为张韶是征来的民夫，使其负土填堑。张韶趁机越过沟堑，在城下大喊道：“（我）朔方军使也”[①]！城上守军急忙放下绳索，张韶自缚其身，被拉上城墙，向德宗献上怀光书信。德宗让张韶绕城宣示，官军欢声雷动。无不雀跃，欣喜若狂。朱泚知道奉天援军已到，遂撤军东逃长安。众人都说，怀光之军如迟到三天，奉天必失无疑。

① 《旧唐书·李怀光传》。

李怀光是个性格暴躁的粗鲁之人，从河北赴难以来，经常扬言说：天下大乱，都是由奸臣卢杞、赵赞和白志贞三人所致，如果能面见圣上，当请格杀勿论。奉天解围以后，他又居功自傲，以为德宗当以殊礼接见。但在卢杞等人的谗言下，德宗只是诏令怀光引军东进，与李晟等人共取长安，只字未提接见之事。怀光接诏不悦，遂生玩寇之心，故迁延逗留，不肯东进。后又派人与奉天守将韩游瓌暗中联络，约令为变，游瓌向德宗密奏，德宗大惊，遂有南奔梁州（治今陕西汉中）之意。

兴元元年（784年）正月，神策军将李晟谋取长安，但汝郑应援使刘德信却不服调遣，又纵兵大掠，军心摇动。李晟遂诱杀德信，兼并其众，麾军西进，与李怀光部会于咸阳。与此同时，鄜坊李建徽、神策军将杨惠元等亦相继在咸阳集结。怀光屯兵咸阳月余，仍迁延不进，并以神策军粮饷独厚为由，挑拨诸军关系。唐德宗派陆贽前往宣慰，亦无效而归。不久，怀光又暗中派人与朱泚交通，图谋不轨。李晟深恐被怀光偷袭兼并，遂上表德宗，请求移军东渭桥，以分叛军之势。李晟进驻东渭桥后不久，怀光果然兼并了鄜坊和神策之众，建徽逃遁，惠元被杀。德宗闻讯，当日即从奉天南下，从骆谷逃奔梁州，并派人传达口诏，授李晟尚书左仆射、同中书门下平章事，以安众心。李晟哭拜受命，流泪对诸将说："长安，宗庙所在，为天下本，若皆执羁靮，谁复京师！[①]"于是率众修整城郭，缮治甲兵，为收复长安积极备战。

这时，李怀光与朱泚已公开勾结，军势甚盛，车驾南幸，人心慌恐。李晟以孤军处于两强寇之间，内无资粮，外无援军，只以忠义之心激励将士，士气大振。又以判官张彧为京兆

① 《旧唐书·李晟传》。

尹，使其督征渭北诸县粮草，十多天内，粮饷充足。接着，他便大誓三军说："国家多难，乱逆继兴，属车驾西幸，关中无主。予代受国恩，见危死节，臣子之分。况当此时，不能诛灭凶渠，以取富贵，非人豪也。渭桥横跨大川，断贼首尾，吾与公等戮力勤王，择利而进，兴复大业，建不世之功，能从我乎？"① 将士齐声响应，无不泣下。不久，唐将韩游瓌率部屯邠宁，戴休颜屯奉天，骆元光屯昭应，尚可孤屯蓝田，并归李晟调遣。李晟由此声威大振，成了挽救危局的关键人物。

李怀光看到李晟军势渐盛，欲自咸阳引军至东渭桥，对其实施突袭。但三次传令，将士均无响应。怀光大惧，内忧麾下叛离，外恐李晟攻击，遂烧营东走，掠沿途泾阳等 12 县，进驻河中。

五月三日，李晟引军抵长安城东通化门外，进行了一次试探性攻击，守城叛军不敢出战，遂耀武而还。接着，李晟便召集诸将，商议攻城之策。多数将领认为，应"先取外城，据坊市，然后北攻宫阙"。但李晟却说："坊市狭隘，贼若伏兵格斗，居人惊乱，非官军之利也。今贼众皆聚苑中，不若自苑北攻，溃其腹心，贼必奔亡。如此，则宫阙不废，坊市无忧，策之上者也"②。众将同意后，李晟便派人约浑瑊、骆元光、尚可孤等约期在长安城外会师，即将向长安发起总攻。

五月四月，屯驻蓝田的尚可孤部在城西击杀了朱泚部将仇敬忠，顺利向长安推进。

五月二十五日夜，李晟自东渭桥移军于禁苑东北光泰门，骆元光亦率众从昭应屯于李晟营北。次日，朱泚骁将张庭芝、李希倩率部从禁苑杀出，径向兵力单弱的元光部发起进攻。李

---

① 《旧唐书·李晟传》。

② 《通鉴》卷 231，德宗兴元元年五月。

晟当即命牙前将李演等帅精兵援助，叛军败走。李演紧追不舍，乘胜攻入光泰门，直战至当日深夜，李晟鸣金收兵。叛军余众退入大明宫白华门内，不时传出哭泣之声。

五月二十八日，李晟在光泰门外大集诸军，宣布总攻开始。接着，便派兵马使王佖和牙前将李演率骑兵，史万顷率步兵，直抵苑北神麚村。万顷率部身先士卒，一举冲破了叛军所筑树栅，王佖所率骑兵继进，叛军大溃。这时李晟指挥大军分道并入，鼓噪之声，如雷响动。叛将姚令言、张庭芝、李希倩等犹率军抵御。李晟命决胜军使张良臣等率步骑齐进，经多次激战，叛军大败，官军乘胜追至白华殿前。这时，忽有叛军千余骑兵向官军阵后杀来，李晟当即以麾下百余骑返身迎战，左右随之大呼："李相公亲至，谁敢来矣！"叛军闻之惊散，官军追赶围歼，不可胜计。朱泚、姚令言、张庭芝等率万余众出城西逃，其余叛军相率归降。李晟从禁苑入城以后，一面派兵马使田子奇率骑兵追赶朱泚，一面屯军于含元殿前，舍于殿东左金吾仗，令京兆尹李齐运安慰市民，并严明军纪。故街市安堵，秋毫无犯。士民无不感悦，拍手称快。偏远坊市，亦有次日才知收复京师者。这天，浑瑊、戴休颜和韩游瓌等收复咸阳，击败叛军300余众。听说朱泚已率众西逃，又分道邀击。

五月二十九日，李晟又令京西兵马使孟涉屯白华门，尚可孤屯望仙门，骆元光屯章敬寺，而自率牙前3000人屯安国寺，以镇京城。

朱泚和姚令言经泾州逃至宁州（治今甘肃宁县），部众逃亡殆尽，朱、姚亦相继被泾州叛将田希鉴和随行叛将梁庭芝所杀。不久，李怀光亦在河中被部将斩首。由泾原兵变引发的这场朱泚和李怀光之乱至此结束。

五、唐末黄巢农民起义军的攻克长安及其与唐军的拉锯之战

唐朝自宣宗以后，政治日益昏暗。虽然历时40多年的牛李党争暂告平息，但宦官与朝官之间的南衙、北司之争又趋激烈，势同水火。以皇帝为首的统治集团奢侈腐化，吏治败坏。正如时人所云："居上无清惠之政，而有饕餮之害；居下无忠诚之节，而有奸欺之罪"①。这说明统治者已达到不能照旧统治下去的程度。另一方面，广大农民的赋役负担却日益沉重，加之地方官的贪婪残暴、横征暴敛以及灾荒和"疾疠"的流行，劳动人民已处在"八苦"和"五去"的困境之中。所谓"八苦"："官吏苛刻，一苦也；私债征夺，二苦也；赋税繁多，三苦也；所由之敛，四苦也；替逃人差科，五苦也；冤不得理，屈不得伸，六苦也；冻无衣，饥无食，七苦也；病不得医，死不得葬，八苦也"。所谓"五去"："势力侵夺，一去也；奸吏隐欺，二去也；破丁作兵，三去也；降人为客，四去也；避役出家，五去也"②。这说明劳动人民确已达到了不能照旧生活下去的程度。唐末农民大起义就是在这样的历史背景下犹如山洪爆发，涤荡着神州大地上的污泥浊水，使已经腐朽的唐王朝受到沉重打击。而黄巢领导的农民起义军的攻占长安，则是唐末农民战争取得巨大胜利的重要标志。

黄巢是曹州冤句（今山东曹县西北）人，世代以贩卖私盐为生。他不但喜爱击剑骑射，且"粗通书记"；又轻财仗义，"喜养亡命"③，同下层百姓有着广泛接触，具有一定的群众基

① 《旧唐书·文苑下·刘蕡传》。

② 刘允章：《直谏书》，载《全唐文》卷804。

③ 《新唐书·黄巢传》。

础。又因多次参加科举考试，均名落孙山，遂对唐朝廷产生忌恨。

唐僖宗乾符元年（874 年），当王仙芝在长垣领导农民起义以后，黄巢也在家乡聚众响应。不久，王、黄合军，兵势渐盛，并迅速攻占了河南、山东和淮南很多州县，多次打败唐军的围追堵截，成了唐末农民起义的主力部队。

不久，当王仙芝在蕲州城下欲变节降唐、脱离起义之时，黄巢遂与其分道扬镳，独率一军，取流动作战之策，转战于中原、江淮和岭南等地。

经过两年多的流动作战，农民起义军不但积累了同唐军作战的丰富经验，而且这支部队经过不断充实扩大，已经成了既可防守、又可攻坚的正义之师。

广明元年（880 年），黄巢率部攻占洛阳以后不久，又麾军西进，相继攻占了陕、虢二州，矛头直指唐都长安的东边门户——潼关。这时，唐僖宗已派兵马先锋使兼把截潼关制置使张承范率二千神策军和汝郑把截制置都指挥使齐克让率万余地方部队驻守潼关。但这些神策兵士都为长安富家子弟，他们通过贿赂宦官，窜名军籍，只是为了领取丰厚的禀赐，从未历经战阵，故出征以前，大多抱头痛哭，不愿远行，纷纷以钱雇病坊贫人顶替。这些人根本不能持兵作战，故观者“寒毛以慄”。齐克让所领地方部队均为“饥卒”，他们“屡经战斗，久乏资储”，“冻馁交逼，兵械刓弊，各思乡闾，恐一旦溃去”[①]。以这样脆弱的残兵“饥卒”，要想抵挡数十万士气旺盛的雄伟之师，真可谓以卵击石，不自量力。因此，并未经过多少激烈战斗，潼关即被攻破，农民起义军犹如潮水一样，涌入关中，直逼长安。

① 《通鉴》卷 254，僖宗广明元年十一月。

广明元年（880年）十二月三日，唐僖宗在宦官田令孜所帅五百神策兵的护送下，从长安城西金光门出逃，后入成都。长安城内的散兵游勇和坊市恶少趁主去人空之际，竟入宫内府库，大肆抢掠金帛财物。坊市居民都龟缩在宅第店铺之内，不敢出门窥视。当日正午时分，农民起义军的前锋部队在柴孝存的率领下进入长安，并派人宣谕说："黄王为生灵，不似李家不恤汝辈，但各安家"①。接着，又派人到处张贴布告，安抚百姓，城内百姓这才都安下心来，混乱的秩序迅速得到了改观。

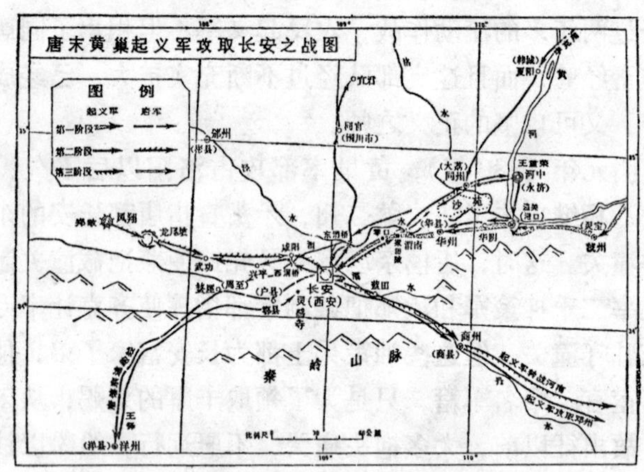

唐末黄巢起义军攻取长安之战图

十二月五日，黄巢乘坐金装肩舆，率领身穿锦锈、手执兵器的数十万农民起义军，浩浩荡荡从春明门进入长安。甲骑如流，辎重塞途，前后百里，络绎不绝。长安城中万人空巷，夹道聚观。进入城内的兵士大都把自己随身携带的米囊、衣物

① 《旧唐书·黄巢传》。

等，散给围观的百姓，表示了他们和贫苦百姓之间的手足之情。围观百姓也都纷纷向起义军握手致谢，表示欢迎。场面热烈庄重，欢悦感人。起义军将士对贪官污吏却痛恨不已，“得者皆杀之”。黄巢还下令“杀唐宗室在长安者无遗类”[1]，形成了农民阶级的革命专政，也反映了农民起义军坚定的阶级立场和鲜明的爱憎观点。

十二月十三日，黄巢在大明宫含元殿登基称帝，国号大齐，改元金统，并署置百官，大齐农民革命政权正式建立。接着，黄巢又发布命令：唐三品以上官全部罢免，四品以下官留用。如果拒不听从大齐命令，而顽固坚持反动立场的不法官吏，都要严厉惩治，决不宽贷。唐宰相豆卢瑑、崔沆及左仆射于琮、右仆射刘邺、太子少师裴谂、御史中丞赵濛、刑部侍郎李溥、京兆尹李汤等一批“扈从不及”的显官新贵，不肯向大齐政权自首，却私“匿民间”，搜获后全部处死。金吾大将军张直方虽表面归顺大齐，但暗地里却在自家屋里的复壁中藏匿唐公卿、官僚一百多人，并“谋劫（黄）巢报天子”[2]，被发觉后亦被处以极刑。

金统二年（881年）年初，有人在尚书省门前写了这样一首诗句：

自从大驾去奔西，贵落泥坑贱出泥。
邑号尽封元谅母，郡君变作士和妻。
扶犁黑手翻持笏，食肉朱唇却吃齑。
唯有一般平不得，南山依旧与天齐[3]。

该诗虽文字粗俗，笔法鄙陋，但却充满了对大齐政权的恶

---

① 《通鉴》卷254，僖宗广明元年十二月。

② 《新唐书·张仲武附直方传》。

③ 《鉴诫录》1《金统律》。

毒污蔑和极端仇恨，故大齐太尉兼中书令尚让下令将长安城中搜捕的三千多名儒生全部处死。这种不讲究斗争策略而凭感情和意气用事的盲目蛮干，其后果是得不偿失的。因为它将很多中立者或对大齐怀有一定同情心的士人都一下推向敌对一边，客观上削弱了革命力量，壮大了敌对势力。这也许是后来农民起义军走向失败的原因之一。

同年二月，黄巢派宰相尚让率兵西征，一路连克盩厔、郿县、岐山，兵锋直至龙尾坡（今陕西岐山东）。这时，担任凤翔节度使的郑畋虽是一介书生，但却视唐王朝如考妣。唐僖宗西逃途径凤翔时曾给他交付了“东扞贼锋，西抚诸蕃，纠合诸道，勉建大勋”的重任，并准许他“便宜从事”[①]。于是，郑畋遂与将佐歃血为盟，然后修筑城堑，打造兵器，训练士卒，并派人联络诸道。分散在关中各地的数万禁兵也相继投奔郑畋，由此凤翔的军势渐盛，并在龙尾坡前迎击起义军。尚让由于麻痹轻敌，被郑畋击败。郑畋便派人告谕天下，被起义军打得丧魂落魄的诸道藩镇之兵于是又死灰复燃，卷土重来。泾原行军司马唐弘夫率部屯渭北，易定王处存屯渭桥，鄜延拓跋思恭屯武功，郑畋率凤翔兵进屯盩厔，邠宁朱玖屯兴平，忠武之师屯武功，对长安的北、西两面形成包围态势。唐僖宗以郑畋为京城四面诸军行营都统兼侍中，成了关中唐军的最高军事统帅，也成了农民起义军最为凶恶的劲敌。

在此期间，长安东面的形势也渐以恶化。早在黄巢率军进入长安以后，唐河中节度使王重荣慑于农民起义军的强大压力，曾对大齐政权表示归顺，被黄巢任为河东节度副使，并遣使监督其军。但时隔不久，王重荣却以过度征调河中财力为由，杀了大齐使者，公开反水，重新归唐。黄巢当即遣部将朱

① 《通鉴》卷254，僖宗广明元年十一月。

温自同州，其弟黄邺自华州，水陆并进，合兵进攻河中。但却被重荣所败，并损失了大量粮饷甲仗。重荣又遣使与王处存结盟，率部从河中突入关中，攻占了华州，营于渭北，并同西路唐军相互配合，对长安形成东西夹击之势。

黄巢为了试探唐军虚实，遂决定撤离长安，佯装东走。唐泾原节度使程宗楚和部将唐弘夫率部首先从禁苑西面延秋门突入城中。接着，同州节度使王处存亦率部五千也随之入城。城内的唐朝余孽以为农民起义军已经失败，便都弹冠相庆，争先恐后迎接官军，有的还捡取瓦砾掷击正在出走的农民起义军。但入城官军却纷纷手执兵器，闯入民宅私第和邸店酒肆，抢掠金帛财物，奸淫妇女。城中恶少也假扮军人模样，趁火打劫，长安城内一片混乱。露宿灞上（今陕西西安市东）的黄巢侦知官军不整，且无后继的情况后，当即率军分道入城，同官军在城内展开巷战。城内唐军由于抢掠过多，不堪重负，无力迎战，故被杀殆尽，程宗楚和唐弘夫亦死于乱军之中，王处存率残部退走出城。黄巢入城以后，对唐朝的遗老遗少进行严厉镇压，“纵兵屠杀，流血成川”，致使很多无辜百姓也死于非命，又把很大一部分力量推向了敌人一边。这是农民起义军不讲究斗争策略所犯的打击面过宽的第二次失误。

同年六月，黄巢又派部将王播率部进围兴平，唐邠宁节度副使朱玫兵败后退屯奉天和龙尾坡。八月，大齐部将李详率部东进，收复华州，王重荣被迫退屯河中。齐将朱温还在东渭桥打败了鄜延节度使李孝昌和夏州节度使拓跋思恭。接着，朱温又率兵继续东进，攻克了渭北重镇同州，黄巢遂以朱温为同州防御使。

经过这次拉锯战后，刚刚集结起来的唐朝兵马受到重创，农民起义军摆脱了两面受敌的困境，不但巩固了长安的统治地位，而且还进一步扩大了关中地盘。

但由于农民起义军内部潜在的诸多矛盾日益显露并逐渐激化，加之外部唐军力量的由弱变强，从金统三年（882年）三月开始，农民起义军的形势逆转直下，陷入了不可自拔的困境之中。

首先，唐僖宗以宰相王铎充诸道行营都都统，率部进屯盩厔，以代替郑畋出任唐军的最高军事统帅。以李昌言为凤翔节度 行营招讨使，兼京城西面都统，邠宁节度使朱玖为河南都统。又以忠武节度使周岌和河中节度使王重荣为都都统左右司马，夏绥节度使诸葛爽及宣武节度使康实为左右先锋使，时溥为催遣纲运租赋防遏使，右神策观军容使西门思恭为诸道行营都都监。又以王存处、李孝昌、拓跋思恭为京城东北西面都统，杨复恭为南面行营都监使，重新部署了关中诸军，并逐渐形成了对长安的合围态势。黄巢所占关中地盘正逐渐缩小，"号令所出不同、华"[①]。

其次，黄巢从来不知开辟财源，缺乏粮饷基地。数千万起义军在长安城内坐吃山空，军饷来源渐以枯竭，口粮告罄，这是出现在大齐政权面前的一个极大难题。史称"民避乱皆入深山筑栅自保，农事俱废，长安城中斗米直三十缗，贼卖（买）人于官军以为粮，官军或执山寨之民鬻之，人直数百缗，以肥瘠论价"[②]。这在面临饥荒的生死存亡之秋，出现上述人吃人的现象，当是可信的。

但对农民起义军来说，最为致命的威胁还是朱温的叛变降唐和沙陀族人李克用的率众入关。

朱温是一个善于钻营而又奸诈狡猾的人。他从小丧父，随母寄居于刘崇家，并为其佣耕。成年以后，"不事生业"[③]，常

---

①② 《通鉴》卷254，僖宗中和二年四月。

③ 《旧五代史·梁太祖纪》。

被刘崇杖责驱逐，故多在外游荡。后因受生活所迫，参加了黄巢农民起义军，以功被升任同州防御使之职。金统三年（882年）八月，当他看到大齐政权的兵势日削，唐朝的军队渐盛，推知农民起义军行将失败以后，遂在心腹胡真、谢瞳等人的鼓动下，杀了监军严实，举州降于唐河中节度使王重荣。远在成都的唐僖宗闻讯大喜，当即将其任为同华节度、左金吾大将军、河中行营招讨副使等职，并赐名“全忠”。朱温的叛变从根本上改变了起义军同唐军的力量对比，对大齐政权所造成的影响是不可估量的。从此，朱温便成了农民起义军最为凶恶的敌人之一。

李克用是沙陀族酋长李国昌之子，曾任唐云中守捉使。后趁天下大乱之机，纵兵四掠，拓展领地，发展私人势力。后被唐军击败，逃入北方鞑靼部落，领地全失，过起了仰人鼻息的篱下生活。金统三年（882年）十月，河中节度使向南面行营都监使杨复光建言，召克用入关，围剿大齐政权。唐廷当即应允，遂以墨敕召克用“击贼自赎”①。十一月，李克用遂率沙陀族1.7万骑兵赶赴河中，参加了镇压黄巢起义军的唐军行列，使力量对比进一步朝着不利于农民起义军的方向发展。

与此同时，大齐的华州守兵又发生兵变，驱逐了守将黄思邺，共推华阴镇遏使王遇为主，并降于唐将王重荣。这时，沙陀军已从夏阳（今陕西韩城南）渡过黄河，屯于同州，并在沙苑打败了黄揆后，从乾阬（今陕西沙苑西南）西进，与河中、易定、忠武诸道兵会合，从东、北、西三面合围长安。黄巢派尚让率兵5万，屯于梁田陂与沙陀军展开决战。沙陀兵身穿黑衣，故谓之“鸦军”，剽悍异常，锐不可挡，故起义军一触即溃。尚让率部转而赴援华州，又被李克用和王重荣等败于零口

① 《旧唐书·郑余庆附从谠传》。

（今陕西临潼东），华州陷落。李克用遂与唐军会师渭南，然后长驱直入，直扑长安而来。

黄巢将城内全部守军排列在东渭桥西岸，准备同唐军作最后决战。但因军中乏食，兵士饥馑，战斗力受到严重削弱，故一触即溃，起义军只得撤回城内。

四月八日，黄巢整理余部，径出长安南门，由蓝田东逃中原。

黄巢从唐僖宗广明元年（880 年）十二月五日进入长安，到金统四年（883 年）四月八日撤离京师，前后在长安度过了二年三个月零八天。次年六月，黄巢又兵败莱芜，率亲故数人退至狼虎谷（今山东莱芜西南），被其甥林言杀死。历时十年之久的唐末农民大起义至此失败。

六、藩镇与宦官的三乱长安与唐王朝的灭亡

轰轰烈烈的唐末农民大起义虽然失败了，但唐王朝内部的南衙、北司和藩镇与朝廷之间的诸多矛盾却骤然加剧，且愈演愈烈。其中藩镇与宦官的“三乱长安”则直接导致了唐王朝的灭亡。

光启元年（885 年）三月，唐僖宗从成都返回长安后，拥兵割据的藩镇比以前更为增多，且更加飞扬跋扈。他们“皆自擅兵赋，迭相吞噬，朝廷不能制。”而唐王朝所能控制的河西、山南、剑南和岭南西道数十州之地，也是“郡将自擅，常赋殆绝，藩镇废置，不自朝廷，王业于是荡然。”因此，居住在长安的数万宿卫部队及朝廷官员的粮饷、官俸以及庞大的皇室费用，就只能仅靠关中地区的租赋支付，故“支给不充，赏劳不时，军情咨怨”①。

①《旧唐书·僖宗纪》。

时任左右神策十军使的专权宦官田令孜看到位于河东地区的安邑（今山西运城东北）和解县（今山西运城西南）两盐池的盐税收入非常可观，又原归朝廷的盐铁使管辖。但从广明元年（880 年）唐僖宗幸蜀以后，两盐池盐税却被河中节度使王重荣所擅，每年仅给朝廷贡献三千车课盐而已。因此，田令孜遂援引旧例，奏请将两盐池的盐利仍交盐铁使征收，其所收盐税专供神策军军饷。唐僖宗接受了这一建议，遂下诏令王重荣向朝廷交回盐池之利，并将王重荣调离河中，赴任兖沂海节度观察处置等使，以义武节度使王处存任河中节度使。但王重荣接诏后却拒不应命，并上章论列令孜罪恶。于是田令孜便与邠宁节度使朱玫、凤翔节度使李昌符相结，并亲率神策和邠宁、凤翔兵三万多人，进屯沙苑，征讨王重荣。王重荣一面率众迎战，一面向坐镇太原的河东节度使李克用求救。

光启元年（885 年）十二月，正当田令孜与王重荣在沙苑相持之时，李克用所率沙陀之众抵达沙苑，将令孜击败。克用乘胜率部西进，逼近京师。田令孜慌忙扶僖宗出城西开远门西逃凤翔。李克用和王重荣遂退屯河中。

光启二年（886 年）四月，由于邠宁朱玫和凤翔李昌符又与令孜反目，因而联兵追逼车驾，欲诛令孜。令孜又扶僖宗逃至兴元（今陕西汉中)。朱玫追车驾不及，遂逼百官奉嗣襄王李煴权监国事。朱玫自为大丞相兼左右神策十军使，入据长安。同年五月，朱玫又扶立李煴入登帝位，改元建贞。朱玫自任侍中、诸道盐铁使，专制朝政。

这时，代田令孜继任神策左军中尉的宦官杨复恭派养子杨守亮为金商节度、京畿制置使，率禁军二万北出凤州（治今陕西凤县东北)，与王重荣和李克用联合，互为犄角，共讨朱玫。朱玫当即派部将王行瑜率部至凤州抵御。行瑜在凤州连遭失败，恐遭罪责，遂在杨守亮的策反下，率众返回长安，杀朱玫及党羽数百人，又纵兵大掠，烧杀奸淫无所不为，长安城内尸体遍地，满目疮夷。裴徹、郑昌图等朝廷百官奉李煴逃奔河中，被王重荣执杀，传首兴元。不久，王重荣又被部将常行儒所杀，僖宗即以重荣之兄重盈为河中节度使。

文德元年（888 年）二月，唐德宗返回长安。王行瑜以功被封邠宁节度使，李茂贞被封凤翔节度使。这次因宦官田令孜和河中王重荣为争夺两盐池之利而引发的长安三乱，至此平息。

文德元年三月，僖宗崩，专权宦官十军观军容使杨复恭将僖宗之弟寿王李杰扶立为帝，后改名晔，是为唐昭宗。

昭宗即位以后，对于内受制于宦官、外受制于藩镇的屈辱处境，极为不满，很想重振朝廷威望，行施至高无上的帝王权力，遂在宰相张濬的协助下，于大顺元年（890 年）四月，在京师募兵十万，充作宿卫。接着，又令张濬帅禁军及邠、宁鄜、夏诸州兵共五万人，从长安出发，讨伐不听朝命的李克用。但在晋州（治今山西临汾）却被克用击败，张濬只得率残部退回关内。昭宗只得将张濬贬官，并诏复克用官爵，使归晋阳。这时，专制朝政的宦官杨复恭也因此而更加飞扬跋扈，专横暴虐。昭宗无奈，只得将复恭养子杨守立（原名李顺节）提升为天武都头，使掌六军管钥。不久，又任以“同平章事”，使其与复恭抗衡，以弱其势。

大顺二年（891 年）九月，昭宗强令杨复恭以上将军致仕，交回神策军兵权，但复恭却拒不从命。昭宗遂令杨守立和神策军使李守节率兵围攻杨复恭所居昭化坊玉山营私第。复恭与假子玉山军使杨守信率家丁从城东通化门南逃兴元，依从其养子山南西道节度使杨守亮。但以功升任为天威都将的杨守立却又恃恩骄横，专制朝政，为所欲为。左右军中尉刘景宣和西门君遂又将其设计诱杀。于是顺节所统天威、捧日、登封等三都禁兵大乱，剽掠顺节所居永宁里，至晚方定。

景福元年（892 年）正月，凤翔李茂贞、邠宁王行瑜和华州韩建等自请发本部兵，进攻兴元。复恭、守亮兵败自杀。茂贞遂自兼山南西道节度使。昭宗不欲茂贞专制两镇，遂将其任为山南西道节度使，而以徐彦若为凤翔节度使。但茂贞却恃功自傲，只顾扩张领地，根本不把朝廷放在眼里，并在上书中出言不逊，大有反叛之心。昭宗大怒，遂派覃王李嗣周为京西招讨使，神策大将军李锣为副使，帅禁军三万，屯兵兴平，准备送徐彦若赴凤翔上任。李茂贞遂联合邠宁王行瑜率兵六万，屯军盩厔以抵抗。由于禁军均为新募京城少年，未经战阵，而凤翔和邠宁兵都是经百战之余的精锐之师，又兵力众寡悬殊，故一触即溃。李茂贞乘胜追至三桥（今陕西西安市西），京城大震，士民逃奔。接着，茂贞又率兵进抵临皋驿，上表请诛力主对凤翔用兵的宰相杜让能，昭宗无奈，只得将让能及其弟弘徽赐死于家，并以茂贞为凤翔兼山南西道节度使。茂贞这才罢兵而去。从此以后，朝廷只能仰凤翔和邠宁二镇鼻息，不敢稍执异议。

乾宁二年（895 年）正月，河中节度使王重盈死，军中请以重荣之侄、行军司马王珂知留后事。昭宗鉴于王珂为河东李克用之婿，克用亦为王珂奏请节帅，遂诏令王珂继任河中节度。但重盈之子、陕州节度使王珙却与凤翔李茂贞、邠宁王行瑜和华州韩建相结，奏请以王珙为河中节度，而以王珂任陕州节度。唐昭宗召集群臣商议，久而不决。

五月八日，李茂贞、王行瑜和韩建率精甲数千，进入长安。唐昭宗闻讯，当即登上皇城之西安福门，并询问入京之由。三帅都“极言南北司相互倾诈，涂蠹时政，请诛其太甚者”。[①] 昭宗只得贬杀了宰相韦昭度、李磎和数十名宦官。三帅原想罢废昭宗，但又听说河东李克用已从太原起兵，只得留其子弟王行约和阎圭等各以二千人宿卫，便匆匆离京返回本镇。

同年七月，李克用率蕃、汉兵从太原南下，经绛州抵达河中，上表请讨三帅称兵犯阙之罪。接着，又派兵从蒲津渡河，在同州击败了邠宁王行瑜之弟、同州刺史王行约。行约率残部败逃京师，与其弟、左军指挥使王行实及左军中尉刘景宣大掠西市，并欲扶持昭宗幸邠州。而右军指挥使、李茂贞假子阎圭与右军都尉骆全瓘却纵火剽掠东市，欲劫持昭宗幸凤翔。双方争执不下，遂展开激战，鼓噪震地。昭宗闻乱，急忙登上承天门楼，捧日都头李筠率本部禁军在楼下侍卫。阎圭等率凤翔兵攻击李筠，弓矢射至御衣之前，有的竟注入楼角。昭宗大惧，遂与亲王、公主和宫人数百当即下楼，进入永兴坊李筠营中躲避，并急召驻守京师的盐州六都兵入卫。这些从盐州召募的卫兵勇猛凶悍，素为神策兵所惮，故该军既至，邠州和凤翔兵都纷纷各返本镇。这时，有人传言王行瑜和李茂贞将要亲自入京，劫持车驾。昭宗遂在李筠和护跸都头李居实所帅禁军的护卫下，从城南启夏门出走，欲入秦岭山中躲避。在华严寺（今陕西长安东南）小憩后，当晚遂宿于长安城南莎城镇。

河东兵击败同州王行约后，沿渭北西进，屯驻于中渭桥。接着，李茂贞率兵三万已至盩厔，王行瑜兵至兴平。昭宗怕被二镇劫持，便急诏克用入关。克用接诏后，立刻率河东主力从蒲津渡河，屯军渭桥，并派部将李存信、李存审等在梨园寨击擒了王行瑜部将王令陶，献给昭宗。茂贞闻讯大惧，当即杀死阎圭，传首行在，又上表请罪，并派人向克用求和。唐昭宗遂

---

① 《旧唐书·昭宗纪》。

对茂贞赦而不问，而制削王行瑜在身官爵，令克用率领诸军专力进攻邠宁。同年八月，唐昭宗返回长安。

克用接诏后，率大军向王行瑜所守梨园进攻，行瑜抵挡不住，西逃邠州，遣使请降。克用不允，指挥诸军奋勇围攻邠州。行瑜眼看州城不守，遂弃城出逃，行至庆州（治今甘肃庆阳），被部下所杀。克用率部返回渭北，屯于云阳（今陕西泾阳西北）。又表请进攻凤翔，昭宗不允，克用遂返回太原。

唐昭宗回到长安以后，又在京畿地区募兵数万，于左右神策军外，更置安圣、捧宸、保宁、宣化等军，又令宗室嗣延王李戒丕、嗣覃王李嗣周等统领，防卫京畿。李茂贞以为朝廷当用兵凤翔，遂大举兴兵，又逼长安。覃王李嗣周率新募禁军西进娄馆迎战，结果大败而归。茂贞乘胜进抵长安城西。唐昭宗急忙东逃华州，依附了刺史韩建。接着，茂贞率众入京，"自中和以来所葺宫室、市肆，燔烧俱尽"，京师长安再次遭受严重破坏。

乾宁三年（896年）九月，唐昭宗将亲于汴州节度使朱全忠的崔胤任以为相，又以宰相孙偓为凤翔四面行营都统，准备征讨茂贞。李茂贞惧怕朱全忠入关勤王，遂上表请罪，表示愿行事君之礼，并献钱十五万，助修京师。随之引军归还本镇，昭宗亦罢兴兵之议。

次年正月，华州刺史韩建又强行解散了昭宗所募禁军二万余人，并将禁军头领李筠杀死在大云桥下。至此天子的禁卫之兵几被翦灭殆尽，仅有千余名神策兵侍卫。接着，韩建又将通王、覃王等宗室诸王十多人杀死在石堤谷中。至此，唐室诸王亦所剩无几。

不久，汴州朱全忠募人重修洛阳宫，多次派人请求昭宗迁都洛阳。河东节度使李克用亦扬言要率兵入关，廓清关中。韩建遂与李茂贞加紧修复宫阙，准备将昭宗送还长安。光化元年

(898年）八月，长安宫室修缮完毕，昭宗返回京师。由李茂贞、王行瑜和韩建的率兵入京而引发的“长安之乱”，至此结束。

唐昭宗从华州返京以后，面对自己颠沛流离的帝王生活愤恨不已，加之思念被害诸王，故心情烦乱，喜怒无常。有时便以酗酒自慰，酒醉之后，不能自抑，竟执剑乱杀，贴身宦官和宫女已有数人死于非命。宰相崔胤趁机常向昭宗建言，请尽诛宦官。因此，南衙与北司之间的矛盾又趋激烈。

光化三年（900年）十一月六日，唐昭宗在禁苑围猎以后，又回宫饮酒，酒醉后又杀死了身边的几个宫女、宦官。次日凌晨，宫门迟迟不开。宦官头目左军中尉刘季述和右军中尉王仲先等率神策军士一千多人破门而入，将昭宗从惠政殿挟至少阳院，又强迫文武百官联名进状，将昭宗废为太上皇，扶立皇太子即位，并大杀昭宗所宠信的宫人、方士、僧、道等，欲以立威。还想加害宰相崔胤，但因惧怕朱全忠兴师问罪，只是解除了他的度支盐铁转运使之职而已。

崔胤与前左仆射张 濬当即向朱全忠告难。全忠闻讯，即从定州前线返回汴州，准备率兵勤王。

这时，有位由盐州雄毅军使调任左神策指挥使的孙德昭对刘季述的私行废立，愤恨不平，口出怨言。崔胤得知此事后，遂遣判官石戬与之交游。当得知德昭对昭宗的一片诚心后，石戬便对他转达了崔胤之意：“今中外大臣，自废立以来，无不含怒。至于军旅，亦怀愤惋。今谋反者，独季述、仲先耳。足下诛此二竖，复帝宝位，垂名万代，今正其时。持疑不断，则功落他人之手也。”[①] 接着，崔胤又手书衣带，转而授之。德昭遂与右军清远都将董彦弼、周承诲等密谋诛杀季述等。

---

① 《旧唐书·崔慎由附子胤传》。

天复元年（901年）除夕之夜，孙德昭等伏兵安福门外，趁王仲先和刘季述入宫慰问之机，将其执杀。接着，又拥昭宗复位。

昭宗反正以后，大封有功将士，对崔胤更是宠信有加。崔胤正欲趁此革除宦官统领禁军之制，但由于凤翔李茂贞从中作梗，故禁军大权仍由枢密使韩全诲和张彦弘继掌。于是韩全诲等北司宦官遂与茂贞相结，而崔胤及南衙则引全忠为援，争斗不已。全忠想迁都洛阳，而茂贞却欲迎驾凤翔，各有"挟天子以令诸侯"之心。

同年七月，崔胤作书全忠，令其以兵奉迎车驾。全忠当即从大梁发兵七万，向关中挺进。十一月，汴州兵抵达同州。韩全诲等劫持昭宗西逃凤翔。接着，全忠率部直逼凤翔城下。华州韩建和邠州李继徽先后归降全忠。茂贞逼迫昭宗向全忠颁下退兵诏书，全忠只得退屯三原。

天复二年（902年）四月，朱全忠为了北击李克用，退军河中，派其子朱友宁率兵五万西行，在武功南大败凤翔兵。接着，全忠击败克用后，又麾师入关，进围凤翔。

三年正月，凤翔由于被围日久，粮饷将尽，茂贞遂在城内将韩全诲等宦官七十多人全部处死，遣使请和，并将昭宗送还全忠军营。全忠护送昭宗返回长安，只留老弱宦官三十人以备洒扫，而皇帝诏命，均由宫人传述。左右神策所领八镇兵全归宿卫六军，以崔胤兼判六军十二卫事。从此，唐朝宦官专权的局面宣告结束。

同年十月，全忠所留宿卫京师的儿子朱友伦在一次打马毬时不慎坠马身死，全忠怀疑为崔胤所害，由是对崔胤心怀忌恨。接着，崔胤又以防御李茂贞为由，大肆召募禁军，图谋拥兵自重。全忠深知崔胤募兵的真实意图，便暗中派麾下壮士数百人应募，故对崔胤的行动举止均了如指掌。

天祐元年（904年）正月，朱全忠以“专权乱国，离间君臣”之罪，密令宿卫都指挥使、其子朱友谅围杀崔胤于私第，并遣散了所募的全部禁军。接着，又强迁昭宗于洛阳，并“毁长安宫室、百司及民间庐舍，取其财，浮渭沿河而下，长安自此遂丘墟矣”①。

由刘季述和王仲先的私行废立而引发的长安之乱，至此结束。唐王朝从此变成了朱全忠抚弄于股掌之上的玩物，仅存在了三年，即被灭亡。唐朝的都城长安从此也失去了政治中心的显赫地位。

第四节　五代长安的军事与战争

一、五代长安的军事编制

公元907年，宣武节度使朱全忠在相继废杀了唐昭宗和唐哀帝后，遂自登帝位，立都开封，建立后梁，唐朝灭亡。嗣后，中原地区相继出现了后梁（907～923）、后唐（923～936）、后晋（936～947）、后汉（947～950）和后周（951～960）等五个割据政权，是为五代。在此期间，环绕五代还出现了吴、南唐、吴越、闽、南汉、楚、南平、前蜀、后蜀和北汉等十个地方政权，是为十国。五代十国是我国历史上一个军阀混战、武夫专权的混乱时期，是唐末藩镇割据的继续和发展。割据一方的军阀为了巩固自己既得的权势，并达到不断扩大地盘的目的，除对邻国大肆用兵以外，又都竟相扩充中央禁军，壮大自己掌握的禁卫力量，同时又极力对境内地方节度使的兵权进行削减、限制，加强对他们的控制，用以实现强本弱

① 《通鉴》卷264，昭宗天祐元年正月。

枝的政治目的。但盘踞各地的节度使和一些武夫、兵痞却千方百计企图摆脱中央的控制，用以实现他们拥兵自重和进而称王称霸的梦想。因此，这一时期不但割据政权之间的兼并战争连年不断，而且割据政权内部中央和地方之间控制和反控制的斗争亦此起彼伏。五代十国正是在这种干戈屡动和战乱频仍中度过的。

由于五代时期的政治中心已东移中原，长安地区遂由原来的京师沦为了地方机构。但因为它既可西制关陇，南控巴蜀，故仍被五代统治者视为西北重镇。他们相继在这里设置军镇，派驻重兵，使其成为震慑西北和西南地区的军事中心。同时又在这里大力推行军制改革，用以加强对长安节帅的控制。

早在唐昭宗天祐元年（904 年），即唐朝迁都洛阳以后不久，宣武节度使朱全忠鉴于凤翔李茂贞和邠州李继徽（原名杨崇本）割据关西，多有战争，遂袭唐旧制，废雍州为佑国军，以原华州（治今陕西华县）刺史韩建为佑国军节度使。韩建率麾下牙兵数千人进驻长安以后，即着手对残破凋零和满目疮痍的长安城进行整修，即废掉了原来的外郭城和宫城，只保留和重修了皇城，作为长安新城的外垣。又在新城的东西两侧修筑了两座小城，分别作为万年（后改名咸宁）和长安两县的官署衙门，于是昔日的京师长安一变而成了一座攻守兼备的军事据点。天祐三年（906 年），韩建被徙为淄青节度使，原淄青节度使王重师被任为佑国军节度使。开平元年（907 年），后梁建立以后，梁太祖朱晃（即朱全忠，建梁后改名朱晃）废除故西京，以京兆府为大安府，置佑国军于大安府。开平三年（909 年），王重师由于受到梁太祖的猜忌而被诛杀，左虎统军刘捍被任为佑国军留后。同年七月，同州节度使刘知俊勾结长安诸将而发动的军事叛乱被平定以后，朱晃又改佑国军为永平军，并以左龙虎统军充侍卫亲军马步军都指挥使刘鄩为永平军节度使。嗣后，继任永平军节度使兼大安尹的尚有康怀英和张筠等人。

同光元年（923年），后唐庄宗李存勗在洛阳登极称帝，建立后唐以后，原永平军节度使张筠率部归附。不久，庄宗下诏罢废后梁永平军和大安府，仍以长安为西京京兆尹，并以张筠为后唐第一任京兆尹兼西京留守。嗣后，担任此职的还有任圜、张遵诲、索自通、王思同、安重霸、张全义以及后唐明宗李嗣源养子李从珂（后为后唐末帝）等。后唐时期虽然凤翔和邠州二镇相继归附，关西无警，但长安驻军仍在抵御后蜀北攻秦陇和保卫关中安全方面发挥了重要作用。

天福元年（936年），后晋高祖石敬瑭在开封称帝建晋以后，即以汴州节度使李周任京兆尹充西京留守。天福三年（938年）十月，石敬瑭又将西京长安废为晋昌军，西京留守改为晋昌军节度使，京兆府依然保存，并将其置于七府之上。不久，又以前天平节度使安审琦为晋昌军节度使、行京兆尹。嗣后，任是职者尚有桑维翰、赵莹、赵在礼、赵赞（亦称赵匡赞）、张彦超等。

天福十二年（947年），后汉高祖刘知远登极建汉以后，原晋昌军节度使张彦超"飞表输诚，移授保大军节度使"①，而以河中节度使赵赞继任晋昌军节度使。乾祐元年（948年）三月，后汉隐帝刘承祐下诏将长安晋昌军废为永兴军，并以邠州节度使王守恩任永兴军节度使，用以替代原晋昌军节度使赵赞。不久，赵赞部下赵思绾率其牙兵三百余人伙同河中李守贞和凤翔王景崇相继叛乱。次年七月，三镇叛乱（详见后）被平定后，长安仍保持永兴军建制。

广顺元年（951年）八月，后周太祖郭威在开封称帝建国

① 《旧五代史·张彦超传》。

以后，仍遵汉制，在长安置永兴军，并以陕州节度使李洪信任永兴军节度使之职。嗣后，任是职者尚有宣徽南院使袁嶬、河阳节度使刘词和许州节度使王彦超等。

由此可知，从907—960年期间相继在中原立国的梁、唐、晋、汉、周五个朝代除后唐一度将长安改名西京以外，其余四个朝廷先后在长安设置过祐国军、永平军、晋昌军和永兴军等军事编制。这一时期的行政机构大安府或京兆府虽依然存在，但多为节度使所兼任，故节度使便成了这一时期长安地区最高的军政长官，大权独揽，俨然成了长安地区的独裁者，具有极大的独立性和割据性。节度使之下又有节度副使、行军司马、判官、掌书记、参谋和随军等下属官员，他们都要接受节度使的管辖和任免。这些属员为了保持官位，往往同节度使相互勾结，甚至助纣为虐，遂成了加剧长安地区动荡不安的又一重要因素。

诸军节度使所率牙兵是五代时期屯驻长安的主要部队，也是节度使赖以生存和割据的最为基本的武装力量。这些牙兵最早形成于唐朝末年，是由节度使“召募军中子弟，置之部下，遂以为号，皆丰给厚赐，不胜骄宠。年代寖远，父子相袭，亲党胶固。其凶戾者，强买豪夺，踰法犯令，长吏不能禁”。[①]降及五代，这部分牙兵更加凶狠暴横，肆无忌惮，故“兵骄则逐帅，帅强则叛上”[②] 的恶性事件屡见不鲜。发生在后汉隐帝乾祐元年（948年）的“三镇叛乱”，就是由原永兴军节度使赵赞部下的牙兵赵思绾等三百余人发动的。

五代时期长安京兆府所属仍有长安、万年（后改咸宁）、鄠县、盩厔、临潼、高陵、泾阳、武功等县，各县均设县令。

---

① 《旧唐书·罗弘信传》。

② 《新唐书·兵志》。

但因这一时期各县所置镇将掌握了各县的军、政和财经大权，故镇将遂成了这一时期各县的最高军政长官，其下属尚有镇副、录事和仓曹、兵曹参军等武职官员。镇将所率部队多为来自本地的乡兵。其实这一兵制的出现最早可上溯到西魏、北周时期，隋唐又继续沿袭。它原是为维持地方治安和弥补战时兵源不足而设置的地方部队。但到五代时期，由于战乱频繁，诸国养兵虽多，但仍入不敷用，故乡兵制又应运而生，并倍受重视，以致成为除中央禁军和方镇兵外的主要兵力。

总之，由于节度使权力的恶性膨胀和牙兵、乡兵的专横跋扈，致使五代时期一直处在纷纭复杂的混乱之中。相继在中原立国的梁、唐、晋、汉、周五个朝代为了巩固和加强中央集权，极力改变内轻外重的军事格局，特别是地处西北的军事重镇长安则成了他们用力控制的重要地区。总括五代时期中原统治者对长安和地方割据势力采取的强本弱枝的诸多措施，大致可归纳为以下几点：

第一，就是强制降低诸州镇使的官秩，削弱府县军镇的权力，使军镇武官和府县行政官员相互牵制，进而削夺地方节帅和镇将的行政和财政大权。如开平四年（910年），后梁太祖朱晃曾下诏说："诸州镇使官秩无高卑，并在县令之下"。[1] 广顺三年（953年），后周太祖郭威又专门针对长安和关中府州诸县"政途不一"的状况下诏说："京兆、凤翔府、同、华、邠、延、鄜、耀等州所管州县军镇，顷因唐末藩镇殊风，久历岁时，未能厘革，政途不一，何以教民？其婚田争讼，赋役丁徭，合是令、佐之职。其擒奸捕盗，庇护部民，合是军镇警察之职。今后各守职分，专切提撕，如所职疏遗，各行按责，其

① 《旧五代史·职官志》。

州府不得差监征军将下县。”[①]

第二，就是将朝廷的一些文职官员调任为节度使之职，用以替代一些专横难制的地方节帅。如后晋天福年间，晋高祖石敬瑭就曾将翰林学士桑维翰和中书令、监修国史赵莹等相继调任为驻守长安的晋昌军节度使，企图改变节度使拥兵自重的局面。

第三，采取节度使相互调防之策，力图改变节帅和牙兵“亲党胶固”的错节关系。如天福七年（942 年），后晋高祖就曾“以晋昌军节度使安审琦为河中节度使”，而“以兖州节度使桑维翰为晋昌军节度使”[②]；天福十二年（947 年），后汉刘知远又“以河中节度使、检校太尉赵赞为晋昌军节度使，以晋昌军节度使张彦超为鄜州节度使”[③]；显德元年（954 年），后周世宗柴荣诏令“河阳刘词移镇永兴军”；显德三年，又以“许州王彦超移镇永兴军”[④]。如此等等，不一而足。

第四，就是大量抽调方镇兵和乡兵充实禁军，又将中央禁军派驻地方，用以削弱地方节帅的私人武装。

这些措施的先后施行，虽对长安和地方割据势力起到了一定的抑制作用，但它并没有、也不可能彻底根除节帅拥兵自重的弊政。故五代时期长安地区藩镇叛乱的事件，仍时有发生。

二、五代时期长安地区的三次武装叛乱

五代时期前后曾相延五十多年，但长安地区的武装叛乱竟达三次之多。

---

① 《旧五代史·后梁太祖纪》。

② 《旧五代史·后晋高祖纪》。

③ 《旧五代史·后汉高祖纪》。

④ 《旧五代史·后周世宗纪》。

第一次武装叛乱发生于后梁开平三年（909年）。

如前所述，后梁建国以后，为了有效防御关西的割据势力李茂贞和李继徽对关中的侵扰，梁太祖朱晃遂将心腹将领、淄青节度使王重师调任为佑国军节度使，坐镇长安。不久，凤翔李茂贞和前蜀王建联兵，东侵长安，重师与后梁同州节度使刘知俊率众在漠谷（今陕西虢镇附近）将其击败，岐、蜀之兵被迫退回。后来，重师在长安数年，"治戎邺民，颇有威惠"[①]。但他的厚自奉养，擅征赋税和"贡奉不时"[②]，却引起了梁太祖的大为不满。开平三年（909年），朱晃遂派人召重师入朝，而以左虎统军刘捍出任祐国留后。刘捍抵达长安以后，重师不以为礼。刘捍即遣使向梁太祖进谗说，重师暗中与邠、岐交通，图谋不轨。朱晃闻讯大怒，便将重师流死溪州，并诛灭三族。重师死后，同州节度使刘知俊心不自安，遂生反叛之志。这时，朱晃正欲向盘踞河东的李存勗发动进攻，便急召知俊入朝，打算让其担任河东西面行营都统之职。时任右保胜指挥使的知俊之弟知浣派人对知俊说："入必死。"[③]于是知俊便决意反叛。他首先率众南侵华州，东扼潼关，并派人以金帛收买长安的重师部将，唆使其将新任佑国军留后刘捍执送于岐。接着，又派人分赴凤翔、河东，请求茂贞和李存勗出兵相助。朱晃闻讯大惊，当即以山南东道节度使杨师厚为西路行营招讨使，帅侍卫马步军都指挥使刘鄩等前往征讨。

刘鄩率部攻破潼关以后，师厚亦从武关突入关中。于是两路官军连兵西进，知俊的华州守将聂赏开城出降。但当师厚率部抵达长安城下之时，李茂贞所遣凤翔之兵已捷足先登，进驻长安，并与重师旧将相互联合，共守城池。师厚遂派主力攻

---

① 《旧五代史·王重师传》。

②③ 《通鉴》卷267，太祖开平三年五月。

打长安东门，另以“奇兵”循南山西进，乘虚由西门攻入城内，对长安城形成内外夹击之势。岐兵抵敌不住，突围而逃。官军很快便占领了长安。刘知俊在同州孤立无援，只得举族奔岐，投靠了凤翔李茂贞。于是由重师被杀而引起的长安之乱至此平息。

长安地区的第二次武装叛乱发生于后唐闵帝长兴五年(934年)。

后唐庄宗李存勗建唐以后，在位仅四年而崩，其养子李嗣源即位，是为唐明宗。明宗有子五人，长子从璟先明宗而死，次子从荣和四子从璨均以“谋反”被诛，五子从益年幼。故明宗在长兴四年（933年）死后，其三子从厚即位，是为唐闵帝。但明宗养子李从珂却因在后唐建立前后，屡立战功，受到唐庄宗和明宗的特别钟爱，先后历任卫州刺史、突骑都指挥使、河中节度使、左卫大将军、京兆尹充西京留守及太保、太傅、平章事等高官显职。长兴三年（932年），进位太尉，移凤翔节度使。四年五月，晋封潞王。

唐闵帝即位以后，因对潞王李从珂的权高位重心怀畏忌，遂下诏将其调任河东节度使，而将生性暴戾的洋王从璋调为凤翔节度使。潞王接诏大惧，便举众造反。接着，他便率部东进，企图东出潼关，攻占洛阳，抢夺帝位。又遣使移檄邻道，请求援助。长安又为东进必经之地，故从珂曾先后三次派人来到长安，向京兆尹充西京留守王思同陈说利害，并以五弦女妓相赠，竭力拉拢思同，一起叛乱。但王思同却丝毫不为所动，他不但将前来游说的凤翔使者全部“系之于狱”，而且还派遣其子入京，向朝廷奏告了此事。闵帝从厚遂以王思同为凤翔行营都部署，前靖难节度使药彦稠为副都部署，帅马步都虞侯苌从简、严卫步军左厢指挥使尹晖和羽林指挥使杨思权等进攻凤翔。又以河中节度使安彦威为西面行营都监，帅山南西道张虔钊、武定孙汉韶、泾州张从宾和邠州康福等五节度使向凤翔进发，合兵征讨李从珂。

长兴五年（934 年）三月，长安王思同和泾州张从宾等率众在凤翔会合以后，当即麾军攻城。由于凤翔城内兵弱粮少，故东西关城很快失守。正当诸路官军向城内挺进之时，严卫步军左厢指挥使尹晖和羽林指挥使杨思权及从宾部众却反水归岐，倒戈相向，故诸路官军只得各归本镇，王思同与药彦稠、苌从简亦率残部返回长安。但这时屯驻长安的西京副留守刘遂雍却已归附潞王，故闭门据守，不肯接纳。思同等人只得东趋潼关。

接着，潞王从珂率众抵达长安，刘遂雍当即出城迎谒。潞王派前锋继续东进，王思同和药彦稠等相继被岐兵擒杀。同年四月，潞王进入洛阳，登极称帝，是为后唐末帝。由于后唐内讧而引发的长安和关中地区的军事叛乱，至此平息。

后汉隐帝乾祐元年（948 年）四月的“三镇叛乱”，是五代时期长安地区发生的一次规模最大的武装叛乱。

后汉建立之初，被高祖刘知远所委任的凤翔节度使侯益、永兴节度使赵赞和河中节度使李守贞都因为曾与契丹主耶律德光有过君臣关系而心不自安。不久，侯益和赵赞便先后遣使归附后蜀，后蜀主孟知祥当即派兵北上，进入关中，企图与侯、赵相结，攻占长安。汉高祖刘知远闻讯，遂派左卫大将军王景崇和将军齐藏珍率禁军数千人西进潼关，经略关西。赵赞和侯益听到官军西进的消息后，鉴于自己的兵力单弱，蜀军又北上迟缓，远水不解近渴，便相继上表朝廷，表示愿意归顺。高祖一一应允，准其自新，并将官军主帅王景崇召入卧内叮嘱说：“（赵）赞、（侯）益之心，皆未可知，汝至彼，彼已入朝，则勿问；若尚迁延顾望，当以便宜从事[①]。”

乾祐元年（948年）正月，当王景崇和齐藏珍率众抵达长安时，永兴军节度使赵赞已离秦入京，仅留牙兵赵思绾等三百余人屯驻长安。景崇遂令永兴军副节度使安友规留守京兆，率赵思绾及数百牙兵与官军一起同赴凤翔。这时，后汉高祖刘知远已死，其子承祐即位，是为后汉隐帝。

当王景崇等率部抵达凤翔之时，凤翔节度使侯益亦正欲入朝赎罪。景崇不敢违背高祖的卧内叮嘱，又怕隐帝以“专杀”之名治罪，遂对侯益未加拦阻。侯益来到开封以后，一面竭力为自己开脱罪责，一面又肆意诋毁景崇，并诬陷景崇专横跋扈，心怀叵测。汉隐帝轻信了一面之词，便将侯益任为开封尹，大加宠信。又派供奉官王益来到凤翔，征召赵赞牙兵赴京。景崇虽对朝廷极为愤懑，但又不敢公开抗旨，只得将赵思绾等数百牙兵放行东归。

王益帅赵思绾一行抵达长安后，永兴军副节度使安友规当即在城外客亭置酒，迎谒王益。赵思绾及数百牙兵深知入京后凶多吉少，便一齐上前向友规和王益请求入城，偕家属在城东住宿一晚，然后上道。友规和王益答应以后，思绾和数百牙兵便从西门入城，并将守门的十多名士兵全部杀死。接着又迅速占领了武库，募集城中恶少四千余人，遂控制了长安全城。城内守军纷纷逃出，在友规和王益的率领下，奔潼关而去。于是赵思绾便分派部众，修缮城隍，构筑楼堞，历时十日，战守之具皆准备齐全。

与此同时，占据凤翔的王景崇也在暗中唆使凤翔吏民上表，请求让景崇执掌凤翔军府之事。汉隐帝深恐王景崇和赵思绾相互勾结，作乱关中，遂将同州节度使王永恩任为永兴军节

---

① 《通鉴》卷287，高祖乾祐元年正月。

度使，将邠州节度使赵晖任为凤翔节度使，而将王景崇任为邠州留后，并令其当即赴任，企图分别牵制王景崇和赵思绾。但王景崇却抗旨不遵，拒不赴任。时任河中节度使的李守贞在得知刘知远已死，汉隐帝新立的消息后，亦决计反叛，企图用武力抢夺帝位，故“招纳亡命，养死士，治城堑，缮甲兵，昼夜不息”①。又将赵思绾和王景崇先后任为晋昌军节度使和凤翔节度使，俨然以三镇主帅自居。邠、泾、同、华四镇亦在同日将守贞、景崇和思绾连衡叛乱的消息上报朝廷。

同年四月，汉隐帝派镇宁节度使郭从义为永兴行营都部署，内客省使王峻为都监，率兵征讨赵思绾。又以保义节度使白文珂为河中行营都部署，与凤翔节度使赵晖率部征讨李守贞和王景崇。

郭从义和王峻率众抵达长安城下以后，当即麾师攻城，但因长安城池坚固，易守难攻，思绾又率兵拼死守卫，故官军伤亡惨重。从义、王峻只得在城外开凿长堑，分兵包围。后郭、王二人又因意见不和，嫌隙渐深，“相恶如水火，自春徂秋，皆相仗莫肯攻战”②，故战事毫无进展。白文珂和赵晖也分别屯兵同州、咸阳，逗留不进。汉隐帝无奈，只得将威名卓著的枢密使郭威任为西面军前招慰安抚使，使其节制诸军。郭威受命以后，一面亲率昭义节度使常思、宁江节度使、侍卫步军都指挥使刘词及白文珂等分别从陕州、潼关和同州会攻河中，一面又令郭从义和王峻奋力围攻长安。

次年六月，长安城被围一年有余，粮食罄竭，乱军遂杀人为食，又抢掠妇孺，以为军粮，计日按量供应。每到犒军之时，都要像宰杀猪羊一样，屠割数十百人。赵思绾尤好以酒吞

① 《通鉴》卷288，高祖乾祐元年三月。

② 《通鉴》卷288，高祖乾祐元年四月。

食人胆，曾在大庭广众扬言说：“吞此至一千，即胆气无敌矣[①]。”但当妇孺将被食尽之时，思绾无计可施，遂惊慌不定，只得向闲居长安的致仕官、原左骁卫上将军李肃询问自安之计。李肃与判官程让能劝其“率先归命，以功补过，庶几无患”[②]。思绾只得从命，并遣使入京请降。汉隐帝遂以思绾为华州留后，并令其由长安迳直赴任。但思绾接旨后仍迁延不发，竟以收敛财物为名，三改行期。从义和王峻看到思绾并无归降诚心，遂派人告知主帅郭威，决定以计智取。

乾祐二年（949年）七月，从义与王峻乘马入城，下榻于京兆府舍，以酌酒饯行为名，派人召思绾入府。思绾不知是计，只身前往，刚入府门，即被擒获，当日便被斩于街市，其二十余万家财亦被籍没入官。思绾刚入城时，长安丁口尚有十余万众，这时才仅余一万多人，死于这次叛乱的长安人口当不啻十万左右。

不久，河中和凤翔的叛乱亦被平定，由赵思绾、李守贞和王景崇发动的这场“三镇叛乱”，至此平息。

① ② 《旧五代史·赵思绾传》。

第五章

宋金元时期长安军事的变化

宋金元时期，长安作为全国政治和军事中心的首都地位已一去不复返了，宋金二代遂将长安改为永兴军治所，受陕西路统辖。元朝虽将长安改名京兆，但也仅为陕西行省的治所，长安的政治和军事均按地方编制，这是宋金元时期古都长安在军事方面的最大变化。另外，这一时期长安又成了各族统治者进行争逐的主要地区之一，因此，长安的所有变化又被涂上了一层浓重的军事色彩。

第一节　宋金时期长安的军事与战争

一、北宋时期长安地方军事编制的建立

后周恭帝显德七年（960 年）正月，禁军统帅殿前都点检赵匡胤在开封以北四十里的陈桥驿发动兵变，“黄袍加身”，取代了后周政权，建国号宋，史称北宋。接着，宋太祖赵匡胤遂着手进行统一战争。乾德元年（963 年）灭荆南；乾德三年（965 年）灭后蜀；开宝四年（971 年）灭南汉；开宝八年（975 年）灭南唐。宋太宗赵匡义又于太平兴国三年（978 年）

灭吴越，次年灭北汉。至此，五代十国分裂割据的混乱局面基本结束，统一中国的大业宣告完成。

北宋建国以后，由于从唐末五代以来形成的经济重心的南移以及由此而导致的政治中枢的东迁已成不可逆转之势，故宋太祖虽曾一度欲“循周汉故事”①，迁都长安，但由于长安城已缩小了十之八九，关中人口也比前减至十之二三，昔日古都的兴盛繁荣已成不可再现的历史典故，所以北宋仍立都开封。古都长安只能被编为地方建制，这就是从北宋开始长安在行政和军事体制方面的最大变化。

北宋初年长安虽被冠以“京兆”之名，但这仅是对从秦汉到隋唐以来古都地位的追忆与联想，它已失去了专指首都的实际意义，只能作为关西道雍州的治所而已。但要从它所具有的崇高地望以及优越的地理位置来说，仍不失为西北地区的政治和军事中心。故北宋一代仍沿袭后周旧制，在长安设置永兴军，以知永兴军事为最高的军事长官，“节制陕西诸军”②，抵御在今宁夏立国的西夏。不久，北宋又改“道”为路，关西道改称“陕西路”，辖境“东尽殽函，西包汧陇，南连商洛，北控萧关”，在全国二十一路中是幅员极广的一路。长安的永兴军建制和京兆府之名一仍其旧，并作为陕西路的治所继续发挥着西北地区政治和军事中心的作用。

宋仁宗庆历年间，又将陕西路分为五个防区，也以“路”名之：永兴军路、鄜延路、环庆路、秦凤路和泾原路，始有“陕西五路”之称。但这时的“陕西五路”并不是正式的军政建置，而只是陕西境内所划分的五个军事单位而已。宋神宗熙宁七年（1074年），又把宋初的陕西路一分为二，东为永兴军

① （南宋）李焘：《续资治通鉴长编》卷2，宋太祖开宝九年。
② 《宋史》卷196《兵志十》。

路，西为秦凤路，各以京兆长安和秦州天水为其治所。其中永兴军路辖区包括今陕西的绝大部分地区，约有二府、十州、四军。二府为京兆府和延安府；十州为华州（治今陕西华县）、同州（治今陕西大荔）、耀州（治今陕西耀县）、醴州（治今陕西乾县）、邠州（治今陕西彬县）、泾州（治今甘肃泾川）、商州（治今陕西商州市）、坊州（治今陕西黄陵）、鄜州（治今陕西富县）、丹州（治今陕西宜川）；四军为清平军（驻今陕西周至）、定边军（驻今陕西定边）、保安军（驻今陕西志丹）和绥德军（驻今陕西绥德）。上述府州军下又辖四十余县。于是全国由宋初的二十一路又变为二十三路，地方上遂形成了路、府（州、军、监）、县三级建制。

北宋政府为了改变唐末五代以来"方镇太重，君弱臣强"[①] 的局面，达到"强本弱枝"的目的，曾相继采取了以改革军制为中心的诸多措施。由于受到这些措施的极大影响，遂使长安的军事编制也曾发生过很大变化，从而形成了与汉唐长安迥然相异的诸多特点。

首先，经过宋太祖的"杯酒释兵权"和剥夺了功臣及禁军统帅的兵权之后，宋代各种军队（包括中央禁军和地方部队）的最高领导机构由唐时的尚书省兵部和十二卫变成了枢密院和三衙。枢密院是负责调遣全国军队的领导机构，最高长官为枢密使和副使，和中书省并称二府，与宰相共掌军国大政。三衙是宋代负责统领军队的最高统帅机构，全名为殿前都指挥使司（简称殿前司）、侍卫亲军马军都指挥使司（简称侍卫马军司）和侍卫亲军步军都指挥使司（简称侍卫步军司）。枢密院虽有"发兵之权，而无握兵之重"；三衙虽有"握兵之重，而无发兵之权"，两个机构"上下相维，不得专制"。据说，这就是后来

① 《续资治通鉴长编》卷 2。

北宋一百三十多年间“无兵变”[①] 的主要原因。这样，长安永兴军路的驻陕部队就和其他各路一样，都要接受枢密院和三衙的双重领导。

其次，经过改制的北宋军队主要有禁军、厢兵和乡兵三种。

禁军是“天子之兵”[②]，是北宋政府的正规军和主力部队。北宋的禁军不但在全国军队总数中占有绝对优势，而且装备精良，待遇最优，是宋初统治者“强本弱枝”战略思想的重要体现。禁军除驻守京师和肩负征战任务以外，还有戍守地方的军事职责。据《宋史·兵志》记载，宋神宗熙宁年间（1068—1077）以前，常驻陕西路和长安永兴军的中央禁军主要有三衙中侍卫步军司所辖的223指挥，每指挥额定500人，总兵力约在10.7万。其中步兵神虎军共26指挥，屯驻长安永兴军的有6指挥，约3000人；保捷军共135指挥，驻长安永兴军的有2指挥，约1000人；制胜军共9指挥，驻长安永兴军的有2指挥，约1000人；清边弩手军共43指挥，驻长安永兴军的有2指挥，约1000人；定功军共10指挥，驻长安永兴军的有1指挥，约500人。以上共计侍卫步军司驻长安永兴军的禁军步兵共22指挥，总兵力约1.1万人。宋神宗熙宁以后，驻长安永兴军的禁军又增派了侍卫马军司所辖骑兵蕃落军2指挥，共约1000人。宋哲宗元符元年（1098年），又下诏“永兴军等路创置十指挥”[③]，合前蕃落军共12指挥，骑兵总数多达6000人马。中央禁军的这种驻防特点，又体现了宋初统治者“内外相

① 《宋史》卷162《职官志》；（宋）范祖禹：《论曹诵札子》，载《范太史集》卷26。

② 《宋史》卷187《兵志一》。

③ 《宋史》卷188《兵志二》。

维”的战略思想，即禁军的绝大多数驻守京师，但屯驻地方的禁军和各地厢兵、乡兵的数量相加，又大大超过了京师的禁军数量。这样就可以收到“内外相维，无轻重之患”[①] 的效果。

另外，为了集军权于皇帝之手，北宋还对禁军实行“更戍”之法，即除宿卫殿前的禁军外，所有禁军都要定期换防，但带兵将帅却不能随军移动。这样做既可以使兵士“均劳逸，知艰难，识战斗，习山川”[②]，又可以达到“兵无常帅，帅无常师”和“将不得专其兵”的目的。直到宋神宗时王安石颁布将兵法实行以后，更戍法才被废止。

北宋的厢兵是“诸州之镇兵”，即国家正规军中的地方部队，名义上隶属三衙中之侍卫马军司和侍卫步军司统辖，其实主要是外军。厢兵的编制有军、指挥和都共三级。其中马步军都指挥使和副都指挥使及都虞侯为最高将领，其下马、步各军均有都指挥使、副都指挥使和都虞侯等。每都有军使、副兵马使、都头、副都头、十将、将、虞侯、承局、押官等。指挥和都一级编制的兵额和统兵官则与禁军大致相同。厢兵只用于劳作，一般不进行军事训练，其主要职责是从事畜牧修缮等杂役。据《宋史·兵志》记载，宋神宗元丰年间（1078—1085），全国诸州镇共有厢兵马、步军共 840 指挥，227.627 万人，且各地厢兵均有番号。熙宁以前，长安永兴军路驻守的厢兵计有骑兵“骑射”、“威边”、“马斗”、“保节”、“清边”等军；步兵有“勇胜”、“清边”、“保节”、“司牧”、“壮城”、“咸平桥道”等。熙宁以后，陕西路的厢兵骑军有 6 指挥，步兵有 29 指挥，均改号曰“保宁”。后来，步、骑兵又增至 111 指挥，总兵力共约 20,563 人。其中屯驻长安永兴军的骑兵番号有“司牧”、“牢城”、“咸阳桥道”、“骑射”、“安边”、“马斗”、“保节”、

---

①② （宋）周辉：《清波别志》卷上，知不足斋丛书本，第 3 页。

“清远”等，驻军人数不详。

北宋的乡兵是“选自户籍，或土民原募，在所团结训练，以为防守之兵”。由此可知，乡兵乃是由民兵组成的地方部队。因为“乡兵习其川原，识其形势”，加之他们为保卫故土而战，故具有顽强坚韧的战斗意志和英勇善战的拼死精神，因此，常被北宋政府倚为治安一方的骨干力量。正如苏辙在《栾城集》卷21《上皇帝书》中所说：“往者西边用兵，禁军不堪其役，死者不可胜计。羌人每出，闻多禁军，皆举手相贺；闻多土兵(即乡兵)，辄相戒不敢侵犯。以实较之，土兵一人，其材力足以当禁军三人。”乡兵由此而倍受重视，其数量也在不断扩大，番号名目也在日益增多。据《宋史·兵志》记载，北宋一代京兆府和永兴军拥有的乡兵约有以下名目：

陕西保毅：始置于后周太祖广顺年间，北宋因之，兴起于渭州平凉、潘原二县。宋真宗咸平四年（1023年），诏令陕西税户每家出丁一名，充当保毅，陕西保毅自此始，另外还有保捷、制胜、定边等。次年，陕西保毅增至6.8万人，并供给资粮，与正兵同戍边郡。

陕西弓箭手：始置于后周太祖广顺年间，北宋因之。宋英宗治平末年，陕西10州军弓箭手并砦户总46,300人。

陕西义勇：宋仁宗庆历二年（1042年），“选河北、河东强壮并抄民丁涅手背为之”。宋英宗治平元年（1064年），始诏陕西除商、虢二州以外，皆置义勇，共有乡兵156,873人。至宋神宗熙宁六年（1073年），仅永兴军路义勇就达87,978人。

陕西扩塞：宋仁宗庆历元年（1041年），“募土人熟山川道路蕃情善骑射者，涅臂充”，200人编为1指挥，自备兵戎器械，在乡阅武练艺，每季在州进行一次检阅演习。无战事时则放归务农，每月发给食盐、茶茗。遇有战事，则召集防守，供给饮食。

按照宋初规定，乡兵的职责上是保卫本土治安而已，并不赴边戍守。但在宋神宗熙宁三年（1070年）七月，由于宋夏战争吃紧，陕西泾原路经略使蔡挺和韩琦等却相继上书，奏请将陕西义勇乡兵分为七路："延、丹、坊为一路，邠、宁、环、庆为一路，泾、原、仪、渭为一路，秦、陇为一路，陕、解、同、河中府为一路，阶、成、凤州、凤翔府为一路，乾、耀、华、永兴军为一路"，分番赴边防"戍守"。神宗诏准。于是永兴军路的被征乡兵"不可胜数"，且"上下相驱，急如星火"，"官吏狼狈，下民惊疑"。这时刚刚赴任长安的知永兴军司马光看到关中和长安城的百姓因为灾荒频仍，赤地千里，冻饿"饥馑，十室九空，为贼盗者纷纷已多"，故当即奏"请朝廷不为出征之计，其义勇更不分番于缘边戍守"。结果，只有永兴军一路独得罢"免"①。

北宋的上述几种军队大都实行募兵制。正如《宋史·兵志》所云，其募兵方法"或募土人，就所在团结；或取营伍子弟，听从本军；或募饥民，以补本城；或以有罪，配隶给役"。其中招"募饥民"，乃是北宋募兵的主要途径。宋太祖赵匡胤曾对这种募兵方式的目的作过以下直言不讳地解释："吾家之事，唯养兵可为百代之利。盖凶年饥荒，有叛民而无叛兵，不幸乐岁变生，则有叛兵而无叛民。"这样，因灾荒而破产流亡的饥民便成了北宋军队的主要来源。北宋一代驻陕西和长安永兴军的禁兵、厢兵和乡兵大多也是由这一养兵政策组建起来的。另外，北宋军队中还实行拣放和升格的制度，即根据战事和屯戍的需要，乡兵可升为厢兵，厢兵亦可升为禁军，也有乡兵直接升为禁兵的。例如宋初屯驻陕西和长安永兴军路的制胜、定功

① 《宋史》卷191《兵志五》。

两种厢兵，在宋仁宗庆历年间全部升为禁军；宋仁宗宝元初年设置的驻陕禁军清边弩手，就是在陕西厢兵中挑选壮健者组建而成的；宋真宗时设置在陕西和长安永兴军的禁军保捷，也是直接在保毅乡兵中挑选精锐组建而成的。当然，也有禁军降为厢兵，厢兵降为乡兵的，但这只是挑选禁、厢兵中的“懦弱不堪，年甲不应，或占庇不如数”的老弱病残而已，且数量极少。这样，就可以经常保持禁军在数量和质量上的优势，用以达到“强本弱枝”的目的。

综上所述，北宋一代长安和永兴军的驻防部队不仅有部分禁军，而且还有大量的厢兵、乡兵等地方部队，这是北宋长安和秦汉隋唐时期的长安在驻军方面的最大区别。

最后，需要特别指出的是，由于北宋一代陕西路北与党项羌人建立的西夏国相互毗邻，这里成了宋夏之间进行争夺的主要战场，因此永兴军和京兆府的治所长安就成了指挥宋军作战的最高统帅部和军饷供应的总后勤部。这种特殊的历史背景和地理环境就给这一时期的长安打上了明显的军事化的深刻印记。其中陕西经略安抚使司和知永兴军等军事长官的权力至高至重，就是这种印记的表现之一。

北宋建国之初，为了“惩创五季，而矫唐末之失策”[①]，曾在全国置“路”，作为地方一级最高的行政机构。各路设转运使司（简称“漕臣”），专管财政；提点刑狱司（简称“宪臣”），掌管司法和监察；经略安抚使司（简称“帅臣”），掌管军事。三者互不统摄，但以转运使司的权力为最大。与此同时，又削减州郡长官的权力，刺史和太守除由中央文官兼摄以外，又设“通判”之职，使其与州郡长官相互牵制。这样就可改变原来节镇将帅由于权力过大而拥兵自重的局面，有利于加

① （宋）叶适：《水心别集》卷12《法度总论》。

强中央集权。但由于对西夏用兵的需要，北宋政府却赋予了陕西路经略安抚使和驻长安的知永兴军及各级军事长官以极大权力，使其凌驾于各级行政长官之上，充分体现了战时军事化的明显特征。例如北宋一代陕西诸路的经略安抚使（即帅臣）一职和知永兴军事一职均由守臣（知州、知府等）兼领，并再“兼都总管以统制军旅”，而且是常设职。帅臣不仅统管“一路兵民之事”，而且“帅其属而听其狱讼，颁其禁令，定其赏罚，稽其钱谷、甲械，出纳其名籍而行以法”，甚至可以先斩后奏，“听以便宜裁断”[①]。这对以地方事权高度分散为传统国策的北宋来说，已属在非常时期的一种特殊之制了。与此形成鲜明对比的是陕西路转运使虽品级颇高，但实际权力却极其有限，不但不能算为主官，而且有时长期空缺而不添补。至于提点刑狱司（宪司）这个在内地诸路仅次于漕臣的重要官职，在陕西的权力却更加微不足道。北宋全陕诸路经常只设一个宪司，而且治所还设在不属诸路路治之列的凤翔城中。这样的安排就更突出了帅臣的地位。另外，北宋中期围绕战争浪潮而出现的改革和保守两派也大多首先把陕西和长安作为他们推行和反对新法的基地，因而长安和陕西又成了两派斗争的策源地。

由于宋初推行的“强本弱枝”以及集中兵权等措施的矫枉过正，虽使唐末五代以来的军人飞扬跋扈的局面为之改观，但由此却给北宋政府带来了积贫积弱的祸根，致使在对辽和西夏的战争中屡遭败北。于是一些在朝官员便决心革除祖宗旧制，推行新法，力图改变北宋积贫积弱的颓废面貌，走出了一条富国强兵的改革之路。但无论是宋仁宗庆历年间主持新政的范仲淹，或是继范仲淹以后推行盐法改革的范祥，抑或是在宋神宗熙宁年间主持变法的王安石、沈括也好，他们大都在长安担任

① 《宋史》卷167《职官志七》。

过陕西安抚使或知永兴军等军政要职，而以“将兵法”、“保甲法”和“保马法”等为核心内容的“强兵”之策也大多首先在陕西和长安地区试行，后来才逐渐推向全国的。在此前后，以司马光、吕大防等为首的保守派首脑也大多在陕西任职，有些新法也都首先在陕西和长安被废，后来才逐渐在全国被废除的。

总之，由于变法派们所行新法在保守派的轮番攻击下，中道崩殂，未能取得最后胜利，致使北宋政府积贫积弱的状况不但没有得到丝毫改观，而且贫弱的程度还在不断加深。而和北宋在西北对峙的西夏政权也因土瘠国弱，在同北宋于仁宗庆历四年（1044 年）签订了“庆历和议”以后，只能同宋继续保持对峙，再也无力继续南下进攻。

二、宋金对峙时期的长安争夺战及金国统治下的长安军制

金国是由女真族建立的一个少数族政权。女真族是最早居住在我国东北地区的一个历史悠久的少数民族。商周时称肃慎，两汉称挹娄，南北朝时称勿吉，隋唐时称靺鞨。唐玄宗时期，靺鞨的一支即黑水靺鞨曾建渤海国，与唐友好交往，后被契丹辽国所灭，黑水靺鞨遂改称女真，并一直受到契丹人的残暴统治。宋徽宗政和五年（1115 年）正月，女真族杰出首领完颜阿骨打在会宁（今黑龙江阿城南）即帝位，建立了大金国，并领导女真族人民对辽进行了反对民族压迫的自卫反击战争。宣和七年（1125 年）二月，金兵攻陷了辽的燕京（今北京市西南），俘获了辽天祚帝，辽国亡。在与宋的结盟时期，金人已经看到了北宋的腐败虚弱，因此金在灭辽之后，又产生了灭宋之心。故在同年十月，金国又分兵两路南下，向北宋发起进攻。宋金之战至此拉开了序幕。

宋徽宗听到金兵南下的消息后，当即调遣陕西秦凤、熙河、泾原等三路陕军，分赴首都开封和河东太原城下，抵抗金兵。结果，金兵在北宋军民的顽强抵抗下，战事失利，只得议和罢兵，退回西京。

靖康元年（1126 年）八月，金兵经过一年休整以后，再次分东、西两路向北宋发起进攻。甫登帝位的宋钦宗闻讯大惊，当即又征调陕西宣抚使范致虚和陕西制置使钱盖率全陕驻军近 20 万人，东进勤王。结果，钱盖部不战而溃，范致虚率部驻守潼关，并在潼关以东，直至龙门之间的黄河西岸筑起了一道防线，企图把金兵阻挡在潼关以东，然后以关中为基地，中兴宋室。这时宋廷方面也有人多次上言："请幸长安，以避其锋，以守御（汴京）事付将帅。"宋钦宗在计无可施之时，也产生了"朕将往陕西，起兵以复都城"① 的念头。但由于"勇而无谋"、不谙军事的"儒者"范致虚轻躁冒进，急招陕西五路兵马离开潼关和武关天险，贸然东进，加之陕军这时步调不一，士气低落，不能组成强大攻势，结果，被锐不可挡的金兵相继击败，20 万陕西驻军损失殆尽，长安的东面门户实际已向金人打开，宋廷的"西迁"之议也随之化为泡影。靖康二年（1127 年）二月，金兵顺利攻入开封，徽、钦二帝被俘，金军北撤，北宋灭亡。同年五月，宋徽宗第九子康王赵构在南京（今河南商丘）即帝位，是为高宗，改元建炎，史称南宋。

建炎元年（1127 年）十二月初，相继攻占了河南、山西的金军统帅粘罕派悍将娄室率部从禹门口踏冰渡河，攻入关中，宋金之间又展开了争夺长安之战。

由于驻陕宋军在范致虚的折腾下死伤殆尽，故金兵进入关中后，顺利地占领了韩城、华州（治今陕西华县）、同州（治

---

① （宋）徐梦辛：《三朝北盟会编》卷 88。

今陕西大荔），很快便兵临长安城下。这时继范致虚之后任陕西经略使的唐重及提举永兴军路兵马程迪所率守城兵士连同从河东退入长安的河东经制副使傅亮所率的河东兵士总共才有千人左右，众寡悬殊。但唐重却以殉国必死之心，激励宋军将士拼死守城，致使数万金兵在十多天的连续攻城中，连连失利，伤亡惨重。建炎二年（1128 年）正月，长安地震，墙垣塌陷，河东经制副使傅亮又率数百河东兵夺门而出，向金兵投降。金兵乘机攻入城内。唐重与副总管杨宗闵、转运使桑景询、提点刑狱使郭忠孝、判官曾谓、经略司主管机宜文字卫尚各率部兵与金军展开巷战，白刃肉搏，前仆后继，毫无惧色。程迪“身被创几遍，绝而复苏，犹厉声叱战不已”①。唐重的部将请求掩护他突围逃走，但他却说：“死吾职也！”② 遂义无反顾地同部将们一起战斗至死，无一降者，谱写了陕军抗金史上英勇悲壮的一页。

娄室所率金军攻陷长安以后，又分兵抢掠关中各地，东起潼关，西至凤翔，相继沦陷。但这时东路和中路金兵在南下掠地期间却受到宗泽在汴京所率南宋军民的顽强抵抗，致使金兵在汴京城下多次受挫。加之河东、河北等地的抗金义军所在蜂起，声势渐盛，给南下金军的后方造成了极大的后顾之忧，对其形成了南北夹击之势。为了稳固后方，金兵先后从中原北撤。娄室所率西路金兵仅为偏师，兵力不足固守长安，对控制全陕更是无能为力，于是也在建炎二年（1128 年）三月，退出关中，屯兵于黄河东岸。宋经略使郭琰随即进驻长安，关中又暂时重归宋有。

金兵离秦以后，秦地遂陷入了群龙无首的境地。南宋小朝

① 《宋史·程迪传》。

② 《宋史·唐重传》。

廷正忙于向南迁徙，惶惶不可终日，一时还来不及对关中进行正常统治的建制工作。因此，陕西军政的混乱和广大民众的苦难都在日益加深。宋军一名下级军官史斌乘机聚众起义，起义的烈火迅速燃及三秦大地。

史斌原为北宋末年农民起义军首领宋江手下的一名头目，相传他就是九纹龙史进的原形[①]。梁山泊起义失败以后，他被宋廷招安，成了宋军的一名下级军官，被派驻陕南。他看到宋朝的陕南将领对流入陕南地区的关中人民视若仇敌，肆意残害，使其生路全无，大批死去。他便投身流民之中，号召他们揭竿起义，聚众反宋，得到了流民的群起响应，起义队伍迅速扩大。史斌遂率众南下，企图由陕入川，寻求发展。但因在剑门（今四川剑阁北）受到宋军的阻截，遂麾师北上，进入关中。这时正值娄室所率金兵刚刚离秦，史斌遂趁机打败了宋将郭琰，入据长安。但这时散处关中各地的抗金义军却把史斌当成了犯上作乱的叛逆，必欲置之死地。建炎二年（1128 年）四月，抗金义军首领张宗谔率部来到长安后，当即下令史斌解散部众，等待发落。史斌看到宗谔兵数众多，不敢拒命，起义流民遂一朝瓦解。正当宗谔要对史斌行刑处斩之时，原北宋泾原路军统制曲端率部将吴玠等一路人马从南山进入长安，处死了宗谔、史斌。接着，曲端又同被南宋东京留守宗泽承制所授权陕西制置使、节制陕西六路兵马的原陕西鄜延路经略使王庶争权不叶，嫌隙日深，致使陕西宋军的力量在内耗中受到了极大损失。

建炎二年（1128 年）七月，正当曲端和王庶在陕争斗正炽之际，金主完颜晟已集中力量攻拔了黄河以北宋军固守的多数据点，暂时镇压了各地的抗金义军，金国的后方得以巩固，

① 参看《余嘉锡治学杂著》下册，中华书局 1965 版，第 368 页。

再次派兵大举南侵：由金帅粘罕率河东金军主力与完颜宗辅所率河北金军在濮州（今山东鄄城北）会合，对黄河南岸的宋军实施攻击，正不断向南扩张领地；又命偏将娄室率部再入陕西，牵制川陕宋军，掩护主力东下。

同年八月，娄室所率西路金军由潼关突入关中，连陷华州、同州等州县。九月，再次攻入长安，宋经略使郭琰弃城退保南山义谷之中。这时，坐镇鄜延的陕西制置制、节制陕西六路军马的王庶急召曲端和陕西各路军马在耀州（治今陕西耀县）集结，准备夺回长安。但由于曲端从中作梗，拒不从命，致使宋军被金兵各个击破，娄室率领金兵顺利攻占了耀州、延安、绥德、清涧等地。鄜州驻军统帅折可求率部降金，把麟、府、丰和九堡寨拱手相让。驻守佳县的晋宁军宋将徐徽言因孤立无援，在粮尽矢绝、水源被断的情况下，城陷被俘，不屈而死。鄜延一路全部失守。由于娄室所率金兵这次只担负牵制川陕宋军、掩护主力东下的任务，并不重视据城略地，故在北进以后原已沦陷的关中诸地又相继被宋军占领。娄室平定陕北以后，仅留降将折可求守绥德，部将婆卢守延安，自率金兵又从陕北南下，重新收复被宋军夺去的关中州县。但为时不久，宋将李彦仙率部攻占了陕州，威胁到了西路军与中原金军的联络通道，故娄室又率部东出潼关，围攻陕州，长安和关中又相继重归于宋。在此期间，东路的金军主力也在南宋岳飞、韩世忠等抗金将领和江淮以南抗金义军的打击下，连遭失利，使其产生了孤军深入之感。于是在大肆烧杀掠夺之后，被迫北撤。南宋高宗也从越州定都临安，江淮战场暂趋沉寂。

金军主力北撤以后，金主完颜晟召集众将商议，决定改变战略部署，将全面进攻改为东守西攻，并集中兵力攻占陕西，进而控制四川，然后夺取长江上游，从西北迂回围攻南宋。这时，南宋方面也有人提议要把固守关陕当作“中兴”之始。重臣张浚认为“秦蜀为首，东南为尾，中原为脊”，“以东南为首，安能起天下之脊哉？将图恢复，必在川陕”。并建议高宗“驾幸”① 关中，图谋“中兴”之举。建炎三年（1129 年）五月，还在娄室所率金兵肆虐关中之时，宋高宗即命张浚为川陕宣抚处置使，坐镇兴元府（治今陕西汉中），负责调遣和部署驻陕诸军。宋金之间规模空前的陕西和长安之战已迫在眉睫了。

建炎四年（1130 年）四月，娄室所率金兵先头部队从陕州越潼关突入关中，相继攻占了三原（治今陕西三原东北）、邠州（治今陕西彬县）、乾州（治今陕西乾县）后，第四次夺取了长安，并不断向关中西部扩大战果。这时，陕军主帅张浚为了将屯驻两淮的金军主力引入西北战场，减少都城临安的军事压力，在没有作好陕军的调遣和部署之时，决定提前向入陕的金兵发起总攻。同年七月，金军主力中最为精锐的兀术一军终于从东南调来西北，在讹里朵的指挥下进入陕西，与娄室部会合作战。八月，张浚先派统制官吴玠率部攻占长安，接着又麾军北上，相继收复了鄜延诸镇，打通了连接长安和陕北的通道。张浚遂在邠州设立了临时指挥部，移驻关西，调集熙河路刘锡、秦凤路孙偓、泾原路刘锜、环庆路赵哲以及驻军长安的临时受命统带鄜延路军的吴玠，合共陕西五路骑兵六七万，步兵 10 余万，号称 40 万大军，在长安东北集结，并以熙河、泾原两军为左翼，环庆路军为右翼，其余两路为中军，准备迎击金军主力。九月二十四日，宋金双方的主力在富平遭遇。宋军主动出击，初战告捷。左翼刘锡和刘锜率部冲入敌阵，将金军团团包围。兀术和部将经“跃马奋战”，才冲出重围，免于一死。但右翼环庆路宋军统帅赵哲部却被金军一触即

① 《宋史·张浚传》。

溃，赵哲不敢接战，弃众逃跑，环庆路宋军首先溃散，其余诸路宋军遂相继败北。金军乘胜四出追击，关中和陕北相继沦陷。张浚从邠州退至秦州（治今甘肃天水），又从秦州退至兴州（治今陕西略阳），最后退至阆州（治今四川苍溪）。于是宋金富平之战就以南宋的失败而告结束。此后，金军虽多次大举南下，企图由陕入川，实现他们预计的由长江上游对临安实施迂回包围的战略部署。但因吴玠、吴璘兄弟所率南宋军队在关中西部和陕南地区的顽强抵抗，加之蜀道险阻，粮草运输极其困难，金兵被堵截在川口之北，不能入蜀。所以也就形成了宋金在川陕交界的对峙之势。

随着金国在中原辖地的不断扩大，对人数有限而又在很大程度上仍保留着部落传统和奴隶制遗风的女真贵族来说，要想对被征服地区实行直接统治，是会遇到很多不可克服的困难的。于是在最高统治层中便产生了“援之藩辅，以镇南服”[①]的念头。这样，最早降金的前北宋济南知府刘豫便被作为第一人选，于建炎四年（1130 年）九月被金太宗册封为“子皇帝”，建国大齐，立都大名府（今河北大名），伪齐政权至此建立。绍兴元年（1131 年）十一月，金国又将陕西六路之地“赐”给刘齐。刘豫遂将降金的一批宋朝将领任为诸路统帅，而以原宋泾原路统制、权安抚使事张中孚任为陕西诸路节制使，兼知京兆尹，坐镇长安，总理陕西军政事务。张中孚遂成了伪齐在陕西第一任最高的军政长官。但刘豫在治齐期间，既不能为金国“辟疆保境”，又不能使金兵“按兵息民”，反而还引起了伪齐境内广大军民的激烈反对和普遍唾骂，以致出现了“进不能取，退不能守，兵连祸接，休息无期”[②]的僵局。于

① 《金史·刘豫传》。

② 《宋史·刘豫传》。

是金国的重臣兀术、挞懒遂于宋绍兴七年（1137 年）十一月一举冲入大名府，绑架了刘豫，废除了伪齐，为时 8 年的伪齐统治就这样一朝瓦解。

由于经过了将近 10 年之久的宋金陕西之战的严重破坏，接着又是 8 年伪齐政权的践踏蹂躏，这时的陕西和古城长安已是断垣残壁、满目疮痍了，陕西民众更是陷入了食不果腹和饥寒交迫的境地。对金国统治者来说，这里已成了“弃之可惜，食之无肉”的鸡肋。于是金国内部又出现了“归地”之议：即只要南宋答应称臣纳贡，金国即可将河南和陕西之地归还南宋。以宋高宗为首的南宋投降派们闻讯后，自然喜出望外。双方遂从绍兴七年（1137 年）十二月开始，信使往来，进行了多次的以讨价还价为主要内容的秘密谈判。正在双方相持不下、谈判陷入僵局之时，陕西又发生了李世辅归宋事件，最终促成了协议的签订。

李世辅原为南宋初年陕西制置使、节制陕西六路军马王庶帐下的一名抗金将领。陕西沦陷后，世辅降金。刘豫治陕时，他又被任伪齐同州（治今陕西大荔）知州。此人虽历仕金、齐二朝，但却始终心系大宋。绍兴七年（1137 年）十月，他企图劫持前来同州视察的金统帅撒离喝南归宋朝，进行了一番精心准备。但终因事机不密而功败垂成，致使全家 200 余口全被撒离喝杀死。世辅悲愤之余，叛金降夏，并引来 20 万夏军大举攻入陕北，并有继续南下之势。金国对夏军入侵之事一筹莫展，遂当即令四太子兀术在绍兴九年（1139 年）正月初一“先发割界文字，前往陕西，方解其事”，[①] “归地”协议当即达成。李世辅亦率旧部脱离夏军，经长安、凤翔南下，在河池（今甘肃徽县）归降了宋宣抚司吴玠。

---

① （宋）李心传：《建炎以来系年要录》卷 125 引《金中杂书》。

陕西“归地”以后，南宋当即以原金州（治今陕西安康）知州郭浩为陕西宣谕使，进驻长安，权理陕西军政。又将归降的金、齐原任地方官逐一留用，暂时恢复了陕西的军政机构。至此，经富平战后沦陷了九年的秦岭以北陕西全境又归入南宋版图。

正当南宋君臣对“归地”和议的成功而弹冠相庆之际，金国内部于绍兴九年（1139 年）七月发生政变。金太祖第四子完颜宗辅（兀术）杀死了主张同南宋议和“归地”的挞懒一派，掌握了金国兵权。次年五月，金国以兀术为元帅，分兵四路向陕西、河南、山东等已经拨“归”南宋的土地发起进攻。西路金军在撒离喝的率领下，从河中府（治今山西永济西）渡河突入关中，不几天便连克同州和长安。南宋的陕西宣谕使郭浩抵敌不住，当即从长安撤至耀州。金兵长驱东进，又陷凤翔，从东至西横扫关中平原，把南宋的驻陕部队拦腰截断。这次战役，相继持续了 2 年有余，互有胜负。直到绍兴十一年（1141 年）年底“绍兴和议”签订以后，双方遂以秦岭和大散关为界，划疆而守。终金之世，双方在陕西再也没有发生过大的战争。

金国统治中原时期大致亦沿袭宋制：在全国设置路、州（府、军、监）、县三级机构。路为最高一级地方建制，全国共设 20 路，各路均置总管府，统领府、州、军、城。金熙宗皇统二年（1142 年），将宋时的陕西六路并省为四路：即京兆府路、庆原路、鄜原路、熙秦路。京兆府路即宋时永兴军路，治所长安设有总管府，为该路最高军政机构。金海陵王天德二年（1150 年），又置陕西路统军司和陕西东路转运使，专掌京兆府路的军政和后勤供应，共领 5 州、10 镇和 12 县：5 州为商州（治今陕西商县）、同州、华州、耀州和虢州（治今陕西宝鸡）；10 镇是长安子午镇、咸宁鸣犊镇、乾祐镇、临潼零口镇、云阳孟店镇、高陵毗沙、渭城镇、终南甘河镇、栎阳栗邑镇、鄠县秦渡镇；12县是长安、咸宁、兴平、泾阳、临潼、蓝田、云阳、高陵、终南、栎阳、鄠县和咸阳。驻守长安和陕西的金兵同其他诸路一样，多为屯田军和镇防军两种，兵员为强行签发汉人丁壮充任，甚至一些赋闲或致仕的官员也一律征发。这些地方部队只是经营屯田和维持当地治安而已，其征战、戍守的主力部队则是由女真人组成的禁军而已。

第二节　元朝时期的长安军事与战争

一、蒙古与金的长安争夺战

元朝的建立者蒙古族是在12世纪兴起于蒙古草原的一个少数民族。1206年，蒙古族历史上最为卓越的首领、被后人誉为“一代天骄”的成吉思汗铁木真（即元太祖）在统一了蒙古各部以后，建立了蒙古族历史上第一个奴隶制政权——“蒙古汗国”。接着，他在不断巩固和加强蒙古汗国的政治统治的同时，又不停顿地麾军南向，对毗邻的西夏和金国发动攻势，大规模地扩张领地。随着国力的日益强盛和领地的不断扩大，成吉思汗又滋生了灭亡金、夏和控制欧亚的政治野心，并确定了先平定西北，再挺进中原的战略部署。这样，陕西便成了成吉思汗经营西北的第一战场。

太祖七年（1212年），成吉思汗率蒙古主力西征中亚之际，将国事委于重臣木华黎综理。木华黎是蒙古汗国元勋，后在对夏、金用兵中又屡立战功，深受成吉思汗宠信。他被授封太师、国王承制行事以后，遵照成吉思汗“先西北，后中原”的既定方针，积极准备入陕作战。

太祖十一年（1216年）冬，木华黎经过数年休整以后，亲提蒙古军、探马赤军和汉军等共10万兵马南下，假道西夏，从东胜州（今内蒙古托克托）渡过黄河，进入陕地。这时，西夏已在蒙军的多次打击下，称臣求和。木华黎遂将夏军塔哥甘普部5万余众裹胁而南，一起参加对金作战。金国此时也在兵力部署上由“重东轻西”转而变为“重西轻东”，在陕西和长安大量集结兵力，准备迎击蒙军进攻。于是蒙金历史上规模最大的陕西争夺战便由此拉开。

同年十月，木华黎所率蒙军在相继攻占了葭州（治今陕西佳县）和绥德等地后，迅速兵临延安城下。由于金延安知府完颜合达和金将纳合买住率金兵奋勇抵抗，蒙军久攻不克，木华黎遂留下小部蒙军继续围攻后，亲率蒙军主力继续南下，由鄜州（治今陕西富县）攻入关中，并很快兵临长安城下。金京兆府知府事完颜霆见蒙军来势凶猛，遂帅长安百万吏民退入南山谷口躲避。蒙古军顺利进驻长安。由于木华黎此次出兵旨在打击金军有生力量，并无攻城略地之意，故在长安暂作休整以后，又率兵北进，由鄜州经丹州（治今陕西宜川）渡河攻入山西。

太祖十二年（1217年），木华黎率部在山西攻陷太原等地后，又于十月从龙门（今山西河津）踏冰渡河，再次进入关中。十一月，蒙军在相继攻占了桢州（治今陕西韩城）、同州和蒲城后，又兵临长安城下。这时，原延安知府完颜合达因守卫延安之功已升任为参知政事，亲率20万金军主力，固守长安，并受命指挥全陕战事。蒙军这次在长安城下受到了守城金兵的顽强抵抗，伤亡惨重，久攻不克。木华黎遂分拨6000兵力屯驻长安城郊，继续围攻，又派兵3000截断了长安和潼关之间的交通。接着，他便自率蒙军主力西攻凤翔。由于凤翔的金兵在守将完颜仲元和马仲祥的率领下，英勇反击，蒙军又久攻无功，木华黎只得将全部蒙军撤离陕西，进入河东。次年，木华黎病死在闻喜军中。驻陕金军在蒙军撤离以后，相继收复了关中各地和山西南部。蒙金陕西之战的第一阶段至此结束。

太祖二十二年（1227 年）四月，成吉思汗在西征回师途中，灭亡西夏。接着，他又亲率无坚不摧的怯薛军从夏境南下，由陇东进入关中，并迅速兵临凤翔城下。为了分散金军兵力，成吉思汗一面率主力围攻凤翔，一面又派偏师东进长安，企图打破金军对蒙古的东西夹击之势。坐镇长安的金参知政事完颜合达面对蒙军的步步进逼，一面率军抵抗，一面又派驻守泾、邠、陇三州的金兵节度使杨沃衍与凤翔附近义军将领刘兴哥出兵邠、陇，威胁蒙军的侧后方。成吉思汗恐怕蒙军的西归道路被切断，不敢滞留，当即将蒙军撤至清水（今属甘肃）。不久，他即病死军中。

金哀宗正大六年（1229 年）八月，成吉思汗第三子窝阔台（元太宗）继任汗位以后，当即分兵三路，向金发起了规模更大的进攻。窝阔台亲率中路蒙军攻击黄河防线上的金军；斡陈那颜率左路蒙军由山东向黄河下游推进；拖雷率右路蒙军沿河曲南下，从陇东入陕，经陕入豫。最后三路蒙军会师汴京，势在必胜。

拖雷所率西路军从陇右入关以后，由于陕西金军长期缺粮，军饷严重不足，士气低落，已完全失去了抵御能力。故这次入陕的蒙军如入无人之境，凤翔和长安相继陷落，关中地区很快失守。金军统帅完颜合达也将作战指挥部由长安移至潼关以东的阌乡（今河南灵宝西），同时又将长安之民全部迁入河南。陕西从此并入蒙元版图，蒙金之间的陕西之战至此结束。太宗六年（1234 年）正月，汴京陷落，金朝灭亡。至元八年（1271 年），继任蒙古大汗的忽必烈改蒙古汗国为元，并于至元十三年（1276 年）攻陷临安，南宋灭亡。至元十六年（1279 年），统一全国，遂开始了元朝对中国长达 90 多年的封建统治。

二、元朝统治时期的长安军制

早在南宋理宗绍定四年（1231 年）蒙古占领陕西全境以后，太宗窝阔台就把长安和陕西地区看成了他们经营西北的军事中心和对南宋进一步用兵的后方基地，开始进行大力经营。

这一时期窝阔台首先在长安设置了“镇抚陕西总管京兆等路事”，又称“京兆府（等）路都总管”，而陕人简称为“镇抚”。并以汉人田雄出任第一届陕西镇抚使。其时陕西尚未大定，“四山堡寨之未降者”继续坚持抗元斗争，烽烟不断，关中百姓仍在战火中呻吟。史载田雄“披荆棘，立官府，开陈祸福，招徕四山堡寨之未降者，获其人，皆慰遣之，由是来附者日众。雄乃教民力田，京兆大治。”[①] 使弥漫战争硝烟的陕西大地透出了一丝生机，使饱尝了战争苦难的关中民众看到了一线希望。但由于多数蒙古贵族本身所带有的游牧民族所固有的落后性和野蛮性，仍使关中地区在“兵火之余，八州十二县，户不满万，皆惊忧无聊”[②]。

南宋理宗宝祐元年（1253 年），蒙哥大汗在位期间，按照蒙古旧制，开始在被征服的中原大地上分封诸王，而让其弟忽必烈在南京（今河南开封）和长安两地之间任择其一，作为封地。忽必烈听从了汉人谋士姚枢的建议：“南京河徙无常，土薄水浅，舄卤生之。不若关中厥田上上，古名天府陆海”[③]，毅然选择了当时已被战争破坏得满目疮痍的古都长安，作为封地。从此，关中的历史又揭开了新的一页。

---

① 《元史·田雄传》。
② 《元史·商挺传》。
③ 《元史·姚枢传》。

同年春天，忽必烈亲至关中，在汉族谋士的支持下，开始大力推行“汉法”。他首先在京兆长安设立了从宜府，作为临时的军政机构，并勒令在长安广建府第以豪侈相尚而顽固不化的蒙古军事贵族们从京兆迁往兴元（今陕西汉中）。接着，又奏请蒙哥汗将河东解池食盐榷税拨归陕西，以供军饷。又在凤翔和长安周围等大力开办屯田。不但使金末以来陕西地区军人横行，节帅跋扈的局面为之一扫，而且也结束了陕西入元以后仅依“抢劫”支应军粮的野蛮之风。

同年夏，忽必烈又在长安设立了陕西地区第一个最高的正式行政机构——京兆宣抚使，选用一批较为开明的蒙古贵族和汉族士人李兰、杨惟中等担任宣抚使，“颁俸以养廉，去污以清政，劝农桑以富民”。原来作威作福和为非作歹的蒙古军人大多销声匿迹。“不及三年，号称大治”[①]。正是在这些汉法的治理下，才使陕西的政治和经济得到了一定的发展，才为后来忽必烈的南下入蜀，灭亡大理、西入吐蕃和北略鄯善等一系列成功之举，奠定了基础。

南宋理宗景定元年（1260 年），蒙哥汗死，忽必烈于三月即汗位，是为元世祖。同年八月，元世祖在京兆宣抚使的基础上，又立陕西四川等处行中书省于京兆长安，原宣抚司官员如廉希宪、商挺等也都变为新设的行省官员。这是蒙元帝国在全国较早设立的具有行政职能的一个行省。这样，古都长安又成了总理陕西、四川军政大权的最高一级地方统治机构的治所。

至元九年（1272 年），即元世祖改蒙古汗国为“元”国号的次年，忽必烈又按照蒙古帝国时代遗留下来的宗王典兵、封王的旧制，把他的第三子忙哥剌封为安西王，建藩于京兆长安，开始了长达 10 年之久的安西王国的贵族统治。

---

① 姚燧：《牧庵集》卷 15《姚公神道碑》。

忙哥剌为忽必烈正后所生，又深得忽必烈宠爱，故在受封关中以后，不但受王临民，而且主政掌军，位高权重。他所统帅的军队多达15万众，在后来的对宋战争中成了在西北和西南战场上独当一面而又举足轻重的核心人物。至元十年（1273年），忙哥剌又进爵秦王，权势更炽。他仿元廷纳钵之制，冬驻京兆长安安西宫，夏驻六盘山开成宫，集军政大权于一身，俨然成了陕西地区最高的军政长官，以致和陕西行省成了并立的二元体制，甚至安西王府还有凌驾于行省之上的势头，这在全国其他地区是独一无二的。

为了改变这种“二权分立”的机构设置给陕西地区带来的不良后果，元世祖曾一度下令撤销了行省，把京兆地区并入腹里，直隶中书省管辖。但不久又因关中距大都太为遥远，直隶中书省确有鞭长莫及之感，就又交由安西王府治理。

至元十五年（1278年）十一月，安西王忙哥剌病死。二年以后，忙哥剌之子阿难答又承袭了安西王位。不久，元朝廷又在陕西复设行省，改京兆长安为安西路总管府。于是又恢复了原来陕西行省所特有的省、藩和府、路并存的二元政权结构。在此期间，阿难答曾在陕西地区和长安城中同忽必烈倡导的“汉化”之法大唱对台戏，肆意排斥和杀戮王府和行省中的汉族官员，全力依靠蒙古军事贵族和色目人中的守旧派势力，大力推行蒙古旧制。并在所率的15万军人中倡导回教，压抑元朝一直推崇的国教——佛教，甚至还“打碎了偶像，捣毁了寺院”①。更为严重的是，阿难答还拥兵自重，把安西王府明目张胆地凌驾于行省之上，逐渐形成了一种和中央集权对立的割据势力。

大德十一年（1307年），元成宗死，阿难答又参与了伯岳

---

① 拉施德：《史集》第2卷，商务印书馆1985年版，第379页。

吾后与阿忽台策划的篡权活动。这次政变失败以后，阿难答被新即位的元武宗押至大都处死。皇庆元年（1312年），元仁宗下诏改安西王府为奉元路，意为王府官员要世世代代尊“奉”大“元”，切不可背元叛逆，否则，就只能和阿难答一样，落得个死于非命的下场。这样，古都长安也被世人改称为奉元路城了。至此，盘踞长安和统治陕西达40多年的安西王府宣告覆灭。陕西行省和奉元路城便成了这一地区最高的军政机构，其在控扼西北以至整个西部中国的枢纽地位更加显著。

元朝统治者派驻陕西行省和奉元路城的军队主要是地方镇戍部队。这些镇戍部队全由蒙古军、探马赤军和汉军组成。

蒙古军主要由蒙古人充当，其大部分驻守于大都（今北京市）和上都（今内蒙古正蓝旗东）以及“腹里”（元中央中书省直辖地区，包括今河北、山西和山东三省及内蒙古的部分地区），但也有少部分屯驻地方。陕西行省和奉元路城是元朝的西北军事重镇，当有部分蒙古军驻屯。探马赤军是成吉思汗攻金时由蒙古所属的札剌儿、弘吉剌、亦乞烈思、兀鲁尤惕、忙兀惕五部组建的军队，由按札儿、孛罗、肖乃台、阔阔不花、不里合拔都儿五人分领，而总领于重臣木华黎。后来，木华黎就是率领这支部队进入陕地，击败金兵，夺取关中和长安等地的。金国被灭后，当有大部分探马赤军留驻长安，从而成为守卫长安和陕西行省的主要地方部队。汉军是蒙元在征服中原的过程中强行征发汉人丁壮而组建的军队。关中是蒙元帝国较早征服的地区，故汉军当是驻陕部队中人数最多的一支武装力量。此外，元朝政府还在全国各地设有专责捕捉“盗贼”、维护地方治安的巡军弓手和专责传递军事情报的站赤兵丁和急递铺兵。京兆长安（即奉元路城）附近的站赤和急递铺设置完备，数量众多，故站赤兵、急递铺兵以及巡军弓手的数量当一定不少。

元朝实行签发丁男入军的签兵制度和军户制度，即无论哪个民族的男子，只要被编为军户以后，凡“十五岁以上，七十以下，无众寡尽签为兵”。汉军军户的签发是以民户的资产和劳动力的状况为根据的，一般都取于中户。又针对部分军户无丁或无力服役的情况，元政府又推行了正、贴户制，即依据军户的不同状况，以两三户或四五户合出一兵。出人当兵的称为正军户，又称军头。其他各户出钱资助，称为贴军户，由政府指定，不能随意改变。驻陕汉军和站赤、急递铺兵以及巡军弓手大都由此种征兵制度签发而成。

元朝的驻陕诸军，即蒙古军、探马赤军和汉军等镇戍部队总归中央枢密院调遣，中书省兵部则管理军队的通信、马政等事务。安西王府统治时期，安西王忙哥剌则是驻陕部队的最高统师。安西王府被取缔和覆灭以后，设置在奉元路城的陕西行省则成了统帅驻陕诸军的最高机构。元论是蒙古军、探马赤军和汉军均按十进位编制，其最高基层组织为万户府，设达鲁花赤、万户、副万户、镇抚等官管理；千户府设达鲁花赤、千户、副千户、弹压等；百户所设百户。各级军官均为世袭，承袭者可以是儿子，亦可以是兄弟等直系亲属，但年龄均须在20岁以上。站赤和急递铺兵则按驿站编制，各站赤设有驿令、驿丞、提领和司吏等多员。汉地驿站由兵部统领，蒙古站赤则由通政院统领。

为了解决驻守在长安和奉元路城内元军的军饷供应问题，根据当时关中地区出现了大量荒田这一状况，元朝廷继承汉唐时期在边疆屯田的经验，首次在内地大兴屯田，并以军队屯田为其主要形式。据清乾隆所修《西安府志》卷14《屯运》条载，元世祖至元十一年（1274年），元廷曾设陕西河渠营田使之职，专责屯田事宜。十八年十月，又命安西王府协济户和南山隘口元军于安西等处屯田，增陕西营田粮10万石。十九年二月，又将盩厔南堡官荒地赐给归附军，令其在孝子林和张马村进行军屯。次年，盩厔杏园庄、孝子林和张马村的军屯土地达到400顷左右。到至元二十八年（1291年），陕西共有屯田48屯，其中奉元路所属的终南县就有怀数、皋平、忠力、曲泉、东成、利泽、奉上、栾村、安化等9屯，栎阳亦有归厚、安仁、安业、丰乐、万呈、广盈、阜盈、大有、安陵等9屯①。但到元朝后期，由于军屯官吏贪污和压迫屯军以及屯田军人的消极怠工等因素，军屯的土地收入逐渐降低，最后只得废弛。

三、元末红巾军入陕及元朝灭亡后关中和长安地区军阀割据局面的形成

元世祖忽必烈在改元、灭宋和统一全国以后的一段时间里，曾励精图治，躬行汉法，大力发展农业生产，曾使陕西长安地区和全国其他地区的社会经济都得到了不同程度的恢复和发展。但从忽必烈以后，以元朝皇帝为首的最高统治层却逐渐奢侈腐化。他们不但纵情声色，追求享乐，而且争权夺利的宫廷政变和武装叛乱接踵发生，致使吏治大坏，阶级矛盾和民族矛盾日益加剧。从14世纪20年代开始，陕西和长安地区就多次发生过寺僧起事。如元仁宗延祐七年（1320年），奉元路所属盩厔（今陕西周至）县就发生圆明和尚领导的寺僧起义。圆明俗姓白，名唐兀台，原为耀州美原县（今陕西耀县东）的探马赤军兵士。后在盩厔、终南（今陕西长安县南）小高山湫池边落发为僧。延祐七年六月十六日，他来到扶风县境集合教徒苏子荣等50余人，密谋于七月五日举众起义，进攻奉元路城长安。圆明自称皇帝，其徒众声言他将于“上元甲子合坐大

① 参看（乾隆）《西安府志》卷14《屯田》引《长安志屯田图说》。

位”。但由于有人告密，陕西行省参政朵里只八于六月二十五日派官兵进行追捕。圆明当即率徒众仓促应战，终因寡不敌众，起义失败。在此期间，奉先（今陕西凤翔）“妖僧”又再次起义，并迅速波及到了凤翔和盩厔等关中各地，致使“省台聚议，计无所出”。后来，奉元路总管文如玉“召募丁壮，守据要害”，又亲自率兵在凤翔和盩厔等地逐捕征讨，才把这次起义镇压下去。这些小规模起义的接连发生，充分说明陕西长安地区也和全国一样，都处于了“山雨欲来风满楼”的境地。

元顺帝至正十一年（1351 年），白莲教主刘福通和韩山童领导的红巾大起义终于在颍州（治今安徽阜阳）爆发了。起义军以排山倒海之势，猛烈冲击着元王朝腐朽的统治机体，涤荡着神州大地上的污泥浊水，开始了埋葬大元帝国的伟大斗争。

至正十六年（1356 年），已经建立了“大宋”农民政权的红巾领袖刘福通为了打破元军的围攻，实现“直捣幽燕之地”和“重开大宋之天”的战略目标，决定分兵三路，进行北伐：东路军由毛贵率领，从山东、河北北上，直逼元朝的统治中心——大都；中路军由关先生、破头藩率领，从山西转攻河北；西路军由大刀敖、李喜喜、白不信率领，由湖北进攻陕西。

同年秋，西路军的先头部队在李武、崔德的率领下，横穿河南西部，攻入商州（治今陕西商县）。但由于受到奉元路判官王渊等所率地主武装的堵截，又被迫退入河南。接着，李、崔又率部北上，向潼关发起进攻。由于守关元军拼死拒守，起义军对潼关多次得而复失，最后只得又入河南。稍事休整以后，起义军又继续南下，再次攻占商州，一路连克武关、七盘关和蓝田。又分兵围攻同州、华州，最后屯兵灞上，直逼奉元路城长安，一时三辅震动，很多地方官纷纷逃窜，元朝在陕西的统治受到了致命打击，已出现了分崩离析之势。这时陕西行省和行台的军将、官吏一面向元廷遣使告急，请求援军；一面在安西王故宫召开紧急会议，商讨对策。行台侍御史王思诚提出邀请知河南行枢密院事的察罕贴木儿率部入关，援救长安。但与会的多数官员却对此忧心忡忡，因为他们知道察罕帖木儿原为河南沈丘县土豪，他的部众多为私自招募而来的私人武装，虽然在围剿红巾起义军中立有战功，但却具有明显的军阀性质和割据倾向，一旦进入陕地，将会遗患无穷。但除此以外，又无其他良策可以解除眼前的危机。所以大家最后只得接受这个建议，遣使招察罕入陕。但这样以来，就确实为后来陕西地区形成的军阀割据埋下了祸根。

正当陕西行省官员在忙无所措之时，屯驻灞上的红巾军首领李武、崔德却没有抓住战机，及时向奉元路城发动进攻。就在他们犹豫不决和举棋不定之时，察罕率领的河南土团武装迅速入关，并同长安城内阿剌忒纳失里所率守城元军东西呼应，对红巾军形成了夹击之势。李武、崔德率众苦战累月，终于不支，被迫退守秦岭山中。

至正十七年（1357年）九月，西路红巾军主力在大刀敖、白不信和李喜喜的率领下沿汉江进入陕南山区，与先头部队李武、崔德在金州（治今陕西安康）会合后，经兴元进入关中。但在察罕帖木儿的围追堵截下屡遭失利，只得退入四川，其中一部分投奔了明玉珍的夏政权，其余则自行溃散。后来，中路和东路军亦相继失利，刘福通战死，轰轰烈烈的红巾大起义宣告失败。

红巾军败离陕西以后，三秦大地又陷入了军阀割据的混乱之中。

先是察罕帖木儿以“平叛”之功受任为陕西行省左丞，不久又加任为陕西行省右丞兼陕西行台侍御史及同知河南行枢密院事，成了陕西行省历史上第一个兼任行省与行台两个机构的最高长官，集军政和监察大权于一身，坐镇长安，俨然成了陕西的太上皇。与此同时，他的部将们也在长期的兼并战争中，不断扩大自己的武装力量，日益羽翼丰满，逐渐成了割据一方的实力派军阀，开始养尊处优，拥兵自重，不再习惯于被人气指颐使。例如李思齐原为察罕部下的一名裨将，这时也已升任为四川行省左丞，坐镇凤翔，足以同察罕分庭抗礼。其次如宣慰使张良弼驻兵秦州（治今甘肃天水），郎中郭择善驻崇信（今属甘肃），宣尉同知拜帖木儿驻通渭（今属甘肃），陕西行省平章定住驻临洮（今属甘肃），总帅汪长生奴驻巩昌（今甘肃陇西），均各自除拜官爵，征纳军需，称王称霸，根本不把察罕看在眼里。从至正十八年（1358 年）以后，这些割据军阀为了扩充地盘，壮大势力，又开始了相互争夺的兼并战争。至正二十二年（1362 年），察罕帖木儿被调往山东，在同红巾军的作战中，兵败被杀，元廷遂以其外甥、义子王保保（蒙古名为扩廓帖木儿）承袭其职。于是陕西各路军阀的兼并战争更趋白热化。这年三月，李思齐向张良弼发起进攻，被张在武功设伏击败，思齐转而又围攻兴平，最后退守盩厔。至正二十三年（1363 年），陕西行省右丞答失帖木耳又与行台诸官发生火并。答失密邀山西军阀孛罗帖木耳入陕，攻占了奉元路城长安，俘获了行台御史大夫完者帖木儿、监察御史张可遵及其官印。陕西行省最高长官王保保又遣部将貊高和李思齐合兵夺回了长安，孛罗被逼出陕。王保保遂受命“总制关陕诸道军事，陟黜予夺悉听便宜而行”。于是王保保“分省自随，官属之盛，几与朝廷等”①。

至正二十四年（1364 年），王保保为了消除异己，率部出陕，在中原与孛罗帖木耳展开角逐。次年七月，孛罗被杀。不久，元廷又召王保保“总天下兵”去征讨南方的朱元璋等红巾

① （雍正）《陕西通志》卷 82《纪事七》，

军余部。保保调李思齐等陕军出兵相助。思齐等不但抗命不遵，而且还与张良弼等驻陕军将在长安含元殿会盟，共同向王保保宣战。军阀混战的烽烟又从陕西漫延到了中原地区。战事相持经年，陕军被王保保各个击破，只有李思齐和张良弼为保存实力，提前退出战争，返回陕西。关中遂被李、张所分割。

总之，长达10年之久的军阀混战使长安和关中地区早已衰败的社会经济更是雪上加霜，人民大众的生计全无，已被逼上了绝路。他们对国家统一和社会安定的渴求和希望，已如久旱盼甘霖、久病乞良药了。

第六章

明清时期西安军事的中兴

明太祖洪武二年（1369年），明军入陕并占领奉元路城以后，当即宣布改奉元路为西安府，至此“西安”之名正式出现，并被确定为陕西省会，于是西安的行政建制又翻开了新的一页，对后世发生了重大影响。明朝始则在西安派驻了世兵制的卫所部队，后为募兵式的营伍制所代替。明末李自成率农民起义军攻占西安，建立了大顺政权，但不久灭亡。清朝建立后，继承了明对西安的行政建置，并派驻了八旗兵和绿营营汛。从乾隆、嘉庆开始，到咸丰、同治年间，陕西地区相继爆发了白莲教起义、李蓝和太平军起义、回民起义及西捻军起义，但均遭失败。接着，在清王朝进行的军制改革中，西安相继建立了练军、防勇和新式陆军。特别是新式陆军的建立，是陕西和西安地区出现的适应近代战争需要而产生的第一支新型的国家武装力量，也是古都西安军事中兴的重要标志。就是这支新建陆军后来成为辛亥革命时期发动西安起义的中坚力量，最终成为埋葬清王朝在陕西封建专制统治的掘墓人。历史的辩证法就是如此。

第一节 明朝西安的军事与战争

一、明军入陕及西安府的正式建立

正当陕西军阀李思齐、张良弼等均在河南被王保保击败后返回陕西，又卷入了酣战不已的军阀混战之际，南方红巾军的首领朱元璋却乘机扩张势力。他在攻占集庆路（治今江苏南京）以后，坚持“高筑墙，广积粮，缓称王”[①] 的战略方针，一面大力巩固自己的后方基地，同时又伺机兼并了占据湖北的陈友谅和陈理父子、江苏的张士诚以及浙江的方国珍等割据势力，淹有东南半壁河山。至正二十七年（1367 年）十月，他在羽翼丰满以后，遂命部将徐达为征虏将军，常遇春为副将军，率大军 25 万，进行北伐，并制订了“先取山东，撤其屏蔽；旋师河南，断其羽翼；拔潼关而守之，据其户槛。天下形势入我掌握，然后进兵元都，则彼势孤悬绝，不战可克。既克其都，鼓行而西，云中、太原以及关陇，可席卷而下”[②] 的详尽而又明确的作战方针。又提出了“驱逐鞑虏，恢复中华，立纲陈纪，救济斯民”的政治口号。旨在灭亡元朝，统一中国。

至正二十八年（1368 年）正月，朱元璋在南京即帝位，建国号明，改元洪武。这时，徐达和常遇春所率北伐军已如破竹之势，席卷了山东全境。当徐、常接到明朝建立的诏书后，军心大振，当即从山东移师河南，在洛水以北的塔儿湾（今河南洛阳东郊）击败了扩廓帖木儿之弟脱因贴木儿率领的 5 万元军，又迫使梁王阿鲁温投降。接着，又连克洛阳、陕州。同年

① 《明史·朱升传》。

② 《明太祖实录》卷 21。

四月，徐达派部将冯宗异率部向潼关发起进攻。宗异利用守关陕军李思齐部和张良弼部各怀鬼胎、相互猜忌之机，先对张良弼实施火攻。李思齐见张营火起，不仅不予援救，反而向后退至葫芦滩，仅令偏师张德钦部驻关断后。张良弼孤军作战，势难持久，只得败走鄜城（今陕西富县）。宗异乘胜攻破潼关，进占华州（治今陕西华县），奉元路城长安一时震动。李思齐为了保存实力，只是坐守老巢凤翔，不敢出兵援救，明军对关中唾手可得。这时洪武帝朱元璋已从南京赶至汴梁（今河南开封），亲自指挥北伐诸军。他当即派人驰书宗异："今大将军（指徐达）方有事于北方，宜选将守关，以遏其援兵。尔且率师回汴梁。"[①] 宗异奉诏当即撤出关中，陕西元军才暂时免于灭顶之灾。

洪武元年（1368年）八月，徐达和常遇春所率明军主力攻占元朝大都，元顺帝率后妃、太子等仓惶逃往漠北，元朝灭亡。接着，徐、常又麾师南下，经平阳（今山西临汾）抵达河中（今山西永济），与由河南西进的冯宗异部会合。次年二月，明军经过半年休整以后，合军西进，通过在大庆关（今陕西大荔东）附近建造的临时浮桥，突入关中。这时，一直在互相残杀的陕西军阀才从酣战中猛醒，预感到末日来临，始慌忙中止了内讧，共推李思齐为总兵，临时组成了10万甲兵，集结在凤翔一带，企图作垂死挣扎。

徐、常所率明军主力入陕以后，沿渭河北岸长驱西进，把守潼关的明军郭兴、于光和金兴旺部也从渭河以南向西疾驰，对奉元路城长安已形成了钳形夹击之势。这时被陕西元军推为"总兵"的李思齐一面命令部将张德钦、穆薛飞留守奉元，一面调张良弼、孔兴、脱列伯等军在渭北鹿台（今陕西高陵西

① 《明史纪事本末》卷9《略定秦晋》。

南）集结，企图堵截入陕明军。但这些陕西元军都为了保存实力，谁也不肯贸然东进。而兵力最强的张良弼部早在明军主力到达鹿台附近的前三天就已从野口（今陕西彬县境内）西遁，其余诸军也都在东进途中作鸟兽散，故明军主力并没有遇到多少抵抗，就顺利抵达奉元路城北的三陵坡（今西安北郊草滩一带），并与郭兴部在此会合。这时，留守奉元城的元陕西行省官员和李思齐部将张德钦、穆薛飞等均已逃之夭夭，长安父老千余人结队前往三陵坡迎接明军。洪武二年（1369 年）三月六日，徐达率 10 万明军整师入城，长安市民夹道欢迎。历经女真金国和蒙古元朝长达近两个半世纪的民族统治之后，古城长安又重归汉族统治者所有。

徐达下车伊始，即代表明王朝宣布：改奉元路城为西安府。从此，"西安"代替了自秦汉隋唐以来的古都长安之名，首次以陕西省会的地位出现在历史舞台上，并且步履蹒跚地走过了 6 个多世纪，至今沿而不改。与此同时，洪武帝又将一代名宦夏德任为首届西安知府，并着手进行了"与民更始"的各种拨乱反正之举：开仓放粮，赈济饥民，修复水利，恢复生产，使"秦民大悦"[①]。西安的历史又翻开了新的一页。

接着，徐达又率部继续围剿散布在陕西各地的残余军阀和不法官吏。这时，逃离奉元的元陕西行省平章哈麻图、歪头、西台治书侍御史王武以及元陕西行省左丞拜秦古等均相继被陕民所杀。只有元西台御史桑哥失里逃到三水县（今陕西旬邑）后，凭险守卫，负隅顽抗。徐达遣将进攻，终于将其平定。然后，徐达亲率主力西进，兵临凤翔城下。盘据凤翔的元将李思齐看到守城无望，故未作抵抗，即率部西奔临洮。明军兵不血刃，占领凤翔，关中大定。为了彻底歼灭残余势力，徐达在凤

① （乾隆）《西安府志》卷 53《大事志》。

翔召集诸将，商定了略定三秦和西北地区的作战方略，先后在临洮俘获了西北元军的盟主李思齐。另一军阀张良弼率部逃至宁夏，被驻守该地的元将王保保所擒。接着，徐达又相继进军陕北、陕南，消灭了那里的残余余孽。到洪武四年（1371年）二月，经过了将近三年的南北征战，终于使全陕统一，元朝末年陕西军阀割据混战的局面至此结束。

二、明朝西安卫所世兵制与募兵营伍制的军制变化

明朝建立以后，明太祖朱元璋为了强化专制主义中央集权的政治统治，在废除丞相制度以后，又仿照宋元的枢密院制度，在中央设立中、左、右、前、后五军都督府，作为全国最高的军事机构，分领在京和在外的各都司卫所诸军，“凡天下将士兵马大数，荫授迁除与征讨进止机宜皆属之”[①]。其中驻守西安和陕西各地的陕西都指挥使司统辖的卫所诸军即受右军都督府节制。但同时又设兵部，作为朝廷执政机构的六部之一。五府只管军籍和军旅之事，而人事调遣和政令发布之权则归兵部。遇有战事，天子命将充总兵官，兵部签发“出兵之令”，调卫所军领之，“既旋则归上所佩印，官军各回卫所”[②]。这样，就能做到“兵部有出兵之令，而无统兵之权；五军有统兵之权，而无出兵之令”，它们“合之则呼吸相通，分之则犬牙相制”[③]。由于五军都督府和兵部相互牵制，便于皇帝居中驾驭，因而皇帝对军队的控制权空前加强。这是明代军事指挥系统的一个显著特点。

---

① 王世贞：《大都督府左右都督同知佥事表》，载《弇山堂别集》卷53。

② 《明史》卷89《兵志》。

③ 孙承泽：《五军都督府》，载《春明梦余录》卷30。

明朝守卫京师的禁卫军和驻守地方的镇戍部队一律都按卫所编制，即一郡者设所，连郡者设卫。大抵是 5600 人为 1 卫，1120 人为 1 千户所，112 人为 1 百户所。每个百户所之下设两个总旗，每个总旗下设两个小旗，每个小旗有军士 10 人，“大小联比以成军”，分别由小旗、总旗、百户、千户和卫指挥使率领。属于镇戍军的各个卫所都有固定驻地，军士皆有定数，将领设置亦有定例。各个卫所官员分别隶于所在各个行省的都指挥使，再上辖于中央的五军都督府。

洪武二年（1369 年）三月六日，明王朝诏改奉元路城为西安府后，同时规定西安府下辖长安、咸宁、咸阳、泾阳、兴平、临潼、渭南、蓝田、鄠（今陕西户县）、盩厔（今陕西周至）、高陵、富平、三原及华州、商州、同州（治今陕西大荔）、耀州、乾州（治今陕西乾县）、邠州（治今陕西彬县）等 6 州 31 县。接着，都督沐英等人又先后修葺西安城池，相继增修西安四面城门：东曰长乐，西曰安定，南曰永宁，北曰安远；四隅又建 4 个角楼，98 座敌楼，并全部甃以砖石。这样，就使西安变成了一座易守难攻的军事据点，极大地加强了该城的防卫能力。后来，朱元璋还一度产生了“徙都关中”[①] 的念头。所有这些，都充分说明了明王朝对陕西和西安战略地位的高度重视。

西安府建立以后不久，明王朝又派遣了 4 个卫所的部队，进驻西安城内，分别屯扎于西安城东北部，是为西安左卫、西安右卫、西安前卫和西安后卫。按照明朝卫所制度的规定，明初派驻西安的 4 个卫所部队的总数当在 2 万人左右。于是西安便成了陕西和西北地区的军事中心。

洪武二年（1369 年）四月，即明军全部占有关中地区以

① 孙正容：《朱元璋系年要录》，浙江人民出版社 1985 年版，第 431 页引《国史考异》。

明西安东城门

后，明廷又继承元制，设置了陕西行中书省（简称陕西行省），治西安府城，从而建立了正式的省级行政机构。行省设平章政事、左右丞等，作为中央中书省的派出机构，管辖行省的军政、民政和财政等军政事务，位高权重。在明初战争尚未结束的混乱时期，行省为恢复陕西经济、整顿社会秩序和安定民心以及拨乱反正等方面，都做出了不少贡献。

洪武九年（1376年），当天下基本平定以后，朱元璋为了确立君主专制的独裁统治，首先从地方政治体制上进行改革：即下令改行中书省为承宣布政使司。陕西亦与其他11个行省一起悉罢行省平章政事和左右丞等官，置布政使1人（后增为左、右布政使各1人），左、右参政各1人，主管一省行政；同时与布政使并行，又设立了陕西提刑按察使司，置按察使1人，掌管一省刑政；设立都指挥使司，置都指挥使1人，都指挥同知2人，都指挥佥事4人，掌管全省军政。布政使司、按

明西安城墙与护城濠

察使司与都指挥使司并称三司，同治西安府城，各自独立行事，上属中央而不相统摄，并为封疆大吏。三者又相互制约，凡地方的军政要务，均须由三司会议，上报中央部院，经批准后方可施行。这就使中央集权的专制统治得到了极大加强。由于陕西布政使司与原陕西行省的辖区大体相同，故人们仍习惯上将陕西布政使司称为陕西行省。

洪武十一年（1378年），明太祖朱元璋又把他的宗室子弟分封到全国各地，建藩为王，并以重兵护卫，赋予了这些龙子龙孙以很大权力。其中封在西安的秦王朱樉是朱元璋的嫡次子，皇太子朱标之弟，在明初的20多个藩王中排行最高，建藩最早（洪武三年授封，洪武十一年就藩），而且权力也最大。洪武十一年，朱樉就藩之前，朱元璋命令长兴侯耿炳文和陕西都指挥使濮英为其营建了秦王府城。府城面积辽阔，几乎占西安全城的1/4，周长可达4.5公里。府城城墙全用砖石包砌，异常坚固。四周开有四个城门：南曰端礼门，北曰广智门，东曰体仁门，西曰尊义门。府城周围建有萧墙，墙内即为

秦王府下属衙署所在地。其中王相府设置文相（亦称右相）、武相（亦称左相）、文傅（亦称右傅）、武傅（亦称左傅），分管“王国”内文武军民之政，而总归秦王节制。原驻西安的4卫所镇戍部队也全部拨充秦府护卫。由于朱元璋授予藩王的事权中尤重兵权，故当时特别规定“诸王相府武相居文相之上”①。朱元璋在明初大封藩王的目的大致有二：一是为了藩屏王室，不致使朱明江山轻易被异姓之人所篡夺，从而使朱明社稷长治久安。正如朱元璋在对秦府官员的训谕中所直言不讳的那样：“朕封诸子颇解古道：内设武臣，益欲屏藩国家，备侮御边，闲中助王，使知时务，所以出则为将，入则为相”②。二是为了使藩王同地方官“彼此防闲”，有利于集权中央。正如后来朱樉获罪被罚时，朱元璋在对陕西都司的训令中所云：“近闻陕西都司遣兵常随秦王出入。秦王府置护卫，正为彼此防闲。都司乃朝廷方面，凡奉敕调兵，不启王知，不得辄行。有王令旨，而无朝命，亦不许擅发。如有密旨不令王知，亦须详审复奏而行，此国家体统如此。今秦府未给护卫，但令以兵五百暂为护从，而都司敢擅增至千人，其罪不可赦。”③

但从这些被封诸王后来的种种表现来看，朱元璋封藩建卫的初衷不但没有付诸实现，反而还给当时的政治生活带来了如下两个不良影响：一是有些藩王只知聚敛、享乐，而不知临民、治军，致使朱元璋关于“屏藩皇室”和“互为防闲”的苦心竟成泡影。其中秦王朱樉就是这类藩王的典型代表。

朱樉生于元顺帝至正十六年（1356年），就藩时已23岁。洪武十一年（1378年），即朱樉就藩之时，与陕西毗邻的北元

① 《明太祖实录》卷51《洪武三年四月》。

② 朱元璋：《太祖御制文集》卷7《谕秦王府文武官》。

③ 《明太祖实录》卷221，洪武二十五年九月戊申。

余孽正蠢蠢欲动，西北边境军情在急。因此，朱元璋曾给秦王调拨了精锐的护卫部队，使其在握有兵权的诸“塞王”中兵势最强。但这位被其父寄以厚望和委以重任的皇家次子在就藩以后，却只知养尊处优，“不听人谏，亲信小人”，“奢侈无度，淫佚无厌”。不但多次用已经贬值的“库内烂钞”在西安城内“强买百姓金子”和“夏布”[①]，而且还多次差人到江南搜罗美女，又找娼妓入宫作乐。还经常大兴土木，“于王城内开桃池沼，引浐水灌之，于中盖造亭子，又筑土山。令各窑烧造琉璃故事，排列山末，以为玩戏。”[②] 甚至霸占民田，强占民女，随意凌辱地方官员，“以致政事销靡”。尽管明太祖多次对他提出警告：“革前非，早回天意”，“恐异日有累于家邦”！但朱樉对此却置若罔闻，仍我行我素。最后，朱元璋不得不将其以“有罪”之名，“召还京师”。幸赖朱元璋所任陕西三司的官员大都是忠于朱明的元老重臣，且都兼任王府属员，才未形成尾大不掉之势。否则的话，后果将是不可预料的。

朱元璋分藩建卫的第二个不良影响就是有些藩王随着年龄的增长，政治野心也随之膨胀，甚至拥兵自重，割据一方，觊觎帝位，不甘人下。坐镇燕京（今北京市）的燕王朱棣就是这类藩王的代表。所以在明惠帝朱允炆诏令“削藩”以后，朱棣便当即从北京起兵，同皇室打了四年仗，终于把他的任子从帝位上赶了下来，自己登极称帝，史称“靖难之变”。明成祖朱棣即位以后，又下令“削藩”。于是诸藩王的事权被剥夺净尽，秦王朱樉从此便退出了历史舞台。陕西遂与其他各省一样，完全确立了三司并立的政治体制。其中陕西都指挥使成为陕西行省主管军政的最高领导机构，它下辖 24 卫和 4 个千户所，其

① 朱元璋：《御制纪非录》，载王毓铨《莱芜集》，中华书局 1983 年版。

② 朱元璋：《赐秦王朱樉书》，载《全明文》卷 1。

中在今陕西境内的除驻守西安的前、后、左、右4卫以外，尚有延安卫、榆林卫、绥德卫、汉中卫、宁羌卫及潼关卫等10卫，以及凤翔、金州(治今陕西安康)等2个守御千户所。再加上驻守于今甘肃、宁夏等地的另外24卫和2守御千户所，共有马步官军约144,991人，马8,372匹[①]。由于当时北元雄踞蒙古草原，对中原地区仍虎视眈眈，而蒙古草原又与陕、甘、宁三省接壤，故陕西都司不仅担负着维护地方治安的职能，而且还肩负着抵御北元南侵和保卫西北边境安全的军事重任。故陕西都司在全国17个行省中是所率卫所军队数量最多的一个。

明初卫所军队的来源大致有四：一是“从征”，即原先参加朱元璋起义军的“诸将所部兵”。这部分征兵虽然人数仅有数万，在全国120万军队[②]中所占不足1/10，但由于他们英勇善战，具有极强的战斗力，且多数人都战功累累，后来相继成了全国军队的各级指挥人员，故他们实为明军中的骨干力量。二是“归附”，即朱元璋在统一全国的过程中相继收降的元朝军队和其他武装力量，即所谓“胜国及僭伪诸降卒”。这在后来的明军中所占比重最大。三是“谪发”，即指明朝建立后，因“罪”被罚充军的兵士。四是“垛集”，即指被强制抑配为军的。具体办法是将民户每3家编为1垛，其中1户充役，被称为正户，其余2户帮贴资助，是为贴户。后改为“令正军、贴户更代充役”[③]。由“谪发”和“垛集”这两种途径入伍的兵士在明前期的军队中并不占重要地位，且其入军带有浓厚的强制性质，故战斗力也极为脆弱。西安府不仅是陕西省会，而且又是西北地区的军事指挥中心所在地，故镇守西安的

① 参看(雍正)《陕西通志》卷35《兵防二》。

② 此为《明太祖实录》卷223所载洪武二十五年全国军队数。

③ 《明史》卷92《兵志》。

4卫明军当主要由“从征”和“归附”这两部分组成，且具有极强的战斗力。

为了保证卫所兵源，明朝实行世兵制，规定卫所兵士和武官全部世袭，只有王府武官和都司官为流官，由世职卫所官和武举选授。民户一旦被佥发充军，子孙世代便被编入军籍，永不许变易。且军民严格分籍，军籍属于都督府管辖，民籍隶属户部。军户可优免1丁差徭，但须固定承担兵役，其家属也得随军屯戍，住在指定的卫所。若军户逃亡或全家死绝，由政府派员到其籍勾补亲族或贴户顶替，称为“勾军”或“清军”。

明朝卫所军队的饷粮依靠“屯粮”、“盐引”、“民运”和“京运”四条途径解决。“屯粮”主要是指由军屯士卒交纳的税粮；“盐引”是指用盐引换取的商贾屯粮；“民运”是指从民田上征收的税粮；“京运”则是由户部太仓中拨付的存银。明前期朝廷为了节省运输费用，大力推行军屯制度，“令军士屯田自食”。具体的屯戍比例，开始并无统一规定。到洪武二十一年（1388年）时，初步定为“凡卫所冲要都会及王府护卫，军士以十之五屯田，余卫所以十之四”[①]。二十五年改定全国卫所皆以十之七屯种，十之三守城。直至明成祖永乐二年(1404年)，才定制为边地七分守城，三分屯种；内地三分守城，七分屯种。每名屯种军士种田以五十亩为一分，又或百亩，或七十亩，或三十、二十亩不等，并可得到耕牛、农具的资助。收获后须向国家交纳屯粮赋税，被称为“屯田籽粒”。开始亩税1斗，后定制为1.2斗。陕西和关中地区土地肥沃，驻军极多，故明政府对陕西和西安驻军的屯田极为重视。洪武四年（1371年），明太祖朱元璋就曾下诏说：“陕西等地屯田，

---

① 《明太祖实录》卷194。

三年后亩租一斗”[①]。十三年（1380年）九月，又“诏陕西卫军以三分之一守城，三分之二屯田给食，以省转输”[②]。二十年（1387年），又“令陕西屯军五丁抽一，税粮照民田例。屯军种田五百亩者，交纳粮五十石。”[③] 在明廷的大力倡导下，陕西和西安地区的卫所屯田遂大规模地迅速兴起，很快便成了全国军屯最为发达的地区之一。垦田面积最多时可达168,404顷，占全国军屯面积的1/4以上，军屯所能提供的“籽粮”地租每年可达820,000余石，在全国17省中名列前矛，相当于陕西布政使司每年所收民田税粮的45%左右[④]。明世宗嘉靖（1522—1566）初年，西安府的军卫有15,768户，屯军39,901人，屯卫地约27,240顷，屯粮“籽粒”达169,192石，屯草206,191束，地亩银2,660两[⑤]。军屯面积和屯粮“籽粒”又占陕西军屯面积和屯粮赋税的1/8左右，这在全国17个省会中是仅见的。不仅如此，从明初军屯制兴起以后，明政府还多次抽调陕西和西安卫所屯军，赴外省屯田。如洪武二十年（1387年）十月，明太祖曾诏令陕西都司耿炳文调西安等卫军士33,000人前“往云南屯种听征”。次年二月，这支陕军遂在陕西都指挥同知马烨率领下抵达云南“屯戍”[⑥]。二十四年（1391年）二月，明廷又“遣陕西诸卫官军八千余人屯田甘肃，官给农具、谷种”[⑦]。于是这部分关中军士又落户在河西走廊和陇东一带。这虽是一种特殊的带有强制性质的军事移

① （雍正）《陕西通志》卷35《兵防·屯田》。
② 《明太祖实录》卷133。
③ ⑤ （乾隆）《西安府志》卷14《食货志·屯运》。
④ 参看梁仲方：《中国历代户口·田地·田赋统计》，上海人民出版社1980年版，第346、347页。
⑥ 《明太祖实录》卷186、188。
⑦ 《明太祖实录》卷207。

民，但也由此可以看出明初陕西和西安地区军屯制度的繁荣和兴盛。

但由于明朝世兵制下的卫所兵士具有极其强烈的人身依附关系，而且军人常与罪犯和囚徒为伍，社会地位极为低下。他们服役期间又须自备弓甲、“胖袄”和赴军路费，政府所给“月粮”又十分低微，加之各级官吏对兵士的克扣、虐待和役使，致使他们的生活困苦不堪。因此，从明初开始，卫所军士匿籍逃亡的现象便不断发生，并随着兵士所受压迫和剥削的不断加重，这种逃亡现象更加愈演愈烈，致使卫所军队严重缺额。明中叶以后，随着吏治的日益腐败和社会危机的日益加深，官家势要侵占屯田，将校侵暴屯兵的现象屡见不鲜。加之明政府对屯军税粮“籽粒”的剥削日益增加，致使军屯“籽粒”逐年下降，军屯制逐渐遭到破坏，卫所世兵制的经济基础日益走向崩溃。与此同时，卫所世兵制度也逐渐废弛。正如清雍正所修《陕西通志》卷35《兵防上》引《延绥镇志》所云：“洪武初，陕西都司所属凡三十四卫，训练马步官军十六万七千有奇，此大较也。向后承平日久，官皆世胄，而不习武。是时军士强壮则占役于权门，疲羸则招名于公府，支粮则有数，调遣则无其人。逃亡者概不勾补，占役者又不著伍。”这说明到明代中叶卫所世兵制已名存实亡，至少在陕西地区这一军事制度已走入了山穷水尽的境地。

为了补充兵员的不足和加强国家的防卫力量，从明中叶开始，明政府又大力推行募兵制度。如明英宗正统二年（1437年），明廷在陕西即始募所在军余、民壮愿自效者，得4,200多人，人给布2匹，月粮4斗，用以补充地方部队。从正统末年开始，明政府遂大规模地用募兵制补充国家的正规部队，并积极鼓励各级军官自行召募所属部队，并“视其所召多寡而轻重其赏”[1]。于是募兵的数量迅速增加，逐渐成为明朝军队的重要组成部分。这些所募之兵在明世宗嘉靖以前，一部分归地方官府管辖，一部分则由卫所代管。嘉靖以后，在原来镇戍制的基础上，逐渐形成营伍制，即按伍、什、哨、总、营的形式编制，由伍长、什长、哨官、把总、守备、都司、游击、参将、副总兵、总兵统辖，再上辖于兵部。营伍的人数视需要而定，一般说来从总兵到把总，所领之兵皆可独立为营。这样，就在原有的卫所制之外，又产生了营伍制这一新型的军事组织系统，二者同时并存，“呼卫者曰军，而募者曰兵”[2]。而且，愈到后来，还出现了营伍制替代卫所制的发展趋势。

随着基层军事编制的变化，明政府还对地方的最高领导机构进行了适当改革：即在都司之上，又设立了巡抚和都督这两个军政长官。

明代的巡抚之设可追溯到洪武末年，当时因秦王朱樉横行不法，被召回南京，禁锢宫中，陕西藩位告阙。明太祖遂派皇太子朱标“巡抚陕西”。有人认为明代的巡抚之名始此。永乐十九年（1421 年），明成祖派尚书蹇义等 26 人“巡行天下，安抚军民”，巡抚之名再次出现。明宣宗宣德二年（1427 年），明廷又以户部尚书郭敦、隆平侯张信巡抚陕西，并赋予其“整饬庶务”之权。郭、张赴陕后相继查出了陕西西安、凤翔诸府与都司系统的诸卫官员“包揽费用，通同官吏，虚出实收”等诸多弊政。于是，他们便提出了朝廷应“增置堂上官二员，于彼监视”[3] 的建议。宣德六年（1431 年），明宣宗遂派工部右侍郎汝敬前往陕西。汝敬在陕七年，其间头衔计有经理、总

① 《明世宗实录》卷 464。

② 顾炎武：《天下郡国利病书》卷 85，《浙江》。

③ 《明宣宗实录》卷 33《宣德三年十一月》。

督、提督、镇守、巡抚等诸多名称，中间一度还增派李新、陈镒等同佐巡抚。可见当时巡抚一职尚未固定。这种状况一直延续到明英宗天顺六年（1462年），明廷才命河南按察使王槩加都御史巡抚陕西。此后，陕西巡抚之职不再空阙，而巡抚之名及巡抚带都御史衔，始成定制。这样，巡抚之职实际上便由中央京官的出巡变成了常设的地方官员，而且凌驾于行省的三司之上，成了地方上更高一级的封疆大吏。在此期间，明廷还相继在陕西布政司境内增设了延绥、宁夏和甘肃三个巡抚，连同陕西巡抚，巡抚之名增至4个。其中陕西巡抚平时驻于西安，只在防秋时移驻固原（今属宁夏），下辖西安兵备道、商洛（治今陕西商州）兵备道、潼关兵备道和汉羌（治今陕西汉中）兵备道某5道及陕西都司所辖的西安中、左、右、前、后等5卫。

明孝宗弘治十年（1497年），明廷为了协调和控制陕西都司辖区内四巡抚的兵力部署，更有效地对付河套地区蒙古势力的威胁，又任命左都御史王越为总督，统一领导和指挥陕、甘、延、宁四位巡抚。到明世宗嘉靖四年（1525年），杨一清督陕时，总督一职亦成定制。于是明初陕西三司分立的军政体制最终被明后期的一督四抚体制所代替。而陕西巡抚和陕西总督平时均驻西安，西安遂成了名符其实的西北地区最高的军政首脑机关，在后来的保卫地方治安以及防御北元残余势力的入侵等方面都发挥了重要作用。

三、明末农民大起义的爆发及西安大顺农民政权的兴亡

明熹宗天启七年（1627年）二月，陕北澄城饥民在白水县人王二的率领下，冲入县衙，杀了知县张斗耀，遂揭开了明末农民大起义的序幕。

明末农民大起义首先在陕西爆发，这绝非偶然。如上所述，由于陕西和蒙古草原接壤，受到蒙古北元势力的直接威胁，故明廷在陕西派驻了大量军队。但无论是世兵制时的卫所军也好，还是后来营伍制的召募兵也好，后来都因为严重缺饷而导致了兵士的大量逃亡。另外，明代陕西还是邮驿制度十分发达的省份，驿站及其附属的铺递运所等运输机构，都设有数量庞大的驿丞、铺长等吏员及各色运夫役，即所谓驿卒、运夫，有的地方还置有专门承担驿使的车户、马户等。随着军屯制度的破坏，陕西的邮驿制度也处在衰败之中。不但邮驿系统的大小官员经常任意支使夫役车马、勒索食宿，致使驿站贴累不堪，而且各级军政官吏也将邮驿的经费肆意贪污挪用和私自克扣，使广大驿卒和供役于驿站的百姓不堪重负。后来，明政府又因为财政支绌，曾多次下令裁减驿站，这又使大批依靠在驿站供使而为生的驿卒与役夫因此而陷于失业，使他们更遭到了雪上加霜的境遇。再次，陕西北部的土地本来就很瘠薄，但明政府对陕北农民的赋税剥削并不因地瘠而减少。相反，明廷后来的赋役加派却日益繁多。这就迫使农民大量逃亡，但逃户的赋税还要加摊到未逃者的头上，致使赋税更重，逃者愈多。于是无以为生的逃兵、面临失业的驿卒和饥寒交迫的农民便成了明末农民大起义的主力军。后来成为明末农民大起义的两个著名首领李自成和张献忠，一是驿卒，一是军户，这绝不是偶然的巧合。

王二领导的澄城起义爆发以后，立即得到了在死亡线上挣扎的陕西逃兵、驿卒和饥民的响应。同年，府谷的王嘉胤聚众数千人起事，王二从澄城赶来汇合，部众很快发展到五六千人。接着，安塞的高迎祥、汉南的王大梁、宜川的王左桂、延安的张献忠等也都相继起兵，扛起了起义大旗，向明朝的腐朽统治发起奋勇反抗，农民大起义的烈火迅速燃遍了陕西各地，甚至蔓延到了晋、陇一带。明毅宗崇祯二年（1629年），因裁减驿站而陷于失业绝境的米脂闾川驿驿卒李自成也参加了王嘉胤的起义部队。不久，又投奔"闯王"高迎祥，并很快便成了一员"闯将"，自率一军，英勇作战。这时，延安人张献忠也早已占山为王，号称"西营八大王"，据有米脂县18寨，声望更在李自成之上。

经过数年的浴血奋斗，起义农民在高迎祥、张献忠等人的领导下，转战于山西、湖北、四川、河南和安徽等地，多次冲破明军的围追堵截，粉碎了他们剿、"抚"兼施的卑劣伎俩，不但取得了一系列的军事胜利，而且也使起义领导人的斗争水平得到了极大的提高。

崇祯八年（1635年），各路农民起义军首领在荥阳大会以后，李自成和满天星、六队、争功王等四支起义军数万骑奉命从河南转战关陇，并相继击杀了明陕西副总兵艾万年、柳国镇等。接着，又率部转战陕北，连克延川、绥德、米脂等县，李自成家乡的"亲故从乱如归"①。

正当李自成在陕北发展势力之时，闯王高迎祥、闯塌天，刘国能、蝎子块、拓养坤等几支起义军也从关东返回陕西，在陕南兴安（今陕西安康）、汉中一带活动。

崇祯九年（1636年）七月十五日，高迎祥率部北出秦岭，打算北上陕北，与李自成部会合。但行至盩厔黑水峪（今黑水河谷）时，正与陕西巡抚孙传庭所率明军遭遇。双方大战两日，互有胜负。但义军叛徒干公鸡张二与一斗谷黄龙却偷偷将高迎祥的战马牵走，并唆使部分义军兵士反水，致使高迎祥战败被俘，押至北京遇难。起义军由于失去了一位英勇善战的杰出首领，军心动摇，力量受到极大损失。李自成只得收集余

① 戴笠、吴殳：《怀陵流寇始终录》卷9。

部，辗转冲出官军的层层包围，从陕西撤至陕南，然后又沿着峰峦叠嶂的巴山山脉东行进入了陕西、湖广和四川三省交界的深山老林之中，“夜则山林藏身，不敢入窝铺宿歇”[1]，偃旗息鼓达两年之久。崇祯十二年（1638年），由张献忠所率的另一支农民起义军也在湖北谷城受抚，明末农民大起义暂时转入低潮。

崇祯十二年（1639年）七月，由于明王朝的三饷（即练饷、辽饷、巢饷）加派更加沉重，加之山东、山西、陕西、河南和京畿地区饥荒遍野，“民不聊生，益起为盗”[2]。张献忠趁机谷城再起，明朝的招抚政策宣告失败。李自成也率部进入河南，饥民接踵相从，很快便众至百万，遂开始转入了战略反攻，先后攻克了洛阳等地，歼灭了前来围剿的大部分明军主力，并于崇祯十六年（1643年）在襄阳建立政权，自称奉天“倡义大元帅”。至此，李自成已经成为明末农民起义军的中坚力量和著名首领。接着，李自成又制订了先取关中，作为基地，然后经山西攻取北京，灭亡明王朝的战略计划，承担了最终推翻明王朝的历史重任。

崇祯十六年（1643年）八月，明毅宗下令陕西巡抚孙传庭率众出关，围歼李自成起义军。李自成以诱敌深入之计，于九月十四日在河南郏县大败明军，孙传庭率残部逃回潼关。同年十月，起义军兵临潼关。与此同时，李自成所遣袁宗第、刘体纯所率右营10万人为偏师，从河南邓州进攻武关，取道商洛地区，进入关中，准备与主力会师西安。

十月六日，李自成亲率主力向潼关发起进攻，守关明军一触即溃，将领高杰、白广恩临阵脱逃，陕西巡抚孙传庭与监军副使乔元柱死于乱军之中。起义军入关以后，连克渭南、临

---

①② 《明史》卷30《五行志》。

潼，十一日抵达西安城下。稍事休整以后，李自成即麾军攻城，并放火“焚东门楼及南月城楼”[①]。这时，守城明军已逃跑殆尽，只有途经西安的5,000川兵驻守城池。这时恰值寒冬，入陕川军衣衫单薄，不耐冷冻，无力抵抗。留城官员遂劝说西安城内的豪富秦王朱存枢解囊出资，为川军置办棉衣，用以鼓舞士气。但惜钱如命的朱存枢却坚辞拒绝，死也不肯付钱出资。川军将军王根子在盛怒之下，开东门投降。于是这座城池高深的西北重镇和千年古都就这样落入了起义军之手。李自成入城以后，处死了陕西巡抚冯师孔、按察使黄炯，将布政使陆之祺和秦王朱存枢逮捕下狱。接着，又出榜安民。西安城内的社会秩序很快便恢复了平静，居民各安其业，商贸照常运营，市里井然。十月十五日，袁宗第、刘体纯所率偏师亦由武关西进，连克商州、洛南，与主力军会师西安。

占领西安以后，李自成又分兵三路，略定三秦。同年十一月底，陕西全境遂为起义军所控制。

崇祯十七年（1644年）正月初一，李自成改西安为长安，立国大顺，改元永昌，以原秦王府（今西安新城广场附近）为宫殿，标志着大顺农民政权的正式建立。接着又整编军队，把大顺农民军统一编制为中吉、左辅、右翼、前解、后劲五营，分别以青、白、红、黑、黄五色旗帜为标志。五营的首长为权将军、制将军，以下依次为果毅将军、威武将军、都尉、掌旅、部总、哨总等。又严明军纪，规定起义军兵士要不杀不淫，平买平卖，禁止兵马践踏庄稼田苗，违者处斩。与此同时，李自成还改革官制，封官授爵，任命了一批大顺官吏，并下令免征百姓三年租赋，开科取士，网罗人才，开局印书，发展文化事业等。这样，不但赢得了长安和陕西广大百姓的衷心

① 《陕西通志》卷14《城池》。

拥护和爱戴，而且还极大地提高了农民起义军的作战能力。

同年二月，李自成派部将田见秀留守西安，然后亲率大军从韩城渡过黄河，进入山西，经太原、大同和宣府东取北京。这时，明军主力已被农民起义军歼灭殆尽，故李自成部众没有遇到多少抵抗，即于三月十九日顺利地占领了明都北京，明思宗登景山自缢而死，明朝灭亡。

在驻守北京期间，由于李自成和大顺政权的主要首领滋生了享乐思想，对当时严重的阶级和民族斗争的形势缺乏清醒的认识，更没有采取正确的应变措施，致使明朝的山海关守将吴三桂勾引清军入关，并很快兵临北京城下。四月二十九日，李自成在故宫武英殿匆匆举行了登极大典，次日，率部撤离北京，于同年六月返回西安。

七月七日，李自成又向华北各地发出行牌，准备调动留守西安的田见秀部及屯驻陕北、陕南及华北各地的起义军共数百万兵力，分五路伐清，旨在收复失地，重返北京。但这时大顺政权的颓势已不可逆转，不但起义军兵士的革命热情和斗争意志正在消退，而且明朝的降官降将也多已滋生反水之心。加之雄心勃勃的前清八旗兵锐气正盛，正以排山倒海之势步步进逼。李自成只得中途放弃反攻计划。清顺治二年（1645 年）正月十二日，豫亲王多铎所率清军攻占潼关。次日，李自成被迫下令放弃西安，率大顺中央机构与西安守军共 13 万人，经蓝田关退走湖北。四月，李自成在湖北通山县九宫山遭到地主武装团练的袭击，不幸遇难，至此，大顺农民政权亦宣告灭亡。

第二节　清朝时期的西安军事与战争

一、大顺军余部贺珍及孙守法部与清军的争夺西安之战

清王朝是由居住在我国东北地区的女真族建立的一个少数民族政权。早在明神宗万历四十四年（1616 年），女真族的杰出首领爱新觉罗·努尔哈赤在统一了建州女真（分布在今长白山北部、牡丹江和绥芬河流域一带）诸部后，遂于赫图阿拉（今辽宁新宾永陵镇）即大汗位，立国大金，建元天命。由于这是继女真族首领完颜阿骨打在 1115 年以后建立的第二个金国，故史称后金。努尔哈赤死后，其子皇太极继位。明思宗崇祯九年（1636 年），皇太极在沈阳称帝，改元崇德，改国号“大清”，改女真族为“满洲”。从此，满洲族的历史进入了一个新的历史时期。

明思宗崇祯十六年（1643 年），皇太极死，幼子福临继位，是为清世祖，改元顺治，由睿亲王多尔衮摄政。次年三月，李自成率大顺农民起义军攻占北京，明朝灭亡。这时，雄踞东北的前清统治者对关内早已虎视眈眈，正积极准备麾师入关，夺取对中原广大地区的统治权。不久，明朝的驻山海关守将吴三桂由于顽固坚持封建地主的阶级立场，最终拒绝了李自成的劝降，投向了前清的怀抱，并请求多尔衮派兵入关，围剿农民起义军。多尔衮闻讯大喜，当即麾师南下，并提出了为明“复君父仇”的口号，力图拉拢汉族地主，共同镇压农民起义军，最终取代明王朝的统治地位。

顺治二年（1645 年）正月十八日，清豫亲王多铎所率清军由潼关突入关中，进驻西安。同年五月，南京陷落，南明弘

光政权覆灭。十月一日，清世祖祭告天地，登皇极殿，即皇帝位，颁诏天下，定都北京，清王朝对中原的统治至此确立。不久，清王朝在颁行了一系列安民措施的同时，又实施了诸如“剃发令”、“逃人法”、“投充法”及屠城等一系列残酷而严厉的民族压迫政策，致使民族矛盾迅速激化。这样，就在全国范围内普遍掀起了一股抗清高潮。各地农民起义军的余部纷纷放弃反明口号，南明统治集团也积极与农民起义军联合，因而就出现了各地农民军与南明政权联合“抗清”的新局面。陕西地区也出现了以贺珍和孙守法领导的联合抗清斗争。

贺珍原为明汉中守将。李自成率部攻占西安后不久，贺珍投降了大顺政权，被封为护军将军。顺治二年（1645 年）正月十三日，李自成从西安撤退时，令贺珍仍守汉中，负责联络驻守西北的大顺军余部，并维护陕西各地大顺军南撤通道。贺珍率部进驻汉中后，积极联络和组织未及撤退的大顺军余部，准备在西北地区重新开辟新的局面。同年三月，由于驻守陕北的大顺军李过、高一功部等相继南撤，原来投降大顺政权的明朝军政官员纷纷反水降清，陕西地区清军与大顺军余部的力量对比发生了明显变化。对此贺珍为了保存实力，避免优势清军的围攻打击，遂向清兵投表伪降。清将多铎多次令他赴西安“面议军机”，企图将其加以控制，并趁机收编他的所率部队。但贺珍却一再托辞拒绝，并坚持不放弃武装力量。不久，他便秘密派人联络在陕北坚持抗清斗争的大顺军余部贺弘器和抗清明将孙守法，积极准备东山再起。

孙守法在明思宗崇祯末年被授陕西副总兵和都督同知，驻守西安。大顺农民军进驻西安后，明朝的陕西诸将多归附大顺，但孙守法却始终效忠明朝，率部退入秦岭山中。清军入陕后，孙守法又在秦岭腹地五郎山举兵，拥明秦王第四子称汉中王，擎起了抗清大旗。当贺珍所遣使者与他联络时，他便欣然应允，并很快组成了抗清阵线。这时，清廷派左翼八旗首领巴颜和右翼八旗将领李国翰率兵进驻西安，然后会同原驻防西安的何洛会部，一起开赴四川，准备镇压活跃在蜀地的大西农民起义军，并以贺珍为定西前将军，令其率本部兵马随同何洛会入蜀，与大西农民军作战。贺珍看到驻守西安的清军大量南下，关中空虚，遂与孙守法在五郎山起兵，自称奉天倡义大将军，并传檄号召"西溪凤平延庆等郡兵"，决定北出秦岭，攻占西安，然后控制关中。

同年十一月，贺珍与孙守法率部众2万，出连云栈道，北攻凤翔府城。驻守凤翔的降清明将汉羌前营守备陈克仁、后营游击杜梦祯当即响应，倒戈反清。贺、孙部兵不血刃，占领凤翔。这时，活跃在关中各地的抗清义军刘文炳、郭君镇、黄金鱼、焦容、仇璜、李鹞等也都闻风而起，攻城略地，盩厔、鄠县、郿县、泾阳、三原、临潼、澄城、白水、朝邑、乾县、武功、高陵、蓝田等县相继为抗清义军所控制。

十二月下旬，贺珍和孙守法率部在东进途中，不断接纳前来归附的关中义军，武装力量迅速扩大。当抵达西安城下时，兵力已达7万余众。城内市民曹俊三、王英、师可宗等亦派人秘密联络，欲作内应。这时，西安城内的驻防清军仅有700余人。驻防大臣何洛会、总督孟乔芳惊恐万分，急调山西500兵入援。但当500晋兵行至朝邑时，却被朝邑诸生王知礼、李世仁等率领的抗清义军拦截围歼，全军覆没。何洛会又派人调遣榆林兵5，000人入援，但这支清军也在途中受阻，不得南下。何洛会只能望援兴叹，一筹莫展。十二月二十八日，贺珍和孙守法麾军攻城，抗清兵士奋勇冲杀，前仆后继，毫无畏惧。何洛会和孟乔芳只得指挥守城清军拼死抵抗，但因守兵寡不敌众，西安城危如累卵。顺治三年（1646年）正月，正当何洛会、孟乔芳绝望之际，清军李国翰部奉命从山西渡河入关，很快便兵临西安城下，对贺、孙部形成了内外夹击之势。贺珍和孙守法看到清军来势凶猛，抵敌不住，只得撤围向西退走。同年二月，贺、孙部在武功濠泗桥与尾追清军展开激战，兵败后退入秦岭山中，不久瓦解。后来，陕西军民的抗清斗争仍坚持了 7 年之久，直到顺治八年（1651 年）七月，最后一支抗清力量刘弘才部在合水县被歼为止，清军才最后统一了陕西全境。

二、清朝前期西安的八旗驻防与绿营营汛

清王朝派驻西安的八旗军和绿营兵是清朝前期最为重要的两支武装力量，也是清廷用以维护封建专制统治的重要支柱，故有“经制军”之称。

清朝的八旗兵始建于后金初创时期，它是努尔哈赤在原来女真族氏族制时期存在的一种生产和军事组织形式——牛录制的基础上创建的军政合一的社会组织。其具体编制是 300 人为一牛录（大箭），设牛录额真（头目、首领）1 人；五牛录为一甲喇（竹节），设甲喇额真 1 人；五甲喇为一固山（旗帜），设固山额真 1 人。共有 8 固山，约 6 万人。八固山各以正红、正黄、正蓝、正白和镶红、镶黄、镶蓝、镶白八种颜色的旗帜作为标志，故称八旗兵。八旗壮丁“出则为兵，入则为民”，“无事耕猎，有事征调”[①]。八旗的大小额真均由女真贵族担任，他们既是军事长官，又是各部的政治首领。努尔哈赤则是八旗的家长和最高统帅，他就是凭借这支军事力量先后统一了女真各部，并多次重创明军，攻占了山海关外 70 余城，随即把后金政权由赫图阿拉迁至沈阳。

皇太极继位以后，为了扩大武装力量，最终达到灭亡明朝

---

① 魏源：《圣武记》卷 1。

和入主中原的目的，遂在被征服的东北地区又设立了汉军八旗和蒙古八旗，连同原来的满洲八旗，“合为二十四旗”①。汉、蒙八旗的旗色和建制与满洲八旗完全一致，共同构成八旗制度的整体。总计清入关以前满洲八旗、汉人八旗和蒙古八旗共约20万人 。

顺治年间，清朝定都北京，在全国建立了封建统治机构以后，清廷为了实行专制主义中央集权的独裁统治，一面削弱旗主的权力，将八旗兵完全控制在皇帝之手；同时又将八旗兵分为京营和驻防两个部分，遂建立了以八旗为主体的军事控制网。所谓京营是指保卫首都北京和皇帝宫殿的禁卫军和侍从军，又称禁旅八旗，兵力约10万人。驻防是指派驻各省省会、军事重镇和战略要地的八旗部队，被称为“驻防八旗”，兵力亦为10万人。驻防八旗由将军、都统、副都统、协领、佐领、防御、骁骑校以及城守尉和防守尉等组成，负有镇慑地方、监视绿营和保卫边防等重任。

西安不仅是陕西省会所在地，而且东连晋豫，南通川鄂，西接秦陇，北邻蒙古，具有重要的战略地位，对于稳定西北、西南乃至全国的统治“关系紧要”，故特别受到清廷的重视，因而派驻西安的八旗兵在当时18个省会中是人数最多的一个，而且组织机构也最为严密。

西安满城是清廷派驻西安的满洲八旗兵的集中驻地。该城位于西安城东北隅，属咸宁县辖区，面积约占全城的1/3，修筑于清世祖顺治六年（1649年），是在原来的明秦王府城基础上改建的。该城东、北两垣均利用原大城城墙；西垣从钟楼东北角开始，沿北大街经西华门、后宰门到大城北门东侧，与大城城墙相接；南垣从钟楼东南角开始，沿东大街经端履门、大

① 《清文献通考》卷179《兵考一》。

差市，到东门南侧，与大城东墙相接。该城周长7公里，东西长2公里，南北长1.5公里，共开6个城门，西面有钟楼的东穿洞和稍北的西华门，大城东面的长乐门为该城东门，南垣共开2门，一曰端履门，一曰大差市门，北面为安远门，位于西北角。

西安满城是一座专驻八旗兵的大军营，具有浓重的军事性质。城内的军事机构星罗棋布。八旗教场是驻防八旗兵的操练场所，在原明秦王府的旧基上建成，位于满城中心偏西，四周有城，城周4.5公里。开有四门：西曰尊义，南曰端礼，北曰广智，东曰体仁。此在乾隆二十二年（1757年）由八旗兵驻西安将军都赍会同陕甘总督黄廷桂奏明为满营教场的。八旗驻防军的其它军事机构均设在满营教场周围。

西安将军署是驻防西安八旗兵的最高统帅部，位于八旗教场西北的吉茂巷内（今西安后宰门街南），西安将军则是该署的最高军事长官。该署共有住房25间，大多为供役该署的下属官员和胥吏的衙署及住宿之地。

左右翼满汉副都统署是驻防西安八旗兵的副总帅部，其地位仅次于西安将军署。该署由左右翼满洲和左右翼汉军4个副都统署组成。其中左翼满洲副都统署位于满城金谷府故址，右翼满洲副都统署位于满城西华门街；左翼汉军副都统署位于满城郃阳府故址，右翼汉军副都统署位于满城天地坛故址。以上四署在满城杨家坑附近（今西安体育场附近）和八旗教场之南（今西安市南新街以西），一字排列。每个衙署各有堆房20间。

副都统以下又有协领8公所，每所堆房各15间；参领4公所，每所堆房各12间；佐领32公所，每所各12间；防御40公所，每所各8间；骁骑校5,000所，驻防建马甲每名各3间，步兵每名各2间，计居住堆房12,700间。另外，尚有炮手16所，每所各2间；步甲300所，每所各2间；步甲300所，每所各2间；铁匠56所，箭匠20所，养育兵50所，每所各2间。均为乾隆二十八年（1763年）拨给。这些八旗兵士营房均分布在八旗教场周围，但须“各照方向，不许错乱”[①]。其具体规定是：“城之北曰镶黄、正黄旗，其东曰正白、镶白旗，其西曰正红、镶红旗，其南曰正蓝、镶蓝旗”[②]。按此规定，驻防西安的八旗中之正红、镶红二旗位于满城八旗教场正西，即今省政府到北大街之间；正蓝、镶蓝二旗位于八旗教场西南，即今西安市东大街端履门以东到大差市以北地区；正白、镶白二旗位于八旗教场以东，即今西安市大差市到火车站解放路以东地段；正黄、镶黄二旗位于八旗教场之北，即今省政府以北地区。这些八旗驻防军分别由左右翼满汉副都统管辖，其中左翼副都统管辖东四旗，即镶黄、正白、镶白和正蓝；右翼副都统管辖西四旗，即正黄、正红、镶红和镶蓝。八旗步军营署设在八旗教场南门前。满城内重要地段分设堆房24处，主要分布在今西安市大差市到火车站解放路以西及八旗教场四周，解放路以东仅有5处。每处置旗兵值班巡查，严密防守。

据民国所修《咸宁长安两县续志》记载，当时的满城之内街巷密布，大致有7条大街，94道巷子，全部为八旗驻防兵的各级衙署及八旗兵士和随军眷属所居住，严禁汉人入内。满族族兵及其家属严禁从事工商业生产，故城内无商业贸易和手工业作坊。这些满人的生活费用全由藩库和东、西两仓供给，日常生活用品亦靠大城支付。由此可知，这些八旗兵丁及其八旗子弟后来的腐化堕落，乃至成了当时社会的一批寄生阶层，

---

① 《满州实录》卷3

② 《大清会典》卷84。

其原因概出于此。另外，由于满城实行的满、汉分治政策，也严重地阻碍了满汉之间的经济、文化交流，使早已存在的民族隔阂和民族矛盾愈益加深。

康熙二十二年（1683 年），清廷为了加强西安的防卫力量，又增派左翼汉军八旗于南城。该城位于西安城东南隅，是在端履门至东城中间修筑一道城墙，直抵南城垣，是专为驻守左翼汉军八旗而修筑的。这支汉军八旗在此驻守了将近百年时间，于乾隆四十五年（1780 年）奉命调出。此后，南城仍属咸宁县管辖。由于该城与满城南北犄角，对防卫西安和巩固满城地位都具有重要的战略地位，故清政府后来就在此地设置了军装局，并一直派重兵驻防。

绿营兵是清朝入关后陆续由收编的明室归降汉军组建的一支经制军队，是比八旗军更为重要的正规武装力量。因为这支军队均用绿色旗帜作为标志，故称绿营兵，又称绿旗兵。清朝既然已有了八旗兵，为什么还要建立绿营兵？究其原因大致有三：一是八旗军数量过少，对于已经入关南下的清廷来说，要想进攻明朝的势力与镇压全国的抗清斗争以及统治偌大的中原地区，仅仅依靠八旗兵力是远远不够的。所以当时要应付广大战场与镇戍征服之地，就必须建立绿营来担负这项任务。二是清廷为了贯彻以汉人制汉人的民族压迫政策，藉以对中国进行封建统治。正如康熙帝在平定“三藩”之乱中对将军张勇等人所说：“自古汉逆乱，亦惟以汉兵剿平，彼时岂有满兵助战哉！”[①] 三是建立绿营兵旨在加强对全国各地的镇戍兵力，用以平定随时可能发生的军事事变。正如南赣巡抚刘武元在顺治六年（1649 年）向清廷所上《安攘十计疏》中所说：“臣以为国家之大事在兵，得一省必镇定一省，连络声势，既不烦于远

① 王先谦：《康熙东华录》卷 24，康熙十八年十月辛未谕。

调，呼应既灵，又不难于速灭，而久安长治之策，端在于此。”①

绿营兵建立以后的任务亦大致有三：一是镇守地方。大致包括京师北京及各省省会、城邑、村庄和关隘哨所都有绿营防卫，和八旗兵相辅相承，相互牵制，在全国形成了一个严密的军事统治网。二是防守边陲，保卫边防、海防。三是兼理杂务，如侦捕、缉私、解送、守卫、承催、屯戍、河工、漕运、守陵等均由绿营兵负担。正因为如此，尽管清朝统治者把绿营兵的地位压抑在八旗之下，但它在行使封建统治的过程中却发挥着最为重要的作用。尤其在后来八旗兵制腐败以后，绿营兵竟成了清王朝惟一可以利用的武装力量。

绿营兵在全国各地的驻防是以军区为单位进行具体编制的，这个军区的辖境可以是一省，也可以是二省、三省。总之，军区建制的原则是以地形为标准，凡有辅车相依的地形，遂划为一个军区。故全国 18 行省共划分为两江（江苏、安徽、江西三省）、闽浙（福建、浙江二省）、湖广（湖北、湖南二省）、陕甘（陕西、甘肃二省）、山东（山东一省）、两广（广西、广东二省）、云贵（云南、贵州二省）、直隶（河北一省）、河南（河南一省）、四川（四川一省）和山西（山西一省）等 11 个军区。另外，由于各个军区的政治、军事和地理形势的千差万别，故各个军区内绿营兵的兵力部署均无定制。正如近代清史专家罗尔纲先生所说：“甲军区的镇、协、营、汛不可移置于乙军区，乙军区的镇、协、营、汛也不可移置于丙军区”②。虽然如此，但各军区绿营驻兵的编制机构却大致相同：即总督是各个军区的最高军事长官，战时有征调和指挥本区军

① 《全清奏议》卷 3。

② 《绿营兵志》，中华书局 1984 年版，第 115 页。

队的权力。总督之下为各省巡抚，亦有征调和指挥省内绿营军队的权力。总督、巡抚虽属文官系统，但清朝政府贯彻以文制武的方针，旨在防止带兵将帅的拥兵自重。这是清廷强化中央集权的措施之一。每一军区最基本的军事单位为“镇”，每镇设总兵官一员，为一镇的主将。在总兵官之下又设副将、参将、游击、都司、守备、千总、把总等。在总兵官之上又设提督，用以节制军区内各镇总兵官。另外，这些绿营编制中的各级军官具体所率的绿营营制又自成系统，共分为标、协、营、汛四个类型。其中总督、巡抚、提督和总兵官这些高级军官所属叫做标，副将所属叫做协，参将、游击、都司、守备所属叫做营，千总、把总所属叫做汛。标兵是专备调遣作战的部队。协兵是协守要地的部队。营兵防守的仅为一城一邑。汛兵的任务是分汛备御，凡本镇中较偏僻的县邑，或是繁盛的市镇，不须特建专营，但仍须防守之地，都要建汛以为分守。故在绿营兵中以标兵的数量最多，协兵次之，营兵又次之，汛兵最少。但同为标、协、营制，其兵数的配置和营制的疏密都有所不同，这都要根据各个不同地区的具体军事情况而定，并要随着形势的变化而变化。再次，这些标、协、营兵虽全都以营为编制，但所分营数的多少亦有不同。如标兵有分为两营（左、右）、三营（中、左、右）、四营（中、左、右、前）和五营（中、左、右、前、后）的，协兵也有二营、三营、四营和五营之分，但营兵却通常只是本营一营，不再分营编制。而汛兵的组织最为简单，因为它是从协、营中分拨出来的，通常只有几十个或十几个甚至几个兵士，由千总、把总率领驻防汛地。但从整个的营制机构来看，汛却是最细致的。又因为协是从协营分拨出来的，分汛又是零星的，汛兵专任驻汛而不能从事军事训练。而标兵则以居中镇守和备战时的调遣为任务，必须集中训练，故无分汛。这是绿营的一个重要的编制原则。由此可知，绿营营制中“营”的类别共分标、协、营、汛四种，其标、协、营均立营制，惟汛不立营。但标、协、营虽同为营，而营的组织大小与其任务则各不相同。至于标、协、营、汛的相互关系，则标是督、抚、提、镇亲领之兵，凡有专阃之寄的总兵官以上的将帅始得建标。又因为协、营是从督、抚、提、镇分拨出来的，故督、抚、提、镇除辖本标外，又兼辖所分协、营，而协、营又各辖它所分拨的营、汛。惟标则无所下辖，因为协、营、汛不是从标分出，故与标无从属关系。但是“标”的意义，在绿营制度中是有“统属”之义的，是绿营军队的主力所在，它虽无所辖，而督、抚、提、镇却以它的力量作为节制一个军区或管辖一镇的工具。所以标对协、营、汛虽无“从属”关系，但却具有“统属”之权。这也是绿营营制中的一个特殊制度。

最后，还须说明的一点就是绿营的编制机构除上述总督、巡抚、提督、总兵官和参将、副将、游击、都司、守备、千总、把总以及由他们所统率的标、协、营、汛之外，还有“外委”和“额外外委”两个编制。其中“外委”是外委千总、把总的省称，乃是在经制千总、把总定额外，由督、抚、提、镇在营给与札付委任的人员。此种人员在顺治编练绿营兵时就已存在，至雍正五年（1727 年）始为定制：凡各营设立外委千总、把总，必须依照兵丁额数拨委。各营中额兵 200 名，设外委把总 1 人，每营 400 名，加外委千总 1 名，多者依次递加[①]。在这个定额之外，再加委任的即称“额外外委”。但额外外委的地位与外委不同，因外委是计算在官数以内的官员，而额外外委则于额数内酌给顶戴，仍计算在兵数之内，而不得属于在

① 参看《雍正大清会典》卷 134，《兵部二十四》。

编军官[1]。

西安不仅是陕西省会，而且又是陕甘军区最高军事指挥中心所在地，故清廷派驻西安的绿营兵不仅机构齐全，而且数量众多。综计清廷设在西安的绿营机构大致如下：

陕甘总督部院署：这是陕甘军区最高的军事领导机构，始设于清世祖顺治初年，由总督孟乔芳创建。康熙元年（1662年），总督白如梅复因正学书院旧址拓修。四十二年（1703年），清圣祖玄烨西巡时曾赐总督博署额曰“保厘秦陇”4字。陕甘总督共节制二抚（陕西巡抚、甘肃巡抚）、三提督（固原提督、甘州提督、安西提督）、七镇（延绥镇、兴汉镇、河州镇、西宁镇、宁夏镇、凉州镇、肃州镇）。所属标营有5：即中营、左营、右营、前营和后营。其中中营设副将1，都司1，千总2，把总4，共有绿营兵900名；左营设游击1，守备1，千总2，把总4，有兵800人；右营设游击1，守备1，千总2，把总4，有兵800名；前营设游击1，守备1，千总2，把总4，有兵800人；后营设游击1，守备1，千总2，把总4，有兵800人。另外，又有建威营，设参将1，守备1，千总2，把总4，有兵800人。火器营，设参将、守备各1人，千总2人，把总4人，马步战守兵共8,088人。但随着政治、军事形势的变化，清前期的陕甘总督部院署曾一度移治汉中、肃州等地，但都为时较短，其余时间仍治西安。至乾隆二十九年（1764年），由于漠西厄鲁特准噶尔部在沙俄支持下，背叛祖国，大肆进行分裂活动，清廷为了加强西北防务，遂将陕甘总督移治兰州，直至清末再无变易。但清廷仍对西安的总督院署“复时加修，为制军行台焉”[2]。

---

① 参看《光绪大清会典》卷52。

② （乾隆）《西安府志》卷9《建置志上·公署》。

陕西巡抚部院署：这是陕西省内最高的军政领导机构，顺治初年始设，位于今西安市南广济街之东。该院署房廊最早为明宣宗宣德七年（1432 年）所建，嘉靖二十一年（1542 年）陕西巡抚赵廷瑞重修。清圣祖康熙二十四年（1685 年），陕西巡抚鄂海再事修筑。康熙帝玄烨西巡时曾三次给陕西巡抚鄂海题写匾额曰："百二山河歌保障，三千礼乐辅经纶"；"衣冠累世王公胄，柱石三朝柱石臣"；"三秦地阔荣开府，二华峰高比重臣"，表达了清廷对陕西巡抚之职的厚望和重寄。陕西巡抚下属的标营有 3，即中营、左营和右营。其中中营参将署位于八家巷口外，中营守备署在九府街，下属有副将 1，守备 1，千总 2，把总 4，外委 5，额外外委 5，兵力 598 人；左营游击署在皮院，左营守备署在红埠街，下属有副将 1，守备 1，千总 2，把总 4，外委 5，额外外委 5，兵力 598 人；右营游击署在红庙门路东，右营守备署在梆子市街，下属有游击 1，守备 1，千总 2，把总 4，外委 5，额外外委 5，兵力 597 人。上述标兵均驻西安城内，无分防塘汛。

陕西提督府署：陕西提督府旧称固原提督，初设于顺治初年，为陕甘军区境内的三提督之一。原驻固原州（今属宁夏），节制延绥、兴汉、河州三镇。乾隆二十九年（1764 年），陕甘总督由西安移治兰州后，清廷遂将固原提督府改名陕西都督府，并由固原州移至西安，位于西安府治西南。该府除下辖本标中、左、右、前、后 5 营外，又辖靖远、潼关、商州和西安城守 4 协。其中西安城守协驻于西安府五味什字，设副将 1 人，统辖本标左、右二营，兼辖盩厔1 营。左营中军都司署驻西安二府街，下设都司 1 人，千总 1 人，把总 1 人，外委 2 人，额外外委 3 人，有兵 220 人；右营守备署驻西安油巷口之西，设守备 1 人，千总 1 人，把总 1 人，外委 2 人，额外外委 2 人，有兵 220 人。盩厔营守备署驻于盩厔县城，设守备 1

人，把总 2 人，外委 2 人，额外外委 1 人，有兵 256 人。另外，该协又有分防专汛 5，即分防咸宁县专汛，设把总 1 人，原额马步守汛兵 40 人，有塘汛 3，即十里铺、灞桥和邵平店；分防长安县专城汛，设千总 1 人，原额马步 40 人，有塘汛 2，即杏园村和三桥镇；分防盩厔县城守营汛，设守备 1 员，协防经制把总 1 人，原额马步守兵 254 人，有塘汛 5，即渭南镇、青化镇、西骆峪、马召铺和黄巢峪；分防鄠县专城汛，设经制外委 1 人，原额马步守兵 45 人；分防蓝田专城汛，设把总 1 人，原额马步守兵 44 人。

综上所述，清朝前期派驻西安及其附近属县的绿营标、协、营、汛兵大致共有 1.6 万人，是全国 18 省省会地区驻兵最多的一个。由此亦可看出西安在当时具有多么重要的战略地位。

清前期驻西安绿营兵的粮饷一部分由国家库银拨充，另一部分则由军屯取给，故西安地区的屯卫田数量极多，这是清王朝对明军屯制度的继续与发展。据乾隆朝所修《西安府志》卷 13《田赋》条记载，清前期西安府长安县的屯卫田有 1889.06 顷，咸宁县有屯卫田 1788.82 顷，临潼县有屯卫田 2439.39 顷，高陵县有屯卫田 290.13 顷，鄠县有屯卫田 1820.35 顷，蓝田县有屯卫田 2044.27 顷。上述诸县屯卫田和民田的数量相比，大多占到 1/3～1/4，有的高达 1/2。又据民国所修《续陕西通志》卷 26《田赋》条载，清前期西安府的屯卫田多达 19,042.56顷，与民田总数103,432.59顷相比，几乎占 1/5 左右。

西安八旗驻防兵的屯卫田称马厂地，规定每旗 120 顷，共计 960 顷，主要分布在渭河以南地区。绿营兵亦有马厂，督、抚两标马厂，向无定额。提标马厂，中、后两营在咸阳、兴平、鄠县，前、后二营在长安、高陵、三水、淳化等县。四营马厂地共计 367 顷。马厂属官地性质，除供牧马外，余则招民垦种，取租供官兵支用。

清政府在八旗和绿营兵中推行的军屯制度虽然对解决驻军的粮饷问题起到了一定的积极作用，但由于垦种屯田的绿营兵和租种马厂地的佃农所受的地租剥削异常沉重，而且屯军和佃农还要受到极为屈辱的“超经济”的强制奴役。因此，就会经常引起他们的逃亡和反抗，致使清廷对军屯和马厂地的地租剥削逐年减少。康熙三十四年（1695 年），清廷不得不对军屯和马厂地的地租剥削予以减轻，宣布一律按民田科则征收常额田赋。这样，屯卫田和民田的区别基本消除。直到清代中叶为止，陕西和西安地区的军屯基本都转变成了民田，军屯制度也同时宣告结束。

最后需要特别指出的是，随着社会生产力的提高，科学技术的进步和外国先进科学技术的传入，清初在继承明制的基础上，对热兵器的研制和使用取得了重大发展，使我国古代的火器生产逐渐进入了一个取代冷兵器的重大转折时期，使北宋以来出现的火药武器种类更加繁多，战斗力也大为提高。这一时期的热兵器以生产大口径火炮为主，随后又向轻重型结合方向发展，逐渐研制和使用了红夷炮、子母炮和大口径短管形炮等三大类型。鸟枪、铳枪等管形射击火器也成了军队武器装备的重要组成部分。火药除用于枪炮的粒状发射药外，还有用于专门爆炸的炸药，用于引线的慢药和用于发烟、致毒、遮障的特种药等，出现了燃烧弹、毒气弹、烟雾弹、爆发弹和炮弹等多种类型。特别是鸟枪的种类有所增加。据《清朝文献通考》卷 194 载，当时装备部队的鸟枪就有 17 种之多。这些枪虽多数仍为火绳枪，但也出现了一批燧发枪，有些枪为增加射击的稳定性，还在枪床下面加装木叉。这时还盛行一种重型鸟枪，称为“抬枪”，不但可交替扣动两个扳机，连续发射数十发子弹，而且有些枪管内加工有膛线，成为我国最早的线膛鸟枪。清前期设在西安满城的火器营就是专门制造上述火药武器的。但是由于清前期封建统治者的政治腐败和思想保守，既对本国火器生产的先进技术不予重视，也对外国火器生产的先进技术不予吸收，闭关锁国，妄自尊大，致使火器生产始终处于停滞状态，发展非常缓慢，与同时期的西方国家相比，军队的武器装备日益落后，严重影响了战斗力的提高。这就是后来清政府在抵御西方列强入侵中连连失败的根本原因之一。

三、乾隆、嘉庆年间的陕西白莲教起义及其与清军的鏖庢之战

白莲教是融合有佛教、明教和弥勒教等宗教教义的秘密民间宗教组织，其教义崇尚光明，认为光明定能战胜黑暗，而“明王”、“弥勒”则是光明的化身，一旦“明王出世”和“弥勒佛降生”，就能为百姓解除苦难。该教起源于宋，到元朝逐渐流行。元末广大百姓曾利用这一宗教形式组织和发动起义，进行反对封建专制统治的武装斗争。乾隆、嘉庆年间，白莲教传入陕西以后，陕西的广大人民又利用这一宗教组织，发动了更大规模的反清斗争，给予了清朝统治者以沉重打击。

清代中叶陕西白莲教起义的发生绝不是偶然的，它是这一时期陕西地区阶级和民族矛盾日益加剧、社会危机愈演愈烈的必然结果。

大约从康熙末年开始，封建统治者日益荒淫奢侈，封建吏治也随之趋于腐败，而陕西地区则更有甚之。例如从清初到乾隆年间，陕西县令以上官员因贪赃枉法和行贿受贿等被判处绞、斩、革职、降职、罚俸等处罚者就有 40 多人，其中总督 4 人，巡抚、将军、都统 13 人，按察使、布政使 6 人，道员知府 9 人，知县 9 人，而且犯罪人数还呈逐年增加之势，犯罪

者官职也愈来愈高。康熙二十七年（1688 年），原陕西按察使索尔逊在审理参革知县王延龄等案件时，竟得贿赃银 160 两，事发后，清廷不得不将其判处死刑。三十三年（1694 年），陕西巡抚布喀以赈灾银私自运输长武等州县粮饷，大肆侵吞，以致贻误军情，亦被处死。从康熙二十九年（1690 年）开始，陕西连续出现了三年旱灾，受灾达 50 余个州县。地方官借灾谋私，侵吞赈灾粮种。案发后，被惩处的总督、巡抚、知府、知州、知县、布政使、驿传使等大小官员等共 14 人。雍正朝的“年案”当是陕西最大的赃案之一。时任川陕总督的年羹尧利用职权，诬罚茶商，滥发盐引，枉杀无辜，清世宗胤禛遂于雍正三年（1725 年）将其革职下狱，令其自尽。另外，从雍乾开始，清政府对陕西地区的封建剥削也日益加重，其中田赋的附加征派则成了陕西农民的沉重负担。原来清政府为了资给地方衙署的办公费用和州县官吏的“养廉银”，允许在田赋正额之外加征“耗羡”。其中加征的地丁银叫“火耗”，加征的税粮米谷叫“耗米”。于是地方官遂恣意妄加，巧取豪夺，致使耗羡愈来愈多，愈征愈重。康熙三十六年（1697 年），陕西“火耗有每两加至二三钱不等者”[①]，高达正银的百分之二三十，从而成了全国加征耗羡最多的地区之一。再次，陕西又是当时全国差徭最多的地区之一。由于康雍时期西北、西南地区战事频繁，干戈屡动，清廷就近调兵，多次调动陕军出征，故陕西百姓的兵差负担非常繁重。除此之外，尚有三品以下官员、外国贡使、国内藩属及改流地方喇嘛土司的过境奉迎，递解秋审人犯要案，批解钱粮厘金及各衙门丁役公事往来，呈送地方土产及一切杂差等名目，举不胜举。次如修筑城垣、陵寝、庙宇、栈道、河堤等，岁无虚日，经年不息。乾隆末年以

① 《清康熙实录》卷 183，第 22 页。

后，陕西的地租和高利贷剥削也十分猖獗和苛重，地租额高达50%以上，高利贷月息也在3分以上。

总之，逐渐腐败的封建吏治、愈益残酷的封建剥削和日益猖獗的地租和高利贷压榨已使陕西人民不堪重负，被逼上了绝路。白莲教起义就是在这种背景下如排山倒海之势，一发而不可遏止了。

清朝的白莲教兴起于乾隆年间。当时大致有三阳教（原名混元教）、西天大乘教和收元教等多种流派，最先在四川、湖北、河南等地传播，乾隆末年逐渐流传到了陕南地区。但当时白莲教所领导的反清活动仍处于秘密组织和发展教徒阶段。乾隆五十九年（1794年），陕西兴安（治今陕西安康）的白莲教首领萧贵等人的秘密反清活动暴露以后，清廷当即下令兴安知府庄炘和兴汉镇总兵皂君保等人予以镇压，萧贵等五位首领相继被捕。与此同时，湖北、四川和河南等地的白莲教首领也先后受到株连，100多人被残酷杀害，有的被凌迟处死，有的被传首示众。各省地方官又趁机鱼肉人民，“以查拿邪教为名，四处搜求，听任胥吏多方勒索，不论习教不习教，但论给钱不给钱”[①]。接着，清廷又对陕、楚、川、豫诸省的白莲教教徒进行大肆搜捕和肆意屠杀。这就激起了广大白莲教徒的愤怒和仇恨，使清廷和白莲教徒及广大贫苦百姓之间的矛盾迅速激化。嘉庆元年（1796年）正月初七，白莲教首领张正谨、聂杰人首先在湖北枝江和宜都举行武装起义，揭开了白莲教起义的序幕。不久，起义烈火便迅速燃及到了川、楚、陕、豫四省之地。

同年十一月，陕西兴安地区的白莲教徒在首领阿秀、成自智、冯得在、翁禄玉和林开泰等领导下率先起义。清陕甘总督

---

① 《清嘉庆实录》卷72，第22页。

宜锦、陕西巡抚秦永恩、陕西提督柯藩当即率兵镇压。白莲教徒奋起反抗，但终因准备不周和寡不敌众，相继失败。

嘉庆二年（1797年）正月，湖北襄阳的白莲教起义军在首领王廷诏、高均德、李全、樊人杰、姚之富和王聪儿等人的领导下，先后分三路进入陕西，并于同年四月会师镇安，势力大振。后因清军的围追堵截，起义军只得南渡汉江，分路进入四川的东川地区，与四川白莲教起义军会合。接着，总理川陕军务的陕甘总督宜锦以及广州将军明亮、都统德楞泰、提督庆成、柯藩和湖北巡抚惠玲、侍卫舒亮等齐集东乡，对起义军实施三面围剿。起义军由于无力遏制清军攻势，只得撤围西进，再次入陕。入陕的襄阳起义军在兴安会师后，当即决定渡河北进，攻打西安，然后横穿关中平原，从潼关入豫。

嘉庆三年（1798年）正月，进入陕南的湖北起义军经过同清军进行了将近一年时间的迂回战斗，终于摆脱了清军主力的尾随追击，乘机分路由城固、洋县山区，翻越秦岭，北出宝鸡，出现在关中西部地区。接着，他们又迅速向关中腹部挺进，很快便抵达鄠县、盩厔一带。李全的先头部队王士奇部首先到达盩厔东南的焦家镇（今陕西周至焦镇），距西安仅有数十里之遥。清军主力急忙从陕南回师西安。留守西安的陕西巡扶秦承恩担心城内守兵力量单薄，不敢出战，只得“闭城孤守，旦夕哭泣，（双）目皆肿”[①]。王士奇急于拔除西安周围的清军据点，攻占西安，从而为起义主力军的东进潼关扫清障碍，遂在主力尚未集结的情况下，便贸然向盘踞在盩厔焦家镇的清军发起进攻。驻防焦镇的清军总兵王文雄看到起义军先遣部队的兵力单弱，遂向王士奇部发起反击。于是双方在屹（鸽）子村展开激战。由于王士奇轻敌麻痹，对所率兵力未作

① 昭梿：《啸亭杂录》卷4，《王文雄》。

周密部署，加之清军武器精良，故起义军面对清军的突袭，准备不足，伤亡惨重，王士奇力战而死。这时，清军都统德楞泰和额勒登保所率清军主力已从陕南返回关中，与陕西巡抚秦承恩里应外合，夹击义军，义军的东进之路受阻。李全只得将部众分散布置在盩厔、鄠县和长安以南的秦岭诸谷口内，掩护王聪儿和姚之富部撤离关中，向陕南转移。但清军主力却尾追不舍。起义军在郧西三岔河被清军包围，全军覆灭。王聪儿和姚之富等纵身跳下悬崖，壮烈牺牲。李全、高均德部也被迫由陕南转入四川。湖北襄阳的白莲教起义军从此一蹶不振。

嘉庆四年（1799 年），清廷调兵遣将，以勒保为川、楚、陕、甘、豫五省经略大臣，统一调配和指挥五省兵力，又以恒瑞为陕甘总督，永保为陕西巡抚，加强了陕西的防卫力量。并在上述五省内普遍建立地方地主团练武装，推行“坚壁清野”和招抚政策。对此，白莲教起义军也改变了原来坐守寨堡的作战方针，改而采用机动灵活的战略战术，同时又广泛吸收教徒，积极扩大武装力量。因此，白莲教起义军经过一段休整以后，人数日益增多，队伍不断壮大，遂使陕西的局势发生了新的变化。

同年四月，四川部分白莲教起义军在徐天德、樊人杰、龙绍周和王登廷的率领下，先后进入陕南山区，与号称陕西“三张”的张士龙、张汉潮和张天纶相继会合，势力很快便波及到了陕甘交界的徽县、凤县和商洛、镇安、山阳、紫阳和蓝田一带，并经常主动出击，使陕甘和湖北等地的清军受到沉重打击，也使清廷五省联合作战的方针宣告失败。清仁宗颙琰只得免去勒保五省经略大臣的职务，以额勒登保代之。额勒登保继任以后，继续推行坚壁清野政策，企图把起义军引出陕南地区，消灭在川北一带。但起义军却利用陕南秦巴山区的有利地形，流动作战，忽而化整为零，忽而又合零为整，致使清军疲于奔命，“日添日少”，起义军却愈剿愈多，日渐壮大。这时，襄阳绅士梁有谷遂向仁宗颙琰提出了“筑堡团练”的主张，用以对付起义军的游击战术。嘉庆三年（1798年），襄阳太守龚景翰又向仁宗上《坚壁清野并招抚议》一书，认为应“并小村入大村，移平地就险处，深沟高垒，积谷缮兵，移百姓所有积聚实于其中。贼未至则力农、贸易，各安其生；贼既至则闭栅登陴，相与为守，民有恃而无恐，自不至于逃亡”[①]。这个奏书当即得到了清世宗和一些封疆大臣的赞同。嘉庆四年（1799年），仁宗诏曰：“严饬所属，山地则扼险结寨，平地则掘濠筑堡。其团练防守，有效者保奏，违者罪之”[②]。次年正月，清廷为了断绝起义军在陕粮草，严令陕西各地加紧推行这一政策，大力修筑墩堡村寨。于是西安周围以及郿县、宝鸡、商洛、孝义、五郎等地修筑寨堡多达540余处，西安周围属县就有近百处之多。如西安府长安县的堡寨就有姜仁寨、后王寨、义井寨、上阳寨、马王寨、中丰寨、辛旺寨、冯籍寨、马务寨、大原寨、田鹤寨、阿底寨、黄良寨、宫村寨、荆寺村寨、召照渠寨、贾里寨、石匣寨、北张寨、聂家河寨、查家寨、叶家寨、西新马安寨、南河池寨、蒲阳寨、南窑头寨、西乾河寨、平原防寨、鱼化寨、查张寨等30寨；咸宁县有马家寨、郝口寨、姚溪寨、安居坊寨、南堡寨等5寨堡；临潼县有继丰堡、姚村寨、刚子堡、普陀寨、马家寨、南口寨、怀德寨、楼子李家堡、卷子堡、安庆堡、胡张堡、川心堡、继原寨、任贤堡、长城寨、双寨堡、火巷堡、桂刘堡、曹李堡、南巷堡、宋家寨、桃园堡、孙家堡、周陵堡、炮张堡等25寨堡；鄠县有马什堡、曹家堡、水堡、张家堡、王寨等5寨堡；蓝田

① 《勘靖教匪述编》附录。

② 魏源：《圣武记》卷9《嘉庆川湖陕靖寇记五》。

县有张家堡、十里堡、清泉堡、三圣堡、太平堡、高泉堡、洩湖堡、连环寨、姚刚寨、清华寨、庙咀寨、安吉寨、紫龙山寨、吾镇堡、蟠桃湾堡、庙寨、新石寨、三王寨等18寨堡；盩厔县有旗堡、新城里堡、桑家堡、聂家堡、马村中堡、鲁村堡、铺上堡、叶家寨、南北两旗堡、楼观东堡、塔峪堡、鲁家堡、太峪西堡、栗园头堡[①] 等14堡。

由于这些寨堡的相继修建和坚壁清野政策的付诸施行，不仅隔断了起义军与广大群众的联系，而且也使起义军的人员补充和粮饷取给遇到了极大困难。因此，从嘉庆五年（1800年）开始，陕西地区的白莲教起义转入了低潮时期。

嘉庆六年（1801年）六月，清王省经略大臣额勒登保和参赞大臣德楞泰在平利（今属陕西）召开军事会议，重新部署战略计划。最后决定调遣清军由陕南的东北和西路进剿，逼迫起义军向川北转移，然后围而歼之，一网打尽。于是在清军的大举进剿下，起义军伤亡惨重，很多杰出首领如龙绍周、冉天士、冉学胜等都相继战死或被俘，十多万起义军最后“统计不过一万有奇”[②]。

嘉庆七年（1802年），白莲教起义军虽面临困境，但所余起义军教徒仍与强大的清军进行了殊死战斗。义军苟文明部在转战紫阳、西乡一带以后，趁机又北出秦岭，再次抵达盩厔，击败了清总兵刘瑞军，击杀了副将韩白昌。八月，苟文明在宁陕厅花石崖被清军包围，起义军奋力冲杀，终因寡不敌众，伤亡殆尽，苟文明率残部跳下悬崖，壮烈牺牲。类似这样小股起义军的活动一直延续到嘉庆九年（1804年）九月，才被最后镇压。历时九年的川、楚、陕、豫等省规模巨大的白莲教起义

---

① 参看《续修陕西通志》卷9《建置四·堡寨》。

② 魏源：《圣武记》卷10《嘉庆川湖陕靖寇记七》。

虽然失败了，但它却给予了前清统治者以沉重打击，使清耗银2亿两，一二品高级军政要员被杀的有20多人，以致成了清王朝由盛变衰的转折点。

四、同治初年李蓝起义军与太平军的相继入陕及其与清军的西安三兆、盩厔之战

发生于清宣宗道光二十年（1840年）的鸦片战争是外国资本主义列强为了对中国进行鸦片贸易和商品输出而主动挑起的一场赤裸裸的侵略战争，鸦片战后签订的《南京条约》则使中国沦为了半殖民地半封建社会的苦难深渊，民族危机空前加深。于是中国人民便开始肩负了反帝反封建的双重历史任务，中国历史进入了近代时期。

清文宗咸丰元年（1851年）一月十一日，洪秀全等人领导的太平天国起义在广西金田村爆发，标志着中国人民大规模的反帝反封建的农民革命战争正式开始。经过了将近七年的艰苦奋斗和浴血奋战，太平军相继攻克了九江、安庆、芜湖和南京等战略要地，终于定都南京，颁布了《天朝田亩制度》，打破了清军的江南和江北大营，使太平天国的势力达到了鼎盛时期。更为重要的是，由太平天国撒下的革命火种正在全国各地熊熊燃烧，逐渐形成了燎原之势。咸丰九年（1859年），由李永和和蓝大顺（简称李蓝）在云南昭通府大关厅牛皮寨领导的农民起义，就是全国各地响应太平天国革命的众多农民起义军中的一支英勇反抗清王朝腐朽统治的起义队伍之一。

清穆宗同治元年（1862年）三月，经过将近三年的英勇奋战，李蓝起义军的首领李永和和蓝二顺（亦名蓝朝鼎）等相继牺牲，其余部由邓天王、蔡昌龄、郭刀刀、曹灿章等率领，由川北入陕，转战于宁强、阳平关和汉中一带，汉中镇总兵官布克坦逃入汉中府城。

这时，陕西已陷入深深的社会危机之中。这是因为自嘉庆、道光和咸丰以来，随着清王朝的由盛转衰，陕西的政治黑暗和吏治腐败愈演愈烈，地方官场阿谀成风，贿赂公行，贪赃枉法和侵吞官物之事史不绝书。道光十三年（1833 年），西安将军徐琨调任，驻防协领伯奇克图等借机虚报盘费，于草价内挪支银两，馈送马匹。咸丰七年（1857 年），陕西官钱局委员李应诏等侵吞官钱 7 万余贯，郭廷椿、王迎科及陕西布政使司徒照家人黄君任等又挪用官钱万余贯，私开钱铺，放贷取利。案发后，举国震惊。清廷不得不把李应诏、郭廷椿等严刑处斩。另外，为了支付在第二次鸦片战后同西方列强所签《北京条约》和《天津条约》中所规定的大量赔款，也为了全力围剿太平天国起义，清政府不但大量征调陕西驻军挟饷参战，而且还把陕西视为掠取人力、物力和财力的主要基地之一，利用加重田赋、差徭、征收厘金、推行捐课、征收盐课和滥发纸币等形式，大肆向陕西人民进行威逼勒索。加之道咸时期陕西的自然灾害连年不断，疟疾瘟疫等到处流行，致使陕西人民的生活困苦不堪，社会矛盾迅速激化，广大农民的反封建斗争已处在一触即发的程度。

邓天王等率领的李蓝起义军余部进入陕西以后，犹如柴薪遇火一样，迅速引发了陕西人民的反清斗争。他们纷纷揭竿响应，致使邓天王的起义队伍迅速发展壮大。同年四月，邓天王和蔡昌龄率部围攻汉中府城。后又转战于西乡、镇安等地。

同治元年（1862 年）五月，李蓝起义军的另一余部由蓝朝柱（即蓝大顺）率领，由太平（今四川万源）进入陕西，相继攻占了西乡、洋县等地。接着，蓝大顺又在洋县自称“汉显王”，设置官署，颁布军纪，劝课农桑，发展工商，得到了陕西广大百姓的拥护，起义队伍也不断扩大，势力波及到了盩厔、鄠县、宝鸡、凤县以及甘肃东南一带，在西、南两个方向对西安形成进逼之势。

这一时期太平天国却因洪（秀全）杨（秀清）内讧和石达开的出走，使革命力量受到严重削弱，开始显露了衰亡之势。而清廷所依赖的曾国藩的“湘军”却趁机对太平天国加强了攻势。咸丰十一年（1861 年）九月，安庆失守，天京失去了西南屏障。接着，桐城、舒城、太湖、宿松、英山、池州等军事重镇相继陷落，革命再次陷入危急时刻。英王陈玉成退守庐州后，为了“广招兵马，早复皖省”，挽救革命，遂派扶王陈得才、遵王赖文光、启王梁成富、祜王蓝成春等率 3 万多太平军远征陕、豫，开辟新的革命根据地，用以牵制清军，以缓解天京方面的军事压力。

同治元年（1862 年）三月，扶王陈得才率部由荆紫关进入陕西境内，并立即围攻商南县城。清廷急调陕、豫、楚三省清军入陕，对陈得才部进行围剿。陕西巡抚瑛棨也急忙调兵遣将，加强西安防卫。同时派副都统乌兰都率满营马队 400 驻扎长安县尹家卫（今陕西长安县引镇），又与团练大臣张芾共派长安绅知府梅锦堂率十八廒团众守子午谷及玉山以西秦岭山口，渭南绅训导赵权中率沙苑团众守箭谷及玉山以东山口，防止太平军北进关中。同年四月十四日，扶王陈得才经过同清军一个月的迂回战斗，多次粉碎了清军的围追堵截，终于翻越秦岭，由子午谷抵达长安尹家卫。接着，陈得才又趁驻陕清军大量外调，省城西安防务空虚之机，当即分兵两路，一路由三兆，一路经杜曲、韦曲，从西、南两个方向进攻西安。巡抚瑛棨、西安将军托明阿、固原提督孔广顺等驻西安的最高军事将领惊慌万状，急忙下令封闭城门，全城戒严，并令文武官员一律登城守卫。又派副都统乌兰都率全部八旗守军、都司张鹏飞率抚标绿营兵及梅锦堂、石仓等率地主团练，从尹家卫分中、西两路堵截太平军。

同年四月十八日，陈得才所率太平军和乌兰都所率驻西安的八旗清军在西安城西的三兆遭遇，太平军将士奋勇冲杀，前仆后继，人自为战，八旗兵平日养尊处优，脑满肠肥，临阵怯战，畏缩不前，自然抵挡不住太平军的攻击。参将阿扬阿身受重创，清军死伤甚多，逐渐不支。乌兰都只得率残部逃回西安。太平军乘胜抵达西安城下，西安城危在旦夕。正当陈得才准备麾军攻城之际，突然庐州告急，英王陈玉成孤军难支，急召陈得才率部赴援。陈得才当即改变攻城计划，率部从西安城南东进，经潼关进入河南，向庐州进军。

同治元年（1862年）七月，当陈得才部抵达河南舞阳时，始知英王陈玉成已在延津殉难，这时忠王李秀成又调陈得才赴苏州，令其在两年之内扩展兵力，然后再回来援救天京。陈得才于是便决定再次入秦。次年正月，陈得才部由陕鄂交界进入陕西。这时陕西地区的回民起义军（详见下述）已如火如荼，方兴未艾，正席卷关中大地，驻陕清军已自顾不暇，故太平军"一路滔滔，攻无不克，战无不胜"，先后占领紫阳、汉阴，直逼汉中。李蓝起义军余部在蓝大顺的率领下，也已在洋县建立政权达一年之久。当太平军入陕进至汉中地区以后，蓝大顺当即派人与其联系，并缔结了抗清盟约，商定以谢村东西划界，互成犄角，协同作战。

同治二年（1863年）二月上旬，太平军与李蓝起义军联合进攻汉中府城，并于八月二十日攻占该城。二十四日，又克城固。随着领地的不断扩大，太平军的兵力日益增加，这时已发展成了拥有20万人的庞大部队。不但有力地支持了关中地区的回民起义，也使陕南地区的革命斗争进入高潮。

正当太平军在陕南取得辉煌胜利之际，外国侵略者已与清廷联手，共同围剿太平天国起义军。曾国藩所率湘军、李鸿章所率淮军以及英法美等国组成的洋枪队相互联合，加紧围攻天京，天京告急。陈得才奉命全军东返，解救天京之围。太平军离陕以后，汉中、城固相继失守。李蓝起义军首领蓝大顺为了开辟新的根据地，扩大革命力量，遂以部分兵力留守洋县，亲率主力北上，经佛坪和新口峪，进入关中。

同年十月七日，蓝大顺率部包围了盩厔县城。接着，又用炸药轰塌城墙，冲进城内，杀死了知县庆麟和把总张德禄等，很快便占领了盩厔县城，并设立官署，发布告示，安定居民，加固城防，整饬部众。准备以盩厔为基地，进而夺取西安省城。清廷急任钦差大臣多隆阿为西安将军，令其督军攻取盩厔。这时，多隆阿已攻破了回民起义军的最后一个据点咸阳渭城，遂派部将穆图善、姜顺玉率马步 16 营，由兴平开赴盩厔。十月十五日，多隆阿又率清军主力奔赴盩厔城下，并麾军攻城，“开隧道、更番穴攻”，“日以枪炮轰击”。蓝大顺率部奋起抵抗，多次打败了清军的进攻。经过两个多月的激烈战斗，盩厔城仍巍然不动，起义军守而不失。

同治三年（1864 年）正月二十六日，多隆阿恼羞成怒，遂重新部署各路清军，向盩厔城发动夜攻。李蓝起义军奋勇还击，战斗一直持续到次日中午，清军死伤惨重，仍未得手。二月初一，多隆阿麾军又向起义军发动再一次的大规模进攻。他令清军先用地雷轰击城垣。接着又四面围攻，企图一举攻占盩厔。但因该城墙垣坚厚，地雷仅震塌数尺，而城上的滚木擂石和枪炮弹药齐下，清军的数十次进攻均被击退，死伤 3000 多人，致使多隆阿不得不发出盩厔“守御之坚，为贼中罕见”的哀叹。

二月二十三日，多隆阿在清军休整 20 多天以后，又对盩厔发动了更大规模的进攻。攻城清军先用炸药集中轰击东面城墙，结果外城垛被炸塌一丈有余，接着清军乘烟雾抢占了月城。但城内守军已在外城增修内卡，严密防守。多隆阿在望楼擂鼓督战，起义军一名战士看得真切，举枪即射，多隆阿应声扑地，头部中弹，不久毙命。清廷遂将军务交由西安左翼副都统穆图善综理。次日凌晨，穆图善指挥清军由西、南、北三面向盩厔城发起进攻。这时城内起义军由于伤亡愈来愈多，加之粮食供应逐渐短缺，战斗力受到严重削弱，渐有不支之势。虽然义军将士仍拼死抵抗，但终因兵力不足，致使东西清军首先登城而入，蜂拥进城。起义军又和清军展开巷战，仍未能挽回危局。蓝大顺率残部突围而出，身负重伤。盩厔陷落。

三月五日，李蓝起义军余部行至安康紫溪河时，又遭地主团练伏击，蓝大顺不幸牺牲，起义军被迫溃散。不久，另一余部在曹灿章的率领下南下洋县，与留守的起义军会合，仍继续坚持反清斗争达一年有余，并先后转战于鄠县、盩厔等地。直到同治四年（1865 年）五月十三日，李蓝起义军余部的最后一个据点阶州被清军攻破，起义失败。

五、同治年间陕西回民大起义及西安之战

回族是元末明初在中国国内形成的一个新的少数民族，主要分布在西北数省，与汉族杂居而处。陕西则是回族人口分布较多的地区之一。清代陕西的回族约有七八十万，故有“民七回三”之说。陕西回民主要分布在关中的西安、同州、凤翔三府和乾、邠、鄜三州的 20 多个属县。回族信奉伊斯兰教，故该教对回族的社会以及政治、经济和生活习俗都有重要影响。清真寺是回族进行宗教活动的主要场所，位于回民居住的中心地区。阿訇则是回族中主持宗教事务的教长，并要负责处理回民的各种日常事务。同治以前陕西共有 800 多所清真寺院，每所寺院周围都称为“坊”，共有 800 多坊。

清朝统治者为了巩固和加强他们在陕西地区的封建统治，极力推行“护汉抑回”和“以汉制回”的民族歧视政策，企图

挑起汉回矛盾，然后坐收渔利，维护封建统治的长治久安。因此，他们在文化上视伊斯兰教为“小教”，肆意贬低。另一面又将儒学尊为“大教”，极力颂扬。在法律上则规定回民犯法“加等科罪”；回汉争讼，地方官则“无论曲直，皆压抑回民”①。清政府推行这一民族歧视政策的结果，不但使汉、回之间的隔阂日渐加深，而且也逐渐激化了民族矛盾，致使回汉械斗“无岁无之”②。与此同时，清政府还在回民地区推行更为残酷的阶级压迫政策，大肆对回民百姓进行经济掠夺和封建剥削，使广大回民陷入了更加穷困的境地。因此，广大回民与清政府之间的阶级矛盾亦愈演愈烈。早在道光咸丰时期陕西回民即同汉民一起开展了多次的反封建斗争。如道光末年，渭南回民马文魁领导回汉农民军举行了反抗官府征收苛捐杂税的武装斗争，失败后被官府逮捕杀害，家产被焚③。咸丰六年(1856年)，渭南汉民反抗官府按“地亩摊派”捐款，起义队伍途经仓头、苏村、拜村时，各村回民亦执农器参加④。咸丰十一年（1861年），临潼县汉民杨生华领导农民反抗官府的“地丁加耗”，当地回民也不断派人前来联络，欲联合起事⑤。

但由于受到历史和阶级的局限，当时的回汉民众并没有、也不可能明确认识到清政府推行民族歧视政策的反动本质，更不会认识到回汉百姓阶级利益的一致性，从而相互联合，精诚团结，共同进行反对封建统治的阶级斗争。相反，他们在清政府推行的民族歧视和民族分裂政策的蛊惑下，有时却把回汉

① 《回民起义》(三)：《临潼纪事》。

② 刘东野：《壬戌华州回变记》，载《近代史资料》1957年第2期。

③ 参看《秦陇回务记略》卷1。

④ 参看《关陇恩危录》卷1。

⑤ 《续陕西通志》卷7引《缪树本传》。

之间的矛盾看成了主要矛盾。同治年间的陕西回民大起义就是在这种背景下发生的，这就使得这次起义具有了更加错纵复杂的性质：既有反对封建剥削压迫的阶级性和革命性，又有回汉之间相互仇杀的民族性和盲目性。但综观这次陕西回民起义的发展过程和斗争目标，回教义军始终将清政府的反动统治作为打击的主要对象，回汉冲突并没有成为主要的斗争内容，因而它所显示的阶级性和革命性是不可否认的。[①]

同治元年（1862 年）四月十八日，当太平军余部在扶王陈得才的率领下，与清军在西安三兆展开激战之时，华州发生了“圣山砍竹事件”，终于揭开了陕西回民大起义的序幕。

原来渭南的地主团练赵权中为了阻止太平军东进，曾募回勇 500 守卫刘峪口。但当西安三兆之役打响以后，回勇便私自“散归”，返回故里。行至华州小张村时，“回（勇）数十人强砍民竹为军械，民哄逐之，毙其二人”。回勇赴州衙告状，知州濮尧却偏袒汉民，判回勇理曲，并惩办了砍竹回勇，还蛮横宣称说：“向后回伤汉民一以十抵，汉伤回民十以一抵”[②]。这就激起了回民的强烈不满。于是回民首领洪兴等人便联络秦家村、三村堡一带回民 3000 多人，准备起义。濮尧闻讯，当即指使华阴、华州地主团练开赴秦家村，纵火将民房烧毁，并捕杀了回民 17 人。渭河东南 10 多个村子的回民听到这一消息后，纷纷携家北渡，向仓头镇、沙苑等回民密集的地方转移，被迫进行反抗斗争。起义回民先后攻占了八女井和羌白等村镇。接着，渭北广大地区的回民群起响应，旬日之间，自同州至华州、渭南一带，回民起义一时俱起。

当回民起义正在大荔、渭南一带迅速兴起并日益壮大之

① 杨毓秀：《平回志》，引自《回民起义》（三），第 60 页。

② 刘东野：《壬戌华州回变纪》，载《近代史资料》1957 年第 2 期。

时，陕西巡抚瑛棨剿抚兼施，企图用武装镇压和哄骗欺诈的手段，迅速制止这次事件。五月四日，督办团练大臣张芾奉命率临潼知县缪树本、举人蒋若讷、回绅马百龄及其侄孙张涛等由西安出发，前往渭南，进行“安抚”。张芾一行抵达临潼油坊街后，当即召集仓头镇回民首领10余人，进行“训导”，并要回民交出其首领任武（任老五）。在场的回民首领和一些回民都气愤至极，有人还在张芾的坐轿内发现了关于剿洗回民的官府传帖，张芾假“招抚”、真屠杀回民起义的反动嘴脸暴露无遗。同时在场的回民首领任武遂指挥和率领数千回民，将油坊街团团包围，将张芾一行全部逮捕。怒不可遏的回民群众将张芾等人牵至渭河滩上，予以处死。回民起义遂大规模爆发，迅速席卷了关中大地，各地回民起义军掀起了打击地主团练和清朝反动武装的斗争高潮，其中尤以西安郊区的斗争尤为紧张激烈。

这时的陕西清军多调援他省，西安仅有孔有顺一军守卫，兵力不足3000人，分驻四关。西安城郊则由地方团练防守。陕西巡抚瑛棨继续玩弄扬汉抑回的反动政策，扬言“回系匪，宜剿灭；汉系团，宜协同官兵剿回”。企图利用和唆使占有优势的陕西汉民和清军一起扼杀回民起义。于是西安城郊的地主团练便大肆屠杀起义回民，无辜妇孺亦在所不免。五月十六日，“灞桥河一带及米家崖、新庄、水窑、阎家市各处回村，俱被团练烧杀”。西安城西的二三十村及鄠县所属南乡各处回民村落亦被“屠杀净尽”，“烟火冲天，天色凄惨”[①]。回民起义军亦奋起还击。六月三日，西安回民起义首领孙玉宝、马正和联络泾阳回民起义军杨文治，向西安城西关发起进攻。次日，孙玉宝等人又改变作战方针，采取声东击西战术，将主力

① 《秦难见闻记》，载《陕西回民起义资料》。

部队埋伏在西关附近，分兵向西安东关发起进攻。当清军被大量调往东城守卫，西城空虚之际，埋伏在城西的主力义军乘机向西关的金胜寺发起猛攻。守卫在该寺的地主团练梅锦堂和石仓部全部被歼。接着，回军起义军又将西安城团团包围，致使城内的米盐等日用品日益短缺，军心动摇。

六月十三日，陕西巡抚瑛棨派城内守将马德昭率部前往草滩偷运盐炭，途中遇到回民起义军的堵截，马德昭只得退回城中，偷运不果。十六日，起义军又向西安北关发起进攻，总兵阎丕敏和提督孔广顺率兵赴援，激战竟日，清军伤亡甚重。但由于西安城池高大坚固，守城清军炮火猛烈，起义军急切不能突入城内。

六月二十日，孙玉宝又派数万起义军向西安城西 10 公里处的六村堡发起进攻。这是清军设在西安城外的一个军事据点，墙厚沟深，易守难攻，并与西安城互为犄角，给起义军的侧后翼带来严重威胁。只有拔除这一据点，才能真正使西安城孤立无援。起义军先用车辆堵寨堡外，然后日夜轮番攻打。经过 5 天激战，六村堡终被攻破。由于西安城已被起义军四面封锁，水泄不通，故瑛棨及城内清军眼看着六村堡失守，也不能派兵援救，城内官兵一片慌乱，危机四伏。

在此期间，西安所属的盩厔、鄠县、蓝田、高陵、临潼、长安、咸宁等县的回民起义军也以排山倒海之势，攻城略地，不仅使地主团练受到沉重打击，而且也使清廷在陕西的封建统治受到重创。

清廷接到陕西告急文书以后，急令直隶总督成明率部赴陕，镇压回民起义军，挽救陕西危局。

同治元年（1862 年）八月，成明率驻京八旗兵 2000 余人从潼关入陕后，在同州城下被起义军击败，只得退守朝邑城内，不敢东进。八月十日，清廷又令钦差大臣胜保率马步兵

8,000 多人，西入陕西，驰援西安。胜保率部在西进途中，相继在渭南仓头镇、临潼零口镇以及西安灞桥等地受到起义军的英勇狙击，损失兵力 1,000 多人，军资辎重全部丧失。十六日晚，趁深夜进入西安，扎营于城外八仙庵，不敢出战。

八月二十七日黎明时分，西安城郊大雾弥漫，咫尺不见。回民起义军采用“诈”兵之计，乔装成清军模样，向清军东关营垒逼近。清军在大雾中不辨真假，亦不加提防。当快要靠近清军营垒之时，起义军突然发起进攻，清军措手不及，死伤数千人，胜保率残部逃回城中，起义军遂将八仙庵、山西会馆及寺院巷付之一炬，放火烧毁。胜保和瑛棨在城头眼看东关火起，但却不敢派兵援救，只能望“火”兴叹。

胜保龟缩西安城内以后，以“钦差大臣”自居，到处寻花问柳，沉湎酒色，不理军务。消息传到京师，百官震动，于是弹劾表章如雪片般飞入宫中。清廷遂对胜保严加训斥，胜保只得率部冲出西安，先后奔赴咸阳和华阴等地，企图挽回危局，但均遭失败。八月底，清穆宗闻讯大怒，下令将胜保革去职务，押解北京，赐以自尽。

十一月十七日，清廷又将满洲贵族多隆阿任为钦差大臣，负责督办陕西军务。多隆阿入陕以后，改变了胜保长驱直入的作战方针，采用了步步为营、稳扎稳打的战略战术，缓慢向西推进。西进清军凭借鸟枪、铳炮等精锐武器，相继收复了渭南的王阁村和羌白镇，占据了回民起义军的策源地。接着，又于同治二年（1863 年）四月，抵达临潼的仓头镇。仓头镇是关中东部回民起义军的重要据点，起义军布防严密。多隆阿下令清军步骑并进，轮番进攻。起义军渐不能支，首领孙玉宝急调咸阳、泾阳部分起义军 7,000 多人赴援，但途中被清军阻截，只得返回。仓头镇起义军在孤立无援的情况下，拼死反击，终因力量悬殊，被清军占领，起义军牺牲殆尽。不久，多隆阿又先后派兵攻占了临潼13村和西安郊区的三府里、白鸭咀、马乌什等村堡以及沙河镇等主要据点。至此，西安以东的所有州县均为清军所控制。多隆阿进入西安休整近半年以后，又率清军20多营，分左、右两路围剿西安以西的回民起义军。十月五日，清军攻克了回民起义军在关中坚守的最后一个据点——凤翔府，其余部在崔伟等人的领导下被迫撤离陕西，进入甘肃境内，继续坚持抗清斗争。

由秦入陇的回民起义军同甘肃各地的回教义军相互联合，坚持抗清斗争达数年之久。但由于陇东地区地瘠民贫，天灾不断，粮食短缺，起义军经常出现粮饷不足和食不果腹的现象，加之思乡心切，“未尝一日忘故土”。因此，从同治五年（1866年）春天开始，陕西回民起义军不断掀起重返故土的斗争。在此期间，他们先后在宁州（治今甘肃宁县）的董志塬大量集结，分营驻扎，共计十八营，故称“十八大营”，准备由子午岭进入陕北，再由陕北南下返回关中。但因起义军组织涣散，没有形成坚强有力的领导核心，加之清廷在关中一带布置重兵，对东返回军进行了强大狙击，致使陕西的回民义军的多次返陕斗争终归失败。后来，虽因西捻军入陕（详见下述），驻陕清军的兵力受到牵制，陕西义军趁机接踵进入陕北。但为时不久，清廷又陆续调遣大量清军入陕，关中地区的清军力量日益增强，故返陕回民军一直未能进入并驻足关中，并在优势清军的不断围剿下，势力日渐削弱，直到同治八年（1869年），陕西回民起义终于失败。

六、同治年间的西捻军入陕及其与清军的西安十里坡之战

捻军是清仁宗嘉庆年间兴起于北方地区的一支农民起义军。因发源于捻子，故最初被称为捻子军，后称捻党。初期的

捻子军每股谓“一捻子”，小捻子数人、数十人，大捻子一二百人不等。后在苏、鲁、豫、皖一带护送“私盐”，不断与清政府发生武装冲突。鸦片战争以后，捻党武装日益发展。道光二十五年（1845年），清政府派兵捕杀山东曹州（今山东荷泽）的捻党成员，捻党拒捕，并发动武装反抗。次年，捻党又在湖北地区与清军作战。咸丰元年（1851年），太平天国在广西金田村聚众起义以后，捻党积极响应。次年，捻党首领张乐行（亦称张洛行）聚众万余攻克河南永城。咸丰三年（1853年），张乐行在雉河集（今属安徽涡阳）被推为盟主，称大汉永王（一作大汉明命王），制定《行军条例》19条，并建立了黄、红、兰、白、黑五旗军制。咸丰七年（1857年），张乐行接受太平天国领导，被封成天义。同治二年（1863年），张乐行在蒙城西阳集被清军俘获牺牲，余众由张宗禹率领，与太平军遵王赖文光会师，推赖为首领，整编军队，屡败清军。同治五年（1866年），捻军分为东、西两路，由赖文光率东捻军约10万人，转战于湖北、河南、安徽、山东一带；由张宗禹率西捻军约6万人，进入陕西，“连结回众”[①]，开展反清斗争。

同治五年（1866年）十月，西捻军由商州翻越秦岭，抵达华阴县境。这时，驻陕清军被大量调往关中西部和西北部，堵截由甘入陕的回民起义军，关中东部的清军兵力单弱，故陕西巡抚连连告急。清廷闻讯，急令陕甘总督左宗棠入陕，围剿西捻军。左宗棠由于正在练兵筹饷，一时无法起程。清廷又改派提督刘松山率老湘军17营先行入陕，又令驻扎在陕甘交界处堵防回民起义军的陕西巡抚刘蓉率领的湘军30营共1.4万人，东撤华阴，截击西捻军。刘蓉抵达华阴以后，张宗禹为了保存实力，采用流动战术，避免与清军正面作战。遂由华阴西

① 《赖文光自述》，载《太平天国文书汇编》第559页。

进，经华州（治今陕西华县）、渭南、临潼，于十一月八日抵达西安东郊灞桥镇及泄湖一带，威逼西安。接着，又分兵进攻蓝田、临潼和渭南等地。刘蓉率部在华阴扑空以后，又接到西安的告急文书，故又气急败坏地回援省城。当刘蓉部将至灞桥之时，张宗禹又指挥西捻军主力由灞桥和泄湖撤向东南，抵达蓝田以后，摆出了将要趋兵商洛的态势。刘蓉率部尾追不舍。这时，西捻军又折而向北，直奔渭南。接着，又从渭南西进，佯攻临潼。刘蓉部被西捻军搞得晕头转向，疲于奔命，狼狈不堪。

十二月五日，张宗禹又率部西越临潼，兵分两路，进至西安城郊，在城东浐河岸边的十里坡，埋伏兵力3万，准备对刘蓉部实施围歼。

十二月十八日，当疲惫不堪的刘蓉率1万多湘军进抵十里坡时，3万多西捻军伏兵一齐杀出，四面攻打，不到半天工夫，湘军被歼3 000余人，被俘数千人，清汉中镇总兵萧得扬、记名提督杨得胜、萧集山、萧长清及布政使衔候补道萧得纲等被当场击毙，刘蓉率残部狼狈逃回西安。不久，清廷将其革职查办。十里坡大捷以后，西捻军乘胜西进，很快便兵临西安城下，屯驻于城东火神庙、城南小雁塔、城西火神庙和城北红庙坡一带，在西安城周形成了一道包围圈。

十二月三十日，提督刘松山率湘军12营及寿春镇李祥和、编修张锡镖等5营，开抵西安，驻扎雨花寨。

同治六年（1867年）正月初六，张宗禹指挥西捻军向刘松山所率清军湘营发起进攻，击毙编修张锡镖。但清军人数众多，武器精良，西捻军亦伤亡惨重。二月一日，刘松山所率清军发起反攻，先后攻克秦渡镇、花园铺等地。西捻军寡不敌众，接连失利，且有受到内外夹击之势，遂放弃了进攻西安的计划，主动撤围，沿渭河以南向西挺进，打算同关中西部的回民起义军联合作战。

这时，由秦入陇的陕西回民起义军正在掀起返陕斗争的新高潮，接踵由陇东一带进入陕地，集结在凤翔、扶风、岐山一带。有的小股起义军则已深入到乾州、醴泉、兴平、大荔等关中腹部，有的则已进入陕北地区。西捻军进至郿县齐家寨渭河南岸以后，即与屯驻齐家寨渭河以北陕回义军取得联系，共商大计。最后决定：回、捻二军分路东进，回民起义军直趋西安，西捻军则直趋同州、朝邑，用以分散清军兵力。

二月十九日，西捻军由郿县以西的渭河浅处渡过北岸，在岐山、扶风交界处盖店与回民起义军会师，联军东进。三月初，抵达乾州的临平镇，并向清军粮饷转运局所在地乾州城发起进攻，旨在占据清军的粮饷集地和运粮通道。但因刘松山部麾军援救，久攻不克，起义军只得又退回临平。接着，刘松山分兵三路，向临平镇发起反攻，起义军抵敌不住，遂绕过乾州南下，由兴平逼近咸阳。这时，清军已在咸阳和渭河沿岸加强兵力，回民起义军无法实现围攻西安的预定计划，遂与西捻军一起东进同州、朝邑。

陕西提督刘松山和巡抚乔松山预计回、捻起义军东入朝邑后，一定会渡河入晋，而山西毗连直隶，一旦山西失陷，京师北京就会受到直接威胁。因此，他们便当即命令全福和郭宝昌所率清军分别从朝邑和黄河西岸对起义军实施夹击，企图阻止起义军东渡黄河。同时，他们又将此情况急告陕甘总督左宗棠。正在入陕途中的左宗棠获得这一消息后，也担心起义军渡河入晋，遂取道潼关，加速入陕，并将大军布置在黄河沿线，企图抢占渡河关隘，切断起义军东渡之路。

四月二日，陕西提督刘松山率部向驻守在同州晋成堡、姜彦村的西捻军发起进攻，张宗禹率捻军主力迎战，双方在许庄遭遇，激战四个时辰，清军大败。许庄战役之后，西捻军又乘胜西进，经蒲城、富平、兴平，至武功普集镇。然后又由普集镇渡过渭水，折而东向。四月二十四日，再次兵临西安城下。接着，张宗禹即麾军攻城，起义军将士个个奋勇，人人争先，在城南山门口、木塔寨和齐王村等地与清军展开激战，直至傍晚时分，起义军由于精力疲惫，体力不支，伤亡渐多，只得向东撤退。次日凌晨，行至灞桥附近。接着，又南下鄠县西联村。稍事休整后，又渡过渭水，北入兴平。就这样西捻军在流动作战中，纵横驰骋于关中平原腹部地带，东西趋走，南北不定，使清军狐疑不定，处处被动，难以对付。

六月中旬，陕甘总督左宗棠率湘、楚和部分广东清军共15营，抵达潼关，召开了紧急的军事会议，决定分兵剿灭西捻军和陕西回民起义军：以刘松山、郭宝昌、刘厚基和高连升等部约2.1万人，为剿捻之师；刘典、黄鼎二部共8 000多人，为剿回之师。其余万余楚军，分驻关中各地，来回策应，为兼讨捻、回之师。

七月初，西捻军又由三原渭河北岸东进。左宗棠随即改变了原来清军被动尾追的作战方针，决定“勿穷追，疲我兵力，可改道由富平出蒲城，变尾追为迎击”[①]。接着，遂派清军分别驻守华州、临潼和泾水西岸，堵截西捻军“以渡泾渭”。西捻军进抵渭南新庄、马家堡一带后，又折而西行，经三原、泾阳，抵达咸阳，准备由咸阳渡渭而南。结果被清军黄鼎部拦腰截击。西捻军南下之路受阻，又改变方向，由咸阳北进泾阳，再由泾阳渡过泾水，向东挺进，继续活跃在关中一带。

九月十一日，左宗棠亲赴清军泾西大营，重新部署兵力：令提督萧得经、总兵罗洪德、于奇泮等与黄鼎部分扼泾河西岸，提督刘效忠一军扼耀州山口，刘松山、刘典、李祥和、郭

① 《平回志》卷2，载《回民起义》(三)，第81页。

宝昌、高连升等渡泾进剿。五天后，西路清军诸军全都集结在高陵和三原一线，将西捻军的东西之路全部切断，并形成了四面包围态势。为了摆脱清军的四面围攻，西捻军只得由蒲城东南北趋白水，进入陕北。

西捻军进入陕北以后，同返回陕西的回民起义军相互配合，继续同清军坚持斗争了两个多月。十一月上旬，张宗禹突然接到东捻军首领任化邦派人送来的火速救援信。原来东捻军这时正在鲁、苏战场受到清军的四面围剿，面临绝境。于是张宗禹遂决定立即撤离绥德，飞驰东进，于十一月二十三日从龙王辿踏冰渡过黄河，进入山西。由此，东、西捻军的入陕抗清斗争至此结束。

综上所述，清代中叶发生在陕西的白莲教起义、李蓝和太平军起义、回民起义和西捻军起义虽然因组织涣散、领导不力，缺乏紧密配合，斗争方向不甚明确以及政治和军事斗争策略都存有严重失误等诸多原因，相继失败，但这些大规模的反清斗争却极大地动摇了清王朝在陕西的腐朽统治，开创了近代陕西人民反帝反封建的革命道路，给陕西人民进行了一次生动的开展民主革命运动的启蒙教育，它在陕西人民革命斗争史上留下了光辉灿烂的历史篇章，也给陕西人民留下了一笔丰富的精神财富，其宝贵价值是永远不会磨灭的。

七、清朝后期的军制改革及西安练军、防勇和新式陆军的相继建立

大致从咸丰、同治年间以后，八旗兵由于养尊处优而早已形同虚设，绿营兵也因腐败的滋生蔓延而颓废不堪。特别是经过太平天国和全国各地农民起义的沉重打击以及英法联军的攻入北京，清廷所倚重的八旗、绿营两大经制军几被摧毁殆尽，清政府不得不依靠曾国藩、左宗棠和李鸿章等所募湘勇、淮勇

两营支撑危局，出现了兵消勇涨之势。出于“居重驭轻”的传统思想和狭隘的民族偏见，清廷内遂萌生了“筹饷练兵”的动议。经过一段长时间的争议以后，新任直隶总督曾国藩于同治八年（1869 年）六月提出的“尽裁疲弱，厚给粮饷，废弃弓箭，专精火器，革去分汛，化散为整，选用能将，勤操苦练”[①] 的“练军”主张终于得到了清廷的认可。接着，在绿营之外别树规制，另立营伍，编制练军的军制改革遂在全国相继展开。

陕西初设练军的时间约在光绪四年（1878 年），是由陕甘总督谭钟麟奏议编制的。据民国所修《续陕西通志稿》卷 45《兵防二》记载，初设时的陕西练军仅有中、前、左、右、后和副中步队 6 旗。每旗编制弁勇 305 名，六旗共有兵力 1 830 名。每旗设旗官 1 名，邦办兼中哨官 1 员，文案 1 员，帐房 1 员，正哨官 1 员，副哨官 3 员，什长 28 名，亲兵 36 名，护勇 12 名，正勇 192 名，伙勇 28 名。这步队 6 旗练军除左旗驻屯西安以外，其余五旗均驻于商州、陇州、城固、石泉等外地州县。至光绪初年，陕西巡抚又以“开办屯垦”为名，又于练军中配置弁勇，编制了中、前、左、右、后、副中、副右、副后等 8 旗屯练军，分扎各路，办理垦务，兼巡缉奸宄。每旗弁勇 305 名，8 旗共有官兵 2 440 人。每旗所设官兵与步兵 6 旗大致相同。其中中旗驻屯渭河北岸，左旗、前旗和副右旗驻屯西安草滩，副后旗驻屯渭河南岸，其余 3 骑分驻于延安、邠州、靖边等地。总计陕西所编练军共 14 旗约 4 200 人。

清廷组建练军的目的主要是为了削弱湘、淮勇弁的势力，以期达到“居重驭轻”的战略决策的。但因练军的兵源主要来自绿营丁壮，故绿营的一些陈腐积习也就随之沾染到了练军之

---

① 《曾文正公全集·奏稿》第 874 页。

中。加之清廷和全国各省兵饷的严重匮乏，练军的“粮饷”并未“厚给”，其武器装备也并未实现“废弃弓箭，专精火器”的变化，各省练兵多以旧式冷热兵器为其主要装备，并大多采用传统的操练方法。所以，练军同绿营相比，其战斗力并没有得到多少提高。特别是在经过义和团运动的打击以后，各省练军都不堪一击，更没有支撑危局的军事力量，这就使清廷的内忧外患更为严重。故从同治末年开始，清廷中不断有人提出“裁练留勇”的建议，即裁撤练军，仿照湘、淮勇营之制，组建防勇之军。清廷深知“裁练留勇”的军制改革是和“居重驭轻”的基本国策大相径庭的，但在内外交困、无计可施的情况下，也只得勉强应允。于是各省的组建防勇也就从此展开。

陕西的留驻防勇始于光绪中期，后改名曰抚标巡警军，下设陕西抚标巡警军中、左、右三营，西安城守协巡警军左、右营，另有驻扎各路的巡防军 10 队。

由于各省所留防勇官兵的饷章待遇比起练军和绿营来说，都有了大幅度提高，且大多装备了部分新式武器，在军事技术训练方面也出现了由传统型向西法操练的过渡趋势，故防勇的战斗力都比以前有了较大提高。但随着时间的推移，防勇的流弊亦日益显著。首先，防军源于勇营，系由地方督抚大员招募成军，兵随将转，私属性极强。同时，相互之间互不统属，势必战时不易协同。其次，防勇由于长期驻防一地，不募不撤，无法更新，承平日久，锐气日减，暮气渐增。其三，由于清廷和各省的财政困难，勇丁的饷章很难如期兑现，营官克扣粮饷薪银的现象日益加剧，致使勇丁怨声载道，极大地妨碍了兵士战斗力的发挥。在武器供应方面，更是上下全无章法，新旧相杂，型号各异，给供应、作战带来极大不利。更为重要的是，清廷自始至终就把勇营之留防看成是迫不得已的权宜之计，从未真正从军制改革的角度去改善和发展防军制度，这当是导致防勇最终失败的根本原因。特别是在中日甲午战争中防练各军的屡战屡败，使清廷中不少有识之士进一步认识到，必须仿照西法，改革军制，创练新军。

光绪二十一年（1895年）十月，清政府命令广西按察使胡燏棻在天津的“小站练兵”，当是清廷创练新军之始。不久，军务处差委、浙江温处道袁世凯又代胡接练，改称“新建陆军”。此后，全国各地次第展开。

陕西的新建陆军始建于光绪二十四年（1898年），由巡抚魏光焘首创，至光绪三十二年（1906年）闰四月，始告成军。

陕西的新建陆军共包括新军步队、新军马队和新军炮队三个兵种。其中新军步队共设2标，每标下辖左、中、右3营，故共有2标6营。新军马队共辖1营4旗。新军炮队仅设1队。

以上新建陆军中的步队2标6营和新军炮队均驻西安西关军营，新军马队1营4旗中之营部驻于西关军营，后旗驻于临潼，左右后3旗则驻于靖边、岐山和二华（华县、华阴）、潼关一带。

陕西新建陆军的直接领导机关是新军督练公所，该所之下又辖八处四局。其八处是兵备处，设总办、提调委员8员，护兵4名；参谋处，设总办、邦办、提调委员7员，护兵4名；教练处，设总办、邦办、提调委员5员；新军协司令部，设军官、军佐4员，马弁、护兵16名；此外还有统计处、调查陆军财政局等，均位于西安西关军营之内。四局为军装局，专为储存枪炮弹药之用，位于西安通化门；机器局，专门制造枪炮弹药，位于西安风火洞旁；另外还有东火药局，在西安城东南角，西火药局，在西安城西南角①。

---

① 以上资料均引自（民国）《续陕西通志稿》卷45《兵防二》。

为了给新建陆军培养后备军官和指挥人员，清政府不仅大量派遣留学生，在日本和西方国家的军事院校学习西洋的军事理论知识，而且还在国内兴办新式军事学校，用先进的军事知识培养中国的军校学生。光绪二十四年（1898年），陕西巡抚和军政界曾将西关青门学舍旧址少墟书院改建为陕西武备学堂，不久即改为陆军小学堂；宣统二年（1910年），川陕甘三省共同投资，在西安北教场内又设立了陆军中学堂。这是在军制改革中陕西设立较早的两座军事学校。

由于新建陆军提高了官兵的饷章待遇，配备了较为先进的武器装备，冲破了旧的军事体制的束缚，开始以西方军制的新理论为依据，向建立一支更能适应近代战争需要的新的国家武装力量的道路迈出了极为重要的一步，在中国军制史上所起到的承上启下的重要作用是不能抹煞的。同时，又因为新军的多数官兵是由接受了近代西方资产阶级思想教育的有志青年担任的，他们其中不乏资产阶级革命团体——同盟会的成员。其士兵有的是破产农民、小手工业者或民间秘密组织哥老会等会党成员，他们大多具有反清思想。因此，在后来的辛亥革命中，各地新军官兵遂成了一支中坚力量。由清政府亲手组建的新式陆军，竟成了清王朝和封建专制制度的掘墓人，这是清廷和各省军政当界在创设新军时所始料不及的。

八、辛亥革命时期的西安起义及清王朝在陕西封建专制统治的覆灭

就在清政府同治年间进行军制改革的同时，外国和西方列强却趁机加强对中国的武装侵略和经济掠夺。他们先后派兵侵入我国的云南、西藏、新疆、两广、福建和台湾等地，强迫清政府签订了一系列不平等条约，并从中获得了包括割地、赔款在内的许多政治和经济特权。特别是在中日甲午战后，各国列

强又争先恐后地在中国抢占租借地，划分势力范围。帝国主义之间的激烈争夺，使中国的亡国之祸迫在眉睫，出现了空前严重的民族危机，而腐败无能的清政府为了苟且偷安，不惜用出卖国家主权的卑劣手段，以期换得外国列强的同情和支持。另一方面，他们又不惜用残酷手段镇压和扼杀国内各阶层人民的反抗活动，充分暴露了他们仇视国人和惧怕洋人的反动嘴脸。因此，中国人民进行反帝反封建的斗争也日益高涨。清德宗光绪三十一年（1905年），以革命先驱孙中山和黄兴等为首的资产阶级革命派在日本创建了中国同盟会，并通过了“驱逐鞑虏，恢复中华，创立民国，平均地权”的政治纲领，标志着中国的民主革命运动已进入了一个新的阶段。

由于受到中国人民反帝反封建斗争的锻炼和资产阶级革命思想的熏陶，在陕西和西安地区也涌现出了一批以井勿幕为代表的坚定的资产阶级革命派及其仁人志士，正是在他们的艰苦努力和精心策划下，终于在辛亥革命期间发动了举国震惊的西安起义。

井勿幕（1888—1918），陕西蒲城县人，出生于一个破落地主兼商业资本家的家庭。少年时代他就受到了进步青年和新思潮的影响，萌生了追求民主和立志革命的理想。为了寻求救国救民的革命道路和实现民主自由的革命思想，他在16岁时便自费赴日留学。孙中山领导的中国同盟会在东京建立以后，他便踊跃参加，是陕西留日学生中最早的同盟会会员之一，并被孙中山委任为同盟会陕西支部长。光绪三十一年（1905年）冬，他奉孙中山之命，返陕进行反对清政府的革命斗争的组织和领导工作。

这时，陕西人民反帝反封建的斗争如火如荼。关中和陕北一带农民的“交农”抗捐运动方兴未艾，陕西刀客和哥老会的反清斗争此起彼伏。特别是西安学、绅、商界发起的保卫西

(安)潼(关)铁路和延长石油修筑和开采权的斗争正在深入发展，使陕西巡抚曹鸿勋陷入了十分尴尬的境地。

面对革命的大好形势，井勿幕立即开展了革命的宣传工作，并在一批激进的知识分子中发展革命力量。在不到半年时间内，足迹遍及西安及渭北十余县，吸收同盟会员30多人。次年春，井勿幕在三原北报宫主持召开了同盟会陕西支部第一次代表大会，从而在陕西播下了第一批革命火种，为以后举行的西安起义准备了坚实的革命力量。会后，井勿幕又带领邹子良、王守身等同盟会员奔赴陕北，考察地形，密谋建立反清革命据点。

光绪三十二年（1906年）春夏之交，井勿幕再次东渡扶桑，向同盟会总部汇报了在陕进行的革命活动，并积极参加了同盟会陕西分会的筹建工作。从此，陕籍留日学生在分会领导下，与陕西革命党人的活动相互配合，有力地推动了陕西革命运动的发展。

光绪三十四年（1908年）春，井勿幕再次由日返陕。这时，陕西民主革命的浪潮正向纵深发展。保卫路、矿权的斗争已取得了重大胜利，陕西巡抚曹鸿勋被迫中止同英国、比利时关于购买路矿权的谈判，并决定西潼铁路和延长石油改由集股商办。同年九月，井勿幕的家乡蒲城又发生了一次震惊国内的学生运动。最后反动县令李体仁受到了“即予革职，不准援例捐复”[①]的惩罚，时称“蒲案”。这次斗争的胜利，大灭了反动势力的嚣张气焰，大长了革命派的斗争意志。

鉴于陕西革命斗争的日益高涨和革命力量的日益壮大，井勿幕决定尽快成立同盟会陕西分会。同年冬，井勿幕邀请同盟会员李仲特、景梅九、邹子良、李仲三等20多人，在西安开

① 《陕西官报》宣统元年，第1期。

元寺聚会，秘密召开了同盟会陕西分会成立大会。会议推举时任西安高等学堂教习的李仲特为分会会长，焦子静主管内务，井勿幕主管分会与同盟会总部及外省分会的联络工作。会议的另一项重要决议就是必须进一步加强同哥老会、刀客和陕西新建陆军的合作关系，团结一切可以团结的力量，扩大革命阵营，以期为以后进行的武装起义做好组织准备。

哥老会和陕西刀客是清朝中期在陕西下层人民群众中相继兴起的两个秘密会党组织。刀客们因通常携带一种临潼关山镇打造的"关山刀子"而得名，哥老会会员通常则以哥弟相称，并以一个"山堂"为中心进行活动。这两个组织均以打富济贫、路见不平、拔刀相助和武力反清为宗旨，具有一定的革命性。另外，这两个组织的成员由于生活所迫，大量加入新建陆军。故当时流行有"想当兵，拜仁兄"的谚语。特别是哥老会会员因加入新军的人数众多，故在新军中建有与新军编制相适应的组织系统。标有"标舵"，营有"营舵"，队有"队舵"。如张云山所开"山堂"就有1,000多人加入新军，以张云山为"标舵"，组织十分严密，活动也很频繁。由于他们在新军中经常受到一些具有进步思想官兵的影响，较早地接受了民主思想的熏陶，很多人不但同情和倾向革命，而且一贯主张用武力手段推翻满清政府。事实证明，无论是哥老会、刀客还是陕西新军都是资产阶级革命派的同盟军。故同盟会建立之初，就制订了"洪门宗旨，不外反清，与吾党主义无殊，应联络以厚势力"① 的战略方针。井勿幕及同盟会陕西分会决定在哥老会、刀客和新军中发展革命力量，是对这一战略方针的正确执行，也是为以后发动武装起义迈出的坚实一步。为此，井勿幕、邹子良、李仲三等革命骨干也都相继加入了哥老会，胡景

① 《辛亥革命》(二)，第541页。

翼、邹子良等人又介绍新军中哥老会的活跃人物陈得贵、王荣镇、张云山、邱彦彪等加入了同盟会。不久，同盟会陕西分会又与张云山为首的“通统山”相互联合，建立了一个秘密组织——同盟堂。在此期间，井勿幕等人又积极联络陕西刀客，其著名首领如严飞龙、王守身、胡彦海、马正德、石象仪等都相继加入了同盟会，成了后来西安起义的骨干力量。这样，就使同盟会陕西分会、哥老会、新军以及刀客之间的关系更加亲近，联系更为频繁，为以后开展的革命活动奠定基础。

宣统二年（1910 年）年初，井勿幕在泾阳柏惠民（同盟会员）家的花园召开了同盟会陕西分会会议，传达了同盟会总部关于把革命中心移向西北并准备发动西北起义的决定。根据这一指示，分会会员对起义的各项准备工作进行了认真的讨论，最后决定，武装起义在西安和渭北两地分头进行，渭北起义由井勿幕、邹子良、宋元恺和柏筱余等人负责，西安起义则由郭希仁、张赞元、李桐轩、钱定三等人领导。并决定由柏筱余负责筹集款项，高又明负责购置武器和宣传器材。还拟定了有关章程、计划、联络暗号等，又编出了一些谚语、歌谣，如“会算不会算，宣统二年半”；“黄河泛，汉江泛，淹了清水(指清政府)，不见面”；“宣统二年半，到处驻防烂”等。从此，武装起义进入了紧张的准备阶段。

为了进一步加强和巩固同盟会与刀客、哥老会及新军中革命党人的联系，阴历六月三日（7 月 9 日），井勿幕又召集同盟会、哥老会及新军中的领导人钱定三、张伯英、胡景翼、邹子良、李仲三、张聚庭、马开臣、朱福胜、万炳南、张云山、王荣镇、陈得贵、邱彦彪等 30 人，在西安大慈恩寺举行结盟仪式。仪式完全按照哥老会的传统方式进行：先由哥老会中资格最深的朱福胜带领与会者在供奉的关羽神位前行叩拜礼，并当场宰杀一只公鸡，将鸡血滴入酒中，依次轮流接饮，是为

“歃血为盟”。接着，又依次在神位前发誓，表示一定要同心同德，共图大事，如有背叛，神灵鉴察云云。

大雁塔结盟以后，革命党人的意志更加坚定，武装起义的时机也在日渐成熟。但因陕西新军的大权一直操纵在极端仇视革命的督练公所总办王毓江之手，却给革命党人进行武装起义带来了极大的不利。因为王毓江凭借“义父”陕西巡抚恩寿的宠信，在新军中大肆排斥同盟会和哥老会以及倾向革命的中下级军官，到处安插自己的亲信爪牙，不仅加剧了军政两界的腐败之风，而且也给革命党人正在进行的起义活动造成了不良影响。为了搬掉这块绊脚石，新军中的同盟会员彭仲翔、张聚庭和时任陕西省咨议局副议长的同盟会员郭希仁、李桐轩等，遂把王毓江的上述罪行举列成状，上告资政院。又利用各种进步报刊进行披露，将王毓江和恩寿相互勾结、狼狈为奸的种种劣迹公之于众。在巨大舆论的压力下，清廷不得不撤去了王毓江的陕西新军督练公所总办之职，王的亲信党羽也被清除殆尽。继任总办的毛致堂、徐梅生二人和革命党人比较接近，新军中的革命党人、同盟会员党自新、彭仲翔、张伯英以及同情和倾向革命的张凤翙等也都得以依次提升，革命党人对新军的控制得到了进一步加强。

在此期间，在革命党人的共同努力下，同盟会陕西分会已在西安建立了许多秘密活动据点，其中有同盟会员焦子静、张拜云创办的位于南院门的公益书局，后迁竹笆市，是专门翻印和出售各种进步书刊和秘密文件的地下书店；位于西大街富平会馆的健本学堂，聘请了很多同盟会员担任教员，不仅是同盟会的秘密接头地点，而且也为革命党发展了一批进步青年。此外，还有邻近西关新军军营的西关茶馆、位于南院门的正谊书店、武学研究社，位于端履门的丽泽馆以及新民图书馆、声锋社、存心堂书铺、公正和纸店、西岳庙女子小学堂等大多为革命党人所控制。

总之，陕西和西安地区的革命斗争形势正处于“山雨欲来风满楼”的形势之中。

宣统二年（1910 年）冬，同盟会陕西分会召集新军和哥老会及刀客的重要头目在大雁塔再次聚会，商议起义事宜。会上有人提议在阴历腊月初八趁西安的清朝官吏照例赴三原参加“腊八会”之机，在西安举事。但后因准备不周而未果。

宣统三年（1911 年）三月二十九日（4 月 27 日），同盟会总部领导人黄兴领导广州新军举行的广州起义爆发。但因事机不密，很快失败。后来在起义中牺牲的 72 名革命党人的尸体被葬于黄花岗，故称“黄花岗七十二烈士”。这时，受黄兴之邀正在赶往广州途中的井勿幕闻讯，当即返陕，并在西安召集陕西分会负责人开会，决定立即在陕西发动起义。他在会上以激愤的心情说：“吾党精英，损失殆尽，若不迅图急进，将来更不易举。长江方面已有密报，于夏秋间进行，吾陕亦决定同时发动，冀收南北呼应之效”①。不久，井勿幕又在大雁塔召集章元恺、胡景翼、张云山、万炳南等人开会，进一步落实起义计划，从人力和物力上筹备起义的准备工作。会后，井勿幕、胡景翼等当即奔赴渭北，和邹子良联络渭北革命党人；张奚若、胡鹤汀、马彦翀等赴日本和同盟会总部联络，并设法购置军火。西安城内的革命党人钱定三、郭希仁、焦子静等也在和新军及哥老会头目频繁接触，积极策划起义的各项准备工作。

同年五月，省城西安的革命党人经过一段筹备以后，决定在六月六日（7 月 1 日）发动起义。但因陕西军政当局已对革命党人的活动早有觉察，戒备森严，又不给新军官兵发放子

① 《井勿幕公葬纪念册》。

弹，新军有枪无弹，无法起义，只得搁浅。

八月上旬，由同盟会陕西分会派往南方联系的张聚庭回到西安，通报了同盟会总部决定八月十五日（10 月 6 日）在全国同时起义的消息。陕西分会遂决定到时以西安新军为主发动起义，渭北地区待机响应。不久，井勿幕遂同杨鹤庆等人亲赴满城，察看了清八旗兵的布防，鼓励大家不要畏惧，要义无反顾，拼死力争。同时，他还亲自给在场的人演示了瞄准射击和徒手夺枪等作战技术，使大家深受鼓舞。接着，井勿幕遂赴渭北布置试制炮弹之事，钱定三、张伯英、党自新等以西安武学社为据点，秘密商议起义事宜。

正当起义在紧锣密鼓地进行之际，"忽有匿名揭帖粘于省垣之四门，略谓秦省革命党甚夥，多系陆军军官，及各学堂学生，不日将接连起事云云"[①]。接着，"八月十五杀鞑子"的流言也随之而起，以至街谈巷议，纷纷扬扬。西安城内顿时气氛紧张，人心惶惶，清朝官吏更是惊恐不已。驻扎满城的西安将军文瑞当即下令增岗加哨，日夜巡查，如临大敌，并向陕西巡抚提出了武装满城旗兵，抽调外县巡防队回驻省城以及立即逮捕新军中革命党人等要求。

陕西新军中的革命党人听说这一消息后，估计有人告密，便临时决定八月十五起义。但从八月十日以后，霪雨连绵，十五日那天更是风雨大作，加之满城旗兵枕戈待旦，通宵戒严，革命党人只好将起义之事"骤然停止"，以待后命。并经研究决定，改由渭北发难，西安响应。

八月十九日（10 月 10 日），辛亥革命在武昌爆发，埋葬清王朝的丧钟已经敲响，这对陕西的革命党人以极大鼓舞，决定立刻起义。

---

① 《辛亥革命》（六），第 38 页。

八月二十三日（10月14日），钱定三、张伯英等主要领导人以参加满城内一同学的婚礼为名，对清兵的驻防又进行了周密侦察。

陕西当局在武昌起义的震慑下，更加惶恐不安，惟恐陕西响应，遂企图在西安搜捕革命党人。继而又怕因此而激起兵变，于是他们又改变策略，决定把新军分批调离西安，派驻各县，待其力量被分散以后，再行逮捕，旨欲扼杀革命。

八月二十五日（10月16日），新军一标一营被派驻汉中，二标二营亦将派赴宝鸡、凤翔和岐山诸县。在此紧要关头，革命党人钱定三、张伯英、张云山、万炳南、贺绂之等在和渭北没有联系的情况下，当即在小雁塔聚会，认为如果继续等待渭北发难，西安新军就有全被调离的危险，这样起义计划就会全部落空。因此，他们经过研究，决定改变策略，立即在西安发难，时间就在九月一日（10月22日）深夜。因为这一天是星期日，按规定陆军官兵放假一天，除各级值日官兵外，其余均不在军营，起义在这天进行，不易被发觉。另外，驻守军装局的巡防队也比平时警戒松懈，对起义军夺取枪炮弹药较为有利。并商定起义于当日晚发动以后，驻守西城门的革命党人和哥老会成员应立即打开西门，接应起义新军入城，然后再分头行动，必欲取得革命胜利。

但当革命党人在决定起义总指挥人选时却发生了分歧：多数人认为钱定三较有才干、威望，又富革命热情，有胆有识，且兼同盟会和哥老会双重身份，对双方都有号召力，由他担任总指挥最为合适。但钱定三却坚持认为新军军官张凤翙比自己更为合适，其理由有四："一、张是协司令部参军官，地位较起义诸人都高，任职年余，在操场上、讲堂上与全协官兵都有接触，一般人对他都有好感；二、兼带二标一营管带，哥老会头目多在一营，容易取得他们的赞同；三、为人性情恢廓，能应变，有胆识；四、留日士官出身，学历好。”[1] 但有不少人认为张凤翙虽在留日期间参加过同盟会，但返陕以后却从未参与革命活动，态度暧昧，不易捉摸。况且当时他又率部在临潼操练，对他是否肯任此职尚不可知。万一他不答应，岂不坏了大事。但也有人认为张在新军中很不得志，随时都有被降职的危险，让他担任此职，未必不肯。由于时间紧迫，不容继续争辩，遂决定先让钱定三和张伯英与张凤翙接谈后，按其态度再行决定。

会后，钱、张二人当即派人赶赴临潼，请张凤翙速回西安。结果，经与张凤翙接谈后，张当即表示赞同，并慷慨表示：“既干，义无反顾。如果失败，祸我承当，生死与二君共之。”[2] 但他却提议起义应改在白天进行，因为白天举事不大会受到当局注意，且可先发制人，不易走漏消息。这一建议，受到钱、张二人的重视，他们便和张凤翙共同决定，九月一日早晨召集各主要头目在西关军营旁的林家坟开会，最后决定起义的具体时间和部署、步骤。西安起义已一触即发，革命和反革命的决战即将开始。

宣统三年（1911 年）九月一月（10 月 22 日）黎明，革命党的主要首领钱定三、张伯英、张仲仁、张云山、万炳南及张凤翙等 30 余人，相继来到了坟墓错落、松柏成林和人迹罕至的林家坟。经过讨论，大家一致认为“今满人戒严，入夜四门紧闭，军装局在城内，倘不能斩关夺取，天明大事去矣。且今日非星期乎，若有汉奸走漏风声，万难幸免”[3]。于是决定在当天中午 12 点“午炮”响起以后，起义开始。其具体步骤是：

---

① 全国政协：《辛亥革命回忆录》第八辑，第 94 页。

② 全国政协：《辛亥革命回忆录》第八辑，第 169 页。

③ 《辛亥革命》资料丛刊（六），第 102 页。

由新军中的革命党人党自新、张伯英、朱叙五、余永宽、陈得宽、郭锦镛等各带骑、步兵十多名，赴军装局会集；钱定三、张仲仁等率众由西门入城，转赴陆军中学堂，攻占设在那里的藩库，抢夺枪支；张凤翙和刘伯明亦由西门进城，经西大街直奔军装局接应。张聚庭带数十人，改穿便衣，暗藏手枪，散布各城门附近，以为应援。

九月一日早饭过后，西安城内人流穿梭，领过饷银的新军官兵大多离营外出。这天又恰逢日蚀，很多人都挤在街头观看。似乎并没有人注意到新军中革命党人的异常行动。西安将军文瑞等人和陕西军政界的首脑，齐集省咨议局开会。这时，张伯英和朱叙五等人率起义兵士以去灞桥洗马为名，牵着十多匹战马由西门入城，很快便抵达军装局前。接着，各路人马也都在军装局前集结完毕。上午10点左右，张伯英率部首先冲入军装局内，把巡防队的几名哨兵擒获后，其他几路起义新军都把军帽掷向空中，一路呐喊，冲入局内，登上库楼，砸开库门，从库内把枪捆、弹箱纷纷掷至院中。张伯英命令起义兵士抢到枪弹以后，要当即“枪上刺刀，子弹上膛，非新军官兵不准入内”[①]。接着，又先后打开长安、咸宁两县监狱，放出了在押囚犯。

这时，张凤翙亦率部进入西门，并迅速赶至军装局内。他一面设岗布防，以备清军进攻，一面把临时指挥部设在军装局内，并派人通知各部，以便更有效地进行指挥，使起义有计划地顺利进行。

钱定三、张仲仁等所率另一路起义兵士这时也已进入陆军中学堂，抢占了藩库，并用抢夺的枪弹武装了该校的500多名师生，交由该校教官、同盟会员马晋山率领，迅速占领了藩台

① 全国政协：《辛亥革命回忆录》第八辑，第171页。

衙门，使藩库中贮存的 70 多万两白银未受丝毫损失，这对后来军政府的军费开支起了重要作用。接着，钱定三又率部占领了城内的制高点——鼓楼，张仲仁率部占领了陕西巡抚衙署——南院，万炳南率部攻占了军事参议官署衙。城内几个要害部门相继都为起义官兵所占领，武装起义初战告捷。

这时，西安城内的回、汉居民及工、商、绅、学诸界人士都竞相奔走相告，有的送水送饭，热情犒劳，表示了对起义官兵的热烈欢迎。有的则剪掉辫子，臂缠白布，主动组织起来，维持秩序，西安城内人情欢腾，起义在有组织地顺利进行。就在广大西安市民的热情支持和积极配合下，起义军仅半天功夫，就控制了大半个西安城，只有满城还在清军的盘踞之中。

西安起义打响以后，八旗将军文瑞当即从省咨议局逃回满城，并迅速关闭了城门，命令旗军官兵全部登城防守，和起义新军成对峙之势。

夜幕降临以后，张凤翙召集起义军各部首领齐集临时指挥部军装局开会，决定采取以下措施，巩固和扩大起义成果：

第一，设立"秦陇复汉军"，速刻"秦陇复汉军总司令图记"木质印章，以便统一政令，统一指挥。

第二，发布安民布告，文曰："各省皆变，排除满人，上征天意，下见人心，宗旨正大，第一保民，第二保商，第三保外人。汉、回人等，一视同仁。特此晓谕，其各放心。"①

第三，分兵进攻满城，拔除清兵盘踞西安的最后一个据点。

九月二日（10 月 23 日）拂晓时分，革命党人率起义兵士向满城发起进攻。当时驻守满城的旗兵马、步二队各有 600 名士兵，全部登城守卫。但由于这些八旗子弟平日只知养尊处

---

① 《辛亥革命》资料丛刊（六），第 46 页。

优，缺乏训练，一旦亲临战阵，多胆颤心惊，怯懦软弱，不堪一击。而起义兵士却勇猛有余，奋勇冲杀，轮番登梯攻城。但因满城城池坚固，八旗兵武器精良，故战斗进行得异常激烈。直至下午三点左右，满城仍未易手。双方正在相持之际，有些起义兵士突然发现大、小差市之间的一段城墙，早已坍塌，仅有一些民宅建筑相隔，墙仅一尺多厚，是满城城池中最为薄弱的一段。于是哥老会首领刘世杰、马玉贵率部由此挖开墙体，乘清军无防，冲进城内。与此同时，部分起义军已从新西门（即今后宰门）攻入，并用炮弹击中了设在北城附近的火药库，引起爆炸，清军伤亡惨重，四散溃逃。战斗持续至傍晚，为了避免自相伤害，秦陇复汉军总司令张凤翙下令起义各部就地休息待命。

九月三日（10 月 24 日）黎明，攻入满城的起义军同盘踞城内的八旗兵展开巷战，起义军步步进逼，八旗兵节节败退。直至次日傍晚，满城始被起义军全部占领。西安将军文瑞在满城失守后，投井自杀。巡抚钱能训自杀未遂，被起义军抓获。提法司锡桐被俘后，捐银万两赎罪，被遣送出陕。只有陕甘总督升允时在草滩别墅未归，闻讯后连夜渡过渭河，逃往甘肃。至此，经过两天的激烈战斗，西安起义终获全胜。半年以后，全陕 7 府、5 州、91 县相继光复。这标志着清政府在西安和全陕长达 200 多年的封建专制统治至此结束，它不仅是西安和陕西人民在近代资产阶级民主革命中取得的一次具有划时代意义的伟大胜利，而且也有力地扩大并巩固了辛亥革命的胜利成果，对全国革命形势的发展都起到了巨大的促进作用。

附　录

古都西安军事与战争大事记

公元前 11 世纪

周武王建都镐京并组建三师。

公元前 841 年

西周镐京发生“国人暴动”。

公元前 771 年

犬戎乱周。

秦宁公二年（前 741）

秦宁公迁都平阳（今陕西宝鸡东阳平村）。荡杜之战。

秦献公二年（前 383）

秦献公迁都栎阳。

秦孝公三年（前 359）

秦孝公任用商鞅变法。

秦孝公十三年（前 349）

秦孝公迁都咸阳。

始皇二十六年（前 221）

秦始皇统一六国，大秦帝国建立。

汉高祖五年（前 202）

汉高祖刘邦建都长安，西汉建立。

汉成帝建始三年（前30）

傰宗领导南山地区农民起义爆发。

汉孺子婴居摄二年（前7）

长安地区赵明、霍鸿聚众起义。

更始元年（23）

更始政权攻入长安，新莽灭亡。

建武元年（25）

赤眉攻入长安，更始亡。刘秀建立东汉。

汉安帝永初元年（107）

羌人入侵三辅，西域校尉梁瑾率部将镇压。

汉献帝初平元年（190）

董卓挟汉献帝西迁长安。

汉献帝初平三年（192）

司徒王允与吕布诛杀董卓。董卓部将李傕、郭汜率部与王允在新丰、长安激战，王允败死。

汉献帝兴平二年（195）

李傕、郭汜在长安大战。

晋怀帝永嘉三年（309）

郝索在新丰起义，不久失败。

晋怀帝永嘉六年（312）

西晋安定太守贾疋等率众击败刘曜，攻入长安，扶立秦王司马邺即帝位，是为晋愍帝。

晋愍帝建兴四年（316）

汉将刘曜攻入长安，晋愍帝被俘，西晋灭亡。

前秦苻健皇始二年（352）

东晋大将桓温北伐前秦，与秦军大战白鹿原，兵败退回。

前秦苻坚建元二十二年（385）

羌人姚苌率部攻入长安，后秦建立。

东晋安帝义熙十二年（416）

东晋大将刘裕攻入长安，后秦亡。

东晋安帝义熙十四年（418）

匈奴人赫连勃勃攻入长安。不久在灞上即帝位，大夏建立。

北魏太平真君元年（445）

卢水胡盖吴起义，并进攻长安，不久失败。

西魏大统十六年（550）

宇文泰在长安建立府兵制度。

隋文帝开皇二年（581）

隋文帝在长安设立十二卫，作为府兵的最高领导机构。

隋文帝开皇十年（590）

隋文帝下诏，将府兵的军户改为民籍。

隋炀帝大业三年（607）

隋炀帝改骠骑府为鹰扬府。

隋炀帝大业十三年（617）

太原留守李渊攻入长安。次年，唐朝建立。

唐高祖武德二年（619）

唐高祖分关中为十二道，每道置一军，共十二军。又重置十二卫于长安。

唐太宗贞观十年（636）

唐太宗创设折冲府，内重外轻的军事局面至此形成。

唐玄宗开元十一年（723）

唐玄宗召募宿卫军 12 万，号“长从宿卫”。后改“彍骑”。

唐玄宗开元二十六年（738）

唐玄宗置左右龙武军。

唐玄宗天宝十三载（754）

唐玄宗置左右神策军。

唐肃宗至德元载（756）

安史乱军攻入长安。唐玄宗西逃成都。唐肃宗即位灵武。

唐肃宗至德二载（757）

唐肃宗置左右神武军和左右神威军。郭子仪率唐军在长安香积寺击败叛军，收复长安。

唐代宗广德元年（763）

吐蕃攻入长安，不久退出。

唐德宗建中四年（783）

泾原兵变发生。朱泚在长安即帝位。

唐德宗兴元元年（784）

唐将李晟率兵攻入长安，朱泚败死。

唐僖宗广明元年（880）

黄巢率农民起义军攻入长安，大齐政权建立。

唐僖宗中和三年（883）

黄巢率部撤出长安，不久失败。

唐昭宗天祐元年（904）

宣武节度使朱全忠废雍州为佑国军，以韩建为佑国军节度使。

后梁太祖开平元年（907）

后梁太祖朱晃改佑国军为永平军，以刘鄩为军使。

后晋高祖天福元年（936）

后晋高祖石敬瑭在长安置晋昌军。

后汉隐帝乾祐元年（948）

后汉隐帝刘承祐改长安晋昌军为永兴军。

后汉隐帝乾祐二年（949）

长安、凤翔、河中三镇连衡叛乱，后汉枢密使郭威率兵将其平定。

宋神宗熙宁七年（1074）

宋廷将长安改为永兴军路治所。

南宋高宗建炎二年（1128）

金兵攻入长安。

金熙宗皇统二年（1142）

金国将长安改为京兆府路，并置总管府，作为该路的最高军政机构。

金宣宗兴定五年（1221）

蒙古军攻入长安。

元世祖至元九年（1272）

元世祖将其第三子忙哥剌封为安西王，建藩于京兆长安，安西王遂成为长安地区最高的军政长官。

元仁宗皇庆元年（1312）

元仁宗改安西王府为奉元路，长安成为奉元路治所。

明太祖洪武二年（1369）

明军攻入长安。明太祖改长安为西安府，并派 4 卫所兵力进驻西安。

明太祖洪武十一年（1378）

明太祖封次子朱樉为秦王，建藩西安，并营建规模宏大的秦王府城。

明英宗正统二年（1437）

明廷在陕西募兵 4200 人，世兵卫所制开始被募兵营伍制所代替。

明思宗崇祯十六年（1644）

李自成率农民起义军攻入西安，大顺政权建立。

清世祖顺治二年（1645）

李自成退出西安，不久失败。大顺军余部贺珍与明将孙守法部联兵进攻西安，不果而止。

清世祖顺治六年（1649）

清廷派八旗兵驻防西安满城，与绿营营汛成为守卫西安的两支经制部队。

清仁宗嘉庆三年（1798）

陕西白莲教起义军与清军的盩厔之战。

清穆宗同治元年（1862）

太平军与清军的西安三兆之战。回民起义军与清军的盩厔

清穆宗同治二年（1863）

李蓝起义军与清军的盩厔之战。

清穆宗同治五年（1866）

西捻军与清军的西安十里坡之战。

清德宗光绪四年（1878）

陕甘总督谭钟麟奏设陕西练军，共置练军 14 旗，约 4,200 人。

清德宗光绪二十八年（1902）

陕甘总督升允奏改陕西防勇为巡警军，共置陕西抚标巡警军中、左、右三营，西安城守协巡警军左、右二营及驻防各路巡防队十队。

清德宗光绪三十二年（1906）

陕西新建陆军正式成立，共有新军步队二标六营、新军马队一营四旗和新军炮队一队，均辖于陕西督练公所，驻于西安西关军营。

清德宗光绪三十四年（1908）

同盟会陕西分会在西安开元寺成立。

清溥仪宣统二年（1910）

同盟会陕西分会、哥老会及新军的革命党人首领井勿幕等在西安大雁塔举行结盟仪式。

清傅仪宣统三年（1911）九月一日（10 月 22 日）

西安起义发生。九月三日，起义军攻占满城，起义胜利。

主要参考书目

1．司马迁：《史记》。
2．班固：《汉书》。
3．范晔：《后汉书》。
4．陈寿：《三国志》。
5．房玄龄等：《晋书》。
6．魏收：《魏书》。
7．李延寿：《北史》。
8．令狐德棻等：《周书》。
9．魏徵等：《隋书》。
10．刘昫：《旧唐书》。
11．欧阳修等：《新唐书》。
12．薛居正等：《旧五代史》。
13．欧阳修：《新五代史》。
14．脱脱等：《宋史》。
15．脱脱等：《金史》。
16．宋濂等：《元史》。
17．张廷玉等：《明史》。
18．赵尔巽等：《清史稿》。
19．司马光：《资治通鉴》。
20．李焘：《续资治通鉴长编》。
21．《明实录》。
22．谷应泰：《明史纪事本末》。

23.《清实录》。
24.《清文献通考》。
25.《大清会典》。
26.《周礼》。
27.《逸周书》。
28.《孟子》。
29.《韩非子》。
30.《诗经》。
31.《左传》。
32. 魏源《圣武记》。
33. 明嘉靖《陕西通志》。
34. 清雍正《陕西通志》。
35. 清乾隆《西安府志》。
36. 民国《续修陕西通志稿》。
37. 民国《咸宁长安两县续志》。
38.《沣西发掘报告》，文物出版社 1962 年版。
39. 谷霁光：《府兵制度考释》，上海人民出版社 1962 年版。
40. 林剑鸣：《秦史稿》，上海人民出版社 1981 年版。
41. 周伟洲：《中国中世西北民族关系研究》，西北大学出版社 1992 年 9 月版。
42. 高锐等：《中国军事史略》，军事科学出版社 1992 年版。
43. 郭琦等：《陕西通史》，陕西师范大学出版社 1998 年版。
44.《中国古代兵器》，陕西人民出版社 1995 年版。
45. 罗尔纲：《绿营兵志》，中华书局 1984 年版。
46. 冯增烈等：《陕西回民起义研究》，三秦出版社 1990 年版。
47. 孙志亮等：《陕西辛亥革命》，陕西人民出版社 1991 年 8 月版。

后　记

刚刚接受了《古都西安丛书》的编写任务以后，似乎并没有产生很多畏难之心。因为我在不久前刚刚完成了由中国军事科学院战略部组织的《中国军事通史》唐代卷的编写工作，自以为已具备了一定的基础和经验，撰写《古都西安的军事与战争》一书当为驾轻就熟，可一蹴而就。但当编写工作开始以后，我才感到困难重重，绝非轻易之举。因为一是资料来源异常零散、广泛，不但要查阅随手可得的正史、编年之书，更要搜寻难以查找的杂史、别史和地方志等方面的记载，真可谓汗牛充栋，浩如烟海，其无处着手和望而却步之感油然而生；其二是可供参考的现成著述极为稀少。因为前辈贤达和现代名家有关研究军事和战争历史的鸿篇巨著虽多有问世，但专写古都西安军事与战争者却寥若晨星，极难寻觅。于是我这才潜心凝神，全力以赴地投入了本书的编写工作。开始时的轻松之感已荡然无存，接踵而来的却是愈来愈重的精神压力，甚至还出现过欲进不得、欲罢不能的尴尬境界。当本书杀青之时，屈指已历经年。期间的筚路蓝缕和狼狈不堪，实在是不可名状的。

本书在编写前后曾得到已故著名历史地理学家史念海先生的热情指导；著名民族史专家周伟洲教授仔细审阅了全部书稿，并提出很多中肯的修改意见。由我指导的中国古代史硕士研究生谢翠微女士还帮我撰写了唐代部分的有关章节。在此一并致谢。

笔者在编写此书时虽力辟罗列史料和刻意文饰的学究之嫌，旨在增加本书的可读性和趣味性，以求达到雅俗共赏。但由于学识肤浅，才力驽钝，故书中疏漏和纰误之处在所不免，敬请读者批评指正，自当竭诚欢迎。

作　者

2001年11月18日于

西北大学新村公寓